高等职业教育工业机器人技术系列教材

工业机器人技术基础

主　编　程　翔
副主编　黄文娟　丁　慧　冯　佳
参　编　李杰峰　王俊琦　张凤营

机械工业出版社

本书围绕工业机器人技术，系统介绍了工业机器人的基本原理、主要组成部分和应用关键技术等内容，具体设置了认识篇、基础篇和应用篇三部分。认识篇主要介绍了工业机器人的定义与分类、应用与发展、基本组成与技术参数、安全操作规范等内容；基础篇主要介绍了工业机器人的机械结构、驱动和传动、感知系统、坐标系、示教器、编程、I/O通信、维护保养等内容；应用篇主要介绍了搬运、焊接、装配这三种工业机器人的典型应用。

本书本着实用为主、理论够用的原则，没有设置过多章节，重点强调基础知识的学习，突出了职业教育的特色。

本书既可作为高职高专工业机器人技术专业的教材，也可作为自动化类、机电类等相关专业的教材，还可作为相关行业技术人员的自学参考书。

为方便教学，本书配有电子课件、模拟试卷及答案、微课等，凡选用本书作为授课教材的教师，均可来电 **(010-88379375)** 免费索取或在机械工业出版社教育服务网（www.cmpedu.com）注册并免费下载教学资源。

图书在版编目（CIP）数据

工业机器人技术基础/程翔主编. —北京：机械工业出版社，2021.9
（2025.5 重印）
高等职业教育工业机器人技术系列教材
ISBN 978-7-111-68937-9

Ⅰ.①工… Ⅱ.①程… Ⅲ.①工业机器人–高等职业教育–教材
Ⅳ.①TP242.2

中国版本图书馆 CIP 数据核字（2021）第 162111 号

机械工业出版社（北京市百万庄大街 22 号 邮政编码 100037）
策划编辑：王宗锋 责任编辑：王宗锋
责任校对：樊钟英 封面设计：马精明
责任印制：常天培
河北虎彩印刷有限公司印刷
2025 年 5 月第 1 版第 6 次印刷
184mm×260mm · 11.5 印张 · 284 千字
标准书号：ISBN 978-7-111-68937-9
定价：45.00 元

电话服务 网络服务
客服电话：010-88361066 机 工 官 网：www.cmpbook.com
010-88379833 机 工 官 博：weibo.com/cmp1952
010-68326294 金 书 网：www.golden-book.com
封底无防伪标均为盗版 机工教育服务网：www.cmpedu.com

前　言

　　目前，我国正处于产业转型升级的关键时期，工业机器人被广泛应用在机械、航空、船舶、汽车、轻工、纺织、食品、电子等行业，工业机器人的发展已成为衡量一个国家制造水平和科技水平的重要标志。

　　"中国制造2025"强国战略的实施推动了工业机器人的快速发展，国产工业机器人的市场占有率也在不断提升。我国已经成为世界上最大的工业机器人应用市场，未来相关技术人才的缺口将十分巨大。

　　本书在编写过程中坚持课程改革新理念，充分体现了高职高专学生的认知规律，具有以下特色：

　　1）本着实用为主、理论够用的原则，本书没有设置过多章节，重点强调基础知识的学习。

　　2）为了使学生更好地理解和掌握工业机器人技术的基本知识，本书在每一篇的篇头都设置了学习目标，供学生学习时参考；篇尾增加了和专业相关的拓展知识以及思考与练习，知识拓展部分重点介绍本专业的一些前沿信息和技术；思考与练习方便学生巩固和检测学习效果。

　　3）教学内容的组织上，本书整合相应的知识和技能，精简了部分专业理论知识，涵盖了工业机器人技术专业中必须掌握的理论知识和必备的基本技能，深入浅出、通俗易懂、实用性强。

　　4）本书有配套的课件与微课视频，供学生自学时参考。

　　本书设置了认识篇、基础篇和应用篇三部分内容。认识篇主要让学生对工业机器人有一定的基础认知；基础篇为学生以后操作、调试、维护、检修工业机器人打下基础；应用篇帮助学生对机器人工作站及其作业的基本过程有一个比较全面而清晰的认识。

　　本书第1篇由王俊琦和黄文娟共同编写，第2篇由程翔、黄文娟、丁慧、冯佳和张凤营共同编写，第3篇由李杰峰和程翔共同编写。

　　由于编者水平有限，书中若有疏漏和不足之处，恳请广大读者批评指正。

编　者

二维码索引

（续）

（续）

页码	名称	二维码	页码	名称	二维码
66	ABB 示教器		99	工业机器人工作站的创建方法	
70	ABB 工业机器人的手动操纵		139	工业机器人搬运	
75	增量模式控制机器人运动		155	工业机器人焊接	
97	工业机器人轨迹运行		168	工业机器人装配	

目 录

第1篇

认识篇　工业机器人认知

现在中国已经成为世界的制造业中心，国内装备制造业正处于由传统装备向先进制造装备转型的时期，特别是对于沿海地区的众多制造企业，由于用工成本不断提高，用工荒日益凸显，迫使企业采取方法应对。用机器人技术改造传统产业是提高企业市场竞争力的重要举措，未来工业机器人的发展将迎来一个高速增长期。本篇将带领大家走进工业机器人，了解工业机器人的发展历史、发展现状以及发展趋势，从宏观上认识了解工业机器人。

课程概述

学习目标

1. 了解工业机器人的发展史、定义以及工业机器人的各种分类方式。
2. 掌握不同类型工业机器人的结构、参数，熟悉工业机器人的应用领域和发展趋势。
3. 能读懂工业机器人的技术参数，并能够从中提取工业机器人的性能。
4. 了解工业机器人的安全操作规范。

1.1　工业机器人定义与分类

1.1.1　工业机器人的定义

工业机器人的定义与分类

机器人（Robot）一词来源于捷克著名剧作家卡雷尔·萨佩克（Karel Capek）1921年创作的一个名为"Rossums Uniersal Robots"（罗素姆万能机器人）的剧本。剧本中，在罗素姆万能机器人公司劳动的机器人取名为"Robot"（汉语音译为"罗伯特"），机器人的名字也由此诞生。

随着现代科技和现代工业的不断发展，机器人逐渐融合了机械、电子、运动、动力、控制、传感检测、计算机技术等多门学科的内容，成为现代科技中极为重要的组成部分。其中，工业机器人是机器人家族中的重要成员，也是目前技术发展最成熟、应用最广泛的一类机器人。

虽然工业机器人面世已久，但仍然没有一个统一的定义。其原因之一就是工业机器人还在不断地发展，新的机型、新的功能仍在不断涌现。

美国机器人协会（RIA）给出的定义为：工业机器人是"一种用于移动各种材料、零件、工具或专用装置的，通过可编程序动作来执行种种任务的，并具有编程能力的多功能机械手（Manipulator）"。

美国国家标准局（NBS）给出的定义为：工业机器人是"一种能够进行编程并在自动控制下执行某些操作和移动作业任务的机械装置"。此定义也是一种广义上的工业机器人的定义。

日本工业机器人协会（JIRA）给出的定义为：工业机器人是"一种装备有记忆装置和

末端执行器（End Effector）的、能够转动并通过自动完成各种移动来代替人类劳动的通用机器"。

国际标准化组织（ISO）给出的定义为：工业机器人是"一种仿生的、具有自动控制能力的、可重复编程的多功能、多自由度的操作机械"。

由此可见，学术界虽然对工业机器人的定义不尽相同，但表述的内涵基本一致，普遍认为工业机器人应具有以下四个特征：

1）特定的机械结构。

2）具有从事各种工作的通用性能，工作种类多样，动作程序灵活易变。

3）具有感知、学习、计算、决策等不同程度的智能。

4）具有相对独立性，完整的机器人系统在工作中可以不依赖于人的干预。

1.1.2 工业机器人的分类

工业机器人的种类很多，其功能、特征、驱动方式、应用场合等参数不尽相同。一般情况下，可以按其坐标形式、技术等级、控制方式、驱动方式、应用领域等几个方面进行分类。

1. 按工业机器人坐标形式划分

1）直角坐标机器人。直角坐标机器人是指在空间上由相互垂直的三个独立自由度构成的多用途机器人。如图1-1-1所示，在空间坐标系中有三个相互垂直的移动关节 X、Y、Z，每个关节都可以沿独立的方向移动。

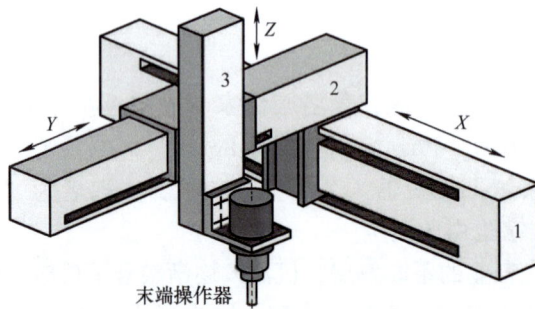

末端操作器

图1-1-1　直角坐标机器人

直角坐标机器人的特点是位置精度高，控制简单、无耦合，避障性好；但结构较庞大，无法调节工具姿态，灵活性差，难以与其他机器人协调，移动轴的结构较复杂，占地面积较大。它广泛应用于各种自动化生产线中，可以完成如焊接、搬运、上下料、包装、码垛、检测、探伤、分类、装配、贴标、喷码、打码、喷涂、目标跟随、排爆等一系列工作。

2）柱面坐标机器人。柱面坐标机器人是指能够形成圆柱坐标系的机器人，如图1-1-2所示。其主要由一个旋转基座构成的转动关节和垂直、水平移动的两个移动关节组成。世界上最初实用化的工业机器人"Versatran"就是柱面坐标机器人。

柱面坐标机器人的特点是控制简单，运动灵活，避障性好，位置精度仅次于直角坐标机器人；但工作时，必须沿 R 轴线前后方向移动，空间利用率低。目前，柱面坐标机器人主要用于重物的装卸、搬运等工作。

3）球面坐标机器人。球面坐标机器人一般由两个回转关节和一个移动关节构成，如图 1-1-3 所示，其轴线按极坐标配置，R 为移动坐标，β 是手臂在铅垂面内的摆动角，θ 是绕手臂支撑底座垂直的转动角。这种机器人运动所形成的轨迹表面是半球面，故此得名。著名的"Unimate"工业机器人就属于球面坐标机器人。

图 1-1-2 柱面坐标机器人　　　　图 1-1-3 球面坐标机器人

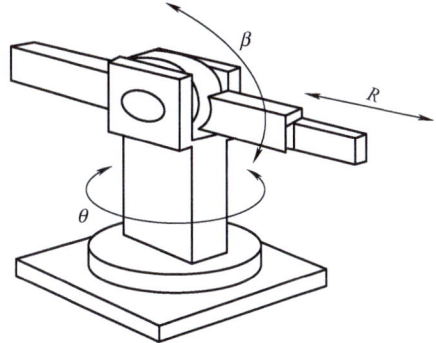

球面坐标机器人的特点是占地面积较小，重量较轻，结构紧凑，位置精度尚可，操作灵活且范围大，能与其他机器人协调工作；但避障性差，运动学模型较复杂，控制难度较大。

4）多关节机器人。多关节机器人的结构模仿人类手臂，故也称之为关节手臂机器人或关节机械手臂，主要有回转和旋转两个自由度，是当今工业领域中应用最为广泛的一种机器人。根据多关节机器人自由度的构成方法，可进一步将其分为垂直多关节机器人和水平多关节机器人，如图 1-1-4 所示。

a) 垂直多关节机器人　　　　b) 水平多关节机器人

图 1-1-4 多关节机器人

垂直多关节机器人的运动由前、后臂的俯仰及立柱的回转构成，其结构紧凑，灵活性大，占地面积小，工作空间大，能与其他机器人协调工作，避障性好，是目前应用广泛的一类机器人，ABB、KUKA 以及国内的一些公司都在重点研发并推出这类机器人。

水平多关节机器人一般具有四个轴和四个运动自由度，它的第一、二、四轴具有转动特性，第三轴具有线性移动特性，并且该类工业机器人可以根据实际需要，被制造成多种不同的形态。其工作空间大，占地面积小，使用方便，适合平面装配作业，广泛用于汽车工业、电子产品工业、食品工业等诸多领域。

2. 按工业机器人技术等级划分

1）示教再现机器人。示教再现机器人能够按照人类预先示教的轨迹、行为、顺序和速度进行重复作业，示教可由操作员操控示教器完成预先设定的动作。此类机器人被称为第一代工业机器人。

2）感知机器人。感知机器人具有环境感知装置，能在一定程度上适应环境的变化，目前已进入应用阶段。此类机器人被称为第二代工业机器人。

3）智能机器人。智能机器人具有发现问题、自主解决问题的能力，目前还处于实验室研究阶段。智能机器人一般应具备感觉要素、运动要素和思考要素，即能够认识周围环境状态、对外界做出反应性动作、根据当前信息决策出下一步动作。此类机器人被称为第三代工业机器人。

3. 按工业机器人控制方式划分

1）点位控制机器人。这类机器人只能从一个特定点移动到另一个特定点，移动路径不限。这些特定点通常是一些机械定位点。这种机器人结构简单、价格便宜。

2）连续轨迹控制机器人。这类机器人能够在运动轨迹的任意特定数量的点处停留，但不能在这些特定点之间沿某一确定的直线或曲线运动。连续轨迹控制机器人要经过的任何一点都必须储存在它的存储器中。

3）可控轨迹机器人。这类机器人又称为计算轨迹机器人，其控制系统能够根据要求，精确地计算出直线、圆弧、内插曲线和其他轨迹。在轨迹中的任何一点，机器人都可以达到较高的运动精度。其中有些机器人还能够用几何或代数的术语指定轨迹，只需输入所要求的起点坐标、终点坐标以及轨迹的名称，可控轨迹机器人就可以按指定的轨迹运行。

4）伺服型与非伺服型机器人。伺服型机器人可以通过某些方式感知自己的运动位置，并把所感知的位置信息反馈回来，以控制机器人的运动；非伺服型机器人则无法确定自己是否已经到达指定的位置。目前，在机器人运动控制系统的控制方式中，最常见的就是伺服系统控制方式。

4. 按工业机器人驱动方式划分

根据工业机器人驱动方式不同，可以将工业机器人划分为液压驱动型机器人、气压驱动型机器人、电力驱动型机器人和新型驱动型机器人。其中，电力驱动型机器人又可分为步进电动机驱动、直流伺服电动机驱动及无刷伺服电动机驱动等类型。

5. 按工业机器人应用领域划分

根据工业机器人的应用领域和作业任务不同，可以将工业机器人划分为搬运机器人、码垛机器人、装配机器人、焊接机器人、喷涂机器人、激光加工机器人、真空作业机器人、洁净作业机器人等类型。具体内容我们会在 1.2 节详细介绍。

1.2　工业机器人应用与发展

1.2.1　工业机器人的应用

工业机器人最早应用在汽车制造工业领域，常用于焊接、搬运、装配、喷涂和分选等工作场景。随着科学技术的飞速发展，工业机器人可以代替人从事危险、有害、有毒、低温和高热等恶劣环境中的工作，代替人完成繁重、简单重复的劳动，提高劳动生产率，保证产品质量，被广泛应用于汽车工业、工程机械、机车车辆、电子和电器、计算机和信息行业、化工行业、食品以及生物制药等领域。

工业机器人的应用

1. 焊接

焊接作业是工业机器人的主要用途之一。工业机器人常用于汽车制造领域中的点焊作业和弧焊作业。点焊机器人可以按照示教程序规定的动作、顺序和参数进行点焊作业，其过程是完全自动化的，并且它具有与外部设备通信的接口，可以通过这一接口接收上一级主控与管理计算机的控制命令，从而进行工作，如图 1-2-1 所示。由于要连在一起的金属部件形状可能很不规则，常常需要有一只灵活的机械手腕使焊接工具准确地对准所要求的焊接点，且焊枪不与部件的其他部分接触。在这种情况下，通常选用专门设计的连续轨迹伺服控制机器人。弧焊机器人经常用于焊接形状不规则的或较宽的焊缝，如果要焊的部件可以精确放置并固定，就可以预先将复杂的三维轨迹示教给机器人，不需要外接传感器。虽然点焊机器人比弧焊机器人更受欢迎，但是弧焊机器人近年来发展势头十分迅猛，大部分加工车间

图 1-2-1　点焊机器人

都逐步引入焊接机器人，用来提高焊接质量，实现自动化焊接作业，进而提高企业生产效率。目前，焊接机器人约占全部工业机器人使用总量的 29%。

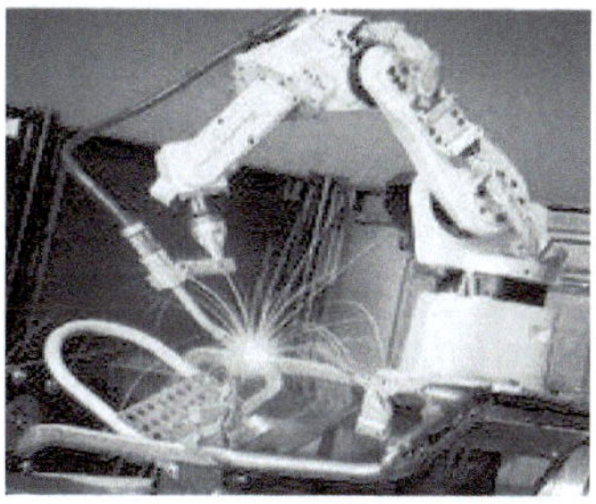

2. 搬运

搬运机器人是用来进行自动化搬运作业的工业机器人，也被称为无人搬运车或 AGV，如图 1-2-2 所示。1960 年，世界上最早的搬运机器人 Versatran 和 Unimate 在美国问世。搬运作业是用一种设备握持工件，根据需要将工件从一个加工位置移动到另一个加工位置。搬运机器人可安装不同的末端执行器以完成各种不同形状和状态的工件搬运工作，大大减轻了人类繁重的体力劳动负担，降低了人工成本，提高了生产率，实现了工厂自动化生产。目前世界上使用的搬运机器人逾 10 万台，占全部工业机器人使用总量的 38%，被广泛应用于机床上下料、冲压机自动化生产线、自动装配流水线、码垛搬运、集装箱搬运等的自动搬运作业。部分发达国家已制定出人工搬运的最大限度，超过限度的必须由搬运机器人来完成。

图 1-2-2　搬运机器人

3. 装配

装配机器人是专门为装配作业设计、生产的机器人，如

图 1-2-3 所示。装配机器人是柔性自动化装配系统的核心设备，由机器人操作机、控制器、末端执行器和传感系统组成。其中，操作机的结构类型有水平关节型、直角坐标型、多关节型和圆柱坐标型等；控制器一般采用多 CPU 或多级计算机系统，实现运动控制和运动编程；末端执行器为适应不同的装配对象而设计成各种手爪和手腕等；传感系统用来获取装配机器人与环境和装配对象之间相互作用的信息。常用的装配机器人主要有可编程通用装配操作手（PUMA 机器人）和水平多关节机器人（SCARA 机器人）两种类型。与一般工业机器人相比，装配机器人具有精度高、柔顺性好、工作范围小、能与其他系统配套使用等特点，主要用于汽车零部件、小型电动机、计算机、各种电器及其组件的装配。

图 1-2-3 装配机器人

4. 喷涂

喷涂机器人又叫喷漆机器人（Spray Painting Robot），是可进行自动喷漆或喷涂其他涂料的工业机器人，1969 年由挪威 Trallfa 公司研发问世。喷涂机器人主要由机器人本体、计算机和相应的控制系统组成。液压驱动的喷涂机器人还包括液压油源，如油泵、油箱和电动机等。喷涂机器人多采用 5 或 6 自由度关节式结构，手臂有较大的运动空间，能够轻松应对复杂的轨迹运动，其腕部一般有 2~3 个自由度，运动灵活快捷。较先进的喷涂机器人腕部采用柔性手腕，既可向各个方向弯曲，又可转动，其动作类似人的手腕动作，能方便地通过较小的孔伸入工件内部，喷涂其内表面。喷涂机器人一般采用液压驱动，具有动作速度快、防爆性能好等特点，可通过手把手示教或点位示数来实现示教。由于喷漆作业对工人技术要求较高，工作环境恶劣，易发生火灾，雾状漆还会致癌，而喷涂机器人具有工作范围大、喷涂质量和材料使用率

图 1-2-4 喷涂机器人

高、易于操作和维护等优点，因此被广泛用于汽车、仪表、电器、搪瓷等工艺生产部门。如图 1-2-4 所示，喷涂机器人正在为汽车框架喷漆。

5. 分选

分选机器人可用于完成零部件的分级和分选工作。这种作业重复乏味，令人厌烦，因而操作人员易出差错，而机器人进行这种作业能够快而准确，并且可长时间工作。如图 1-2-5 所示，分选机器人将一组待分级或分选零件随机放在传送带上，将视觉系统置于机器人的上方，用于确定通过摄像机视野内的零件类型和取向，并将信息传送给机器人的控制器，控制器随后发出指令使机械手移到正确位置，并使取向符合要求，最后，机器人将拾取的零件放进料箱或另一条传送带上。

随着工业机器人技术的创新和发展，分选机器人的应用也已经扩展到生物医疗、国

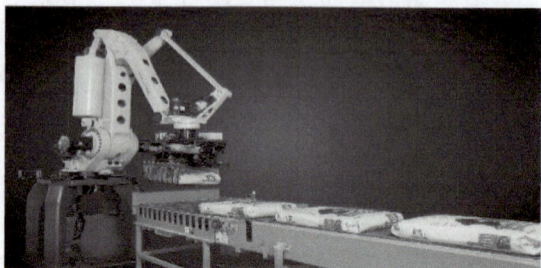

图 1-2-5 分选机器人

防军事研究、宇宙探索、深海开发等诸多领域。

1.2.2 工业机器人的发展

1. 发展历史

早在公元前900多年西周周穆王时期，巧匠偃师制作了一个"能唱歌、跳舞，像真人一样"的人偶，被世人称为"倡者"，这可能是世界上最早的"机器人"。1768—1772年瑞士钟表匠德罗斯父子制造出的写字偶人、绘图偶人、弹琴偶人，赢得了世界的赞誉，与此同时，机器人逐渐从必须像人的外观向可以实现人的动作这个方向转变。

真正意义上的工业机器人的问世距今并不久远。1954年，美国的乔治·德沃尔申请了一个"可编辑关节式转移物料装置"的专利，与约瑟夫·恩格尔伯格合作成立了世界上第一个机器人公司Unimation。1959年，Unimation研制出第一台工业机器人Unimate，德沃尔和恩格尔伯格因此被称为"工业机器人之父"，工业机器人的历史正式拉开帷幕。

1960年，美国机器和铸造公司生产了柱面坐标机器人Versatran。Versatran机器人可进行点位和轨迹控制，是世界上最早实用化的机器人。

1961年，工业机器人Unimate在美国特伦顿的通用汽车公司安装运行。这台工业机器人用于生产汽车的门、车窗把柄、换挡旋钮、灯具固定架以及汽车内部的其他零件等。遵照磁鼓上的程序指令，Unimate机器人上4000磅重的手臂可以按次序堆叠热压铸金属件。

1973年，第一台机电驱动的6轴机器人面世。德国库卡公司（KUKA）将其使用的Unimate机器人改造成本公司第一台产业机器人，命名为Famulus。这是世界上第一台机电驱动的6轴机器人。

1974年，瑞典通用电机公司（ABB公司的前身）开发出世界上第一台全电力驱动、由微处理器控制的工业机器人IRB-6。IRB-6采用仿人化设计，其手臂动作模仿人类的手臂活动，5轴，载重6kg。IRB-6的S1控制器使用英特尔8位微处理器，内存容量为16KB。控制器有16个数字I/O接口，通过16个按键编程，并具有4位LED显示屏。

1978年，美国Unimation公司推出通用工业机器人PUMA，应用于通用汽车装配生产线，这标志着工业机器人技术已经完全成熟。PUMA至今仍然工作在一线，一些学校还将PUMA系列工业机器人用作教具。

1978年，日本山梨大学的牧野洋发明了选择顺应性装配机器手臂（Selective Compliance Assembly Robot Arm，SCARA）。这是世界第一台SCARA工业机器人。

1979年，日本不二越株式会社研制出第一台电动机驱动的机器人。

我国在工业机器人领域的研究起步相对较晚，先后经历了20世纪70年代的萌芽期、80年代的开发期和90年代的适用期。1972年，中国科学院沈阳自动化所开始了机器人的研究工作。1977年，南开大学机器人与信息自动化研究所研制出我国第一台用于生物试验的微操作机器人。1985年，上海交通大学机器人研究所完成了"上海一号"弧焊机器人的研究，这是我国自主研制的第一台6自由度关节机器人。1985年12月12日，我国第一台水下机器人——重达2000kg的"海人一号"在辽宁旅顺港下潜60m，首潜成功，开创了机器人研制

工业机器人的发展

7

的新纪元。随后，我国研制的各种机器人相继问世。

中国机器人示范工程中心从 1987 年开始，先后制造了三台水下机器人；1988 年年初，中国船舶总公司 702 所成功研制了身高 3.1m，体重 650kg 的载人式水下机器人；1988 年 2 月，国防科技大学成功研制出了六关节平面运动型"两足步行机器人"。

1994 年 10 月，中科院沈阳自动化所研制出的我国第一台无缆水下机器人"探索者号"长 4.4m，宽 0.8m，高 1.5m，载重 2.2t，最大潜水深度为 1000m。它的研制成功，标志着我国水下机器人技术已走向成熟。

1995 年 5 月，我国第一台高性能精密装配智能型机器人"精密一号"在上海交通大学诞生。它的诞生标志着我国已具有开发第二代工业机器人的技术水平。

1997 年中科院沈阳自动化所研制出 6000m 无缆自治水下机器人。

21 世纪以来，我国大力推进工业机器人产业的发展。广州数控、沈阳新松、南京埃斯顿等一大批优秀公司开始涌现，工业机器人产业化初具规模。如今，经过多年的不懈探索，我国在工业机器人领域的研究上，已取得了长足的进步和发展，有的方面已经达到了世界先进水平，但与发达国家相比，还存在很大差距，比如创新能力不强、核心技术和核心部件受制于人、产业规模小、国际竞争力较弱等。从总体上来看，我国在工业机器人领域的研究仍然任重道远。

2. 发展趋势

工业机器人在许多领域的应用和实践证明，它在提高生产自动化水平、提高劳动生产率、提高产品质量及经济效益、改善工人劳动条件等方面，有着令人瞩目的作用。随着科技的发展，机器人产业必将迎来更加迅猛的发展态势，工业机器人也将得到更加广泛的应用。根据目前市场需求分析，未来主要的发展趋势主要体现在以下方面：

1）智能化程度更高。和今天的工业机器人相比较而言，未来一段时间，机器人的最关键特点是智能化的程度更高。随着人工神经网络技术、计算机技术、模糊控制技术以及专家系统技术的不断发展，工业机器人学习知识的能力以及应用知识解决问题的能力将会有明显的提升。与此同时，这些技术的革新还会带来力觉、视觉以及感觉等感官功能的提升，使机器人能够更好地感知环境的变化，这种感知能力可以使其快速出现条件反射，从而具有更加高效的自主适应能力，甚至能够基本上实现与人一样的工作状态。

2）一体化联系更紧密。未来的机器人能够将主体结构与减速机、电动机、编码器以及其他部分有效结合在一起，使机器人结构模块化和可重构化，多传感器融合技术集成化和智能化，最终呈现出一个防爆、防尘并且密封的一体化机身。

3）应用更加广泛。随着机器人智能化水平的提高，工业机器人将会向更深广的领域发展，应用范围不断扩大，各行各业对机器人的需求也不断增加。今后在社会的各个领域都能够看到不同类型的机器人逐渐取代人力进行工作，人们的工作、生活也会因为受到机器人的影响而发生变化。到目前为止，全球的主要机器人市场集中在亚洲、澳洲、欧洲及北美，以汽车行业为依托，向各行各业延伸，累计安装量已超过 200 万台。工业机器人的时代即将来临，不久将在智能制造领域掀起一场重大变革。

1.3 工业机器人的基本组成与技术参数

1.3.1 工业机器人的基本组成

工业机器人是面向工业领域的多关节机械手或者多自由度机器人，它的出现是为了解放人的劳动力、提高企业生产效率。工业机器人的基本组成是实现机器人功能的基础，下面一起来看一下工业机器人的结构组成。工业机器人，尤其是现代工业机器人大部分都是由三大部分和六大系统组成。

工业机器人的组成

1. 机械部分

机械部分是工业机器人的"血肉"组成部分，也就是我们常说的工业机器人本体部分。这部分主要可以分为两个系统。

1）驱动系统。要使机器人运行起来，需要各个关节安装传感装置和传动装置，这就是驱动系统。它的作用是提供机器人各部分、各关节动作的原动力。驱动系统传动部分可以是液压传动系统、电动传动系统、气动传动系统，或者是几种系统结合起来的综合传动系统。机器人常见的驱动系统如图1-3-1所示。

图1-3-1 机器人常见的驱动系统

2）机械结构系统。工业机器人机械结构系统主要由基座、臂部、腕部和手部四大部分构成，每个部分具有若干的自由度，构成一个多自由度的机械系统。末端操作器是直接安装在手腕上的一个重要部件，也称末端执行器，它可以是多手指的手爪，也可以是喷漆枪或者焊具等作业工具。工业机器人的机械结构系统如图1-3-2所示。

2. 感受部分

感受部分就好比人类的五官，为工业机器人工作提供感觉，使工业机器人工作过程更加精确。这部分主要可以分为两个系统。

1）感知系统。感知系统由内部传感器模块和外部传感器模块组成，用于获取内部和外部环境状态中有意义的信息。智能传感器的使用提高了机器人的机动性、适应性和智能化水平。对于一些特殊的信息，传感器的灵敏度甚至可以超越人类的感知系统。机器人的感知系统

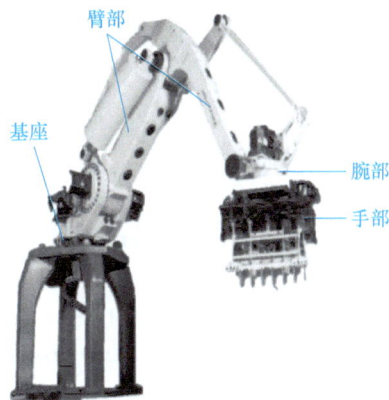

图1-3-2 工业机器人的机械结构系统

如图 1-3-3 所示。

图 1-3-3　机器人的感知系统

2）机器人-环境交互系统。机器人-环境交互系统是实现工业机器人与外部环境中的设备相互联系和协调的系统。可以是工业机器人与外部设备集成为一个功能单元，如加工制造单元、焊接单元、装配单元等。也可以是多台机器人、多台机床设备或者多个零件存储装置集成为一个能执行复杂任务的功能单元。机器人-环境交互系统如图 1-3-4 所示。

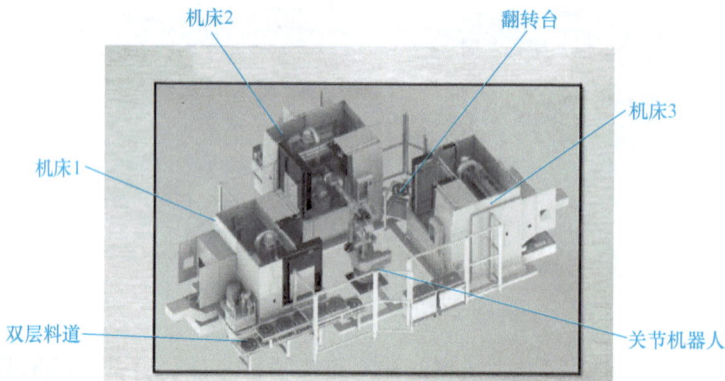

图 1-3-4　机器人-环境交互系统

3. 控制部分

控制部分相当于工业机器人的大脑，可以直接或者通过人工对工业机器人的动作进行控制，控制部分也可以分为两个系统。

1）人机交互系统。人机交互系统是使操作人员参与机器人控制并与机器人通信的装置，例如计算机的标准终端、指令控制台、信息显示板、危险信号报警器、示教盒等。简单来说该系统可以分为两大部分：指令给定系统和信息显示装置。人机交互系统如图 1-3-5 所示。

2）控制系统。控制系统主要是根据机器人的作业指令程序以及从传感器反馈回来的信号支配机器人的执行机构完成规定的运动和功能。根据控制原理，控制系统可以分为程序控制系统、适应性控制系统和人工智能控制系统三种。根据运动形式，控制系统可以分为点动控制系统和轨迹控制系统两大类。机器人常见控制系统如图 1-3-6 所示。

图 1-3-5 人机交互系统

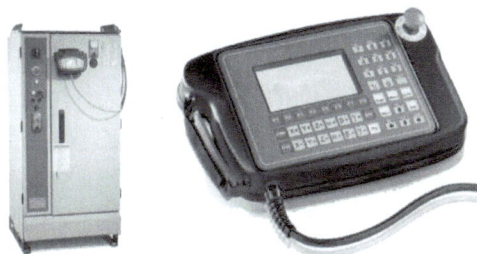

图 1-3-6 机器人常见控制系统

通过这三大部分六大系统的协调作业，工业机器人成为一台高精密度的机械设备，具备工作精度高、稳定性强、工作速度快等特点，为企业提高生产效率和产品质量奠定了基础。

1.3.2 工业机器人的主要技术参数

工业机器人的种类、用途以及用户要求都不尽相同。但工业机器人的主要技术参数应包括自由度、精度、工作范围、最大工作速度和承载能力等。

1. 自由度

自由度指机器人所具有的独立坐标轴运动的数目，一般不包括手爪（或末端执行器）的开合自由度。在三维空间中表述一个物体的位置和姿态需要六个自由度。但是工业机器人的自由度是根据其用途而设计的，可能小于六个，也可能大于六个。例如，日本日立公司生产的 A4020 装配机器人有四个自由度，可以在印制电路板上接插电子元器件。

工业机器人的主要技术参数

PUMA 562 机器人具有六个自由度，可以进行复杂空间曲面的弧焊作业。从运动学的观点看，在完成某一特定作业时具有多余自由度的机器人叫作冗余自由度机器人，又叫冗余度机器人。例如，PUMA 562 机器人去执行印制电路板上接插元器件的作业时就是一个冗余自由度机器人。利用冗余的自由度可以增加机器人的灵活性，躲避障碍物和改善动力性能。人的手臂共有七个自由度，所以工作起来很灵巧，手部可回避障碍物，从不同方向到达目的地。PUMA 562 机器人如图 1-3-7 所示。

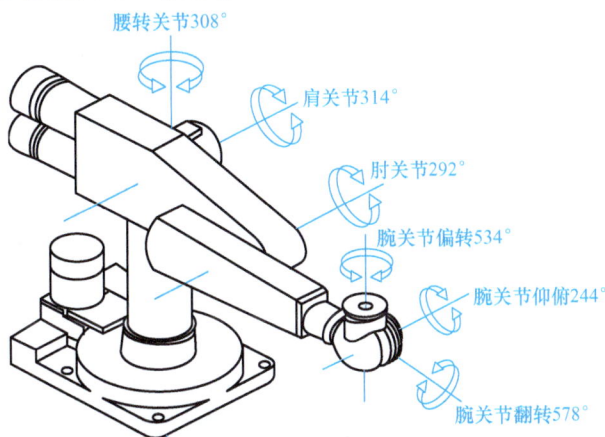

腰转关节308°
肩关节314°
肘关节292°
腕关节偏转534°
腕关节仰俯244°
腕关节翻转578°

图 1-3-7 PUMA 562 机器人

2. 精度

工业机器人的精度包括定位精度和重复定位精度。定位精度是指机器人手部实际到达位置与目标位置之间的差异，用反复多次测试的定位结果的代表点与指定位置之间的距离来表示。重复定位精度是指机器人重复定位手部于同一目标位置的能力，以实际位置值的分散程度来表示。实际应用中常以重复测试结果的标准偏差值的 3 倍来表示，它是衡量一系列误差值的密集度。不同状态下的定位精度如图 1-3-8 所示。

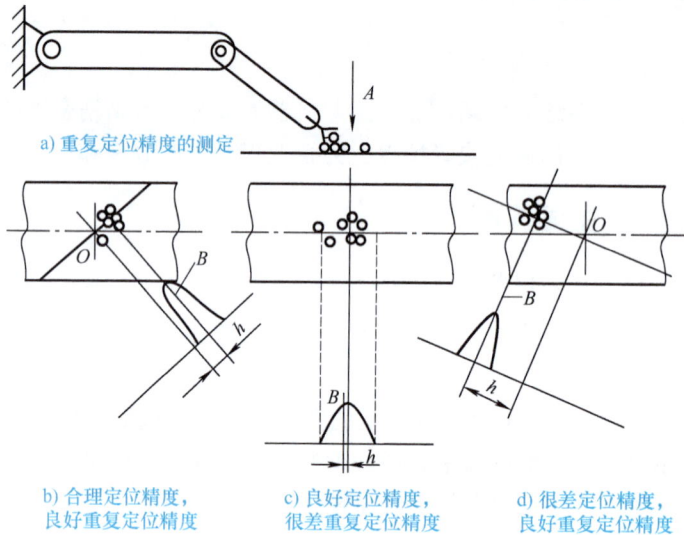

a) 重复定位精度的测定

b) 合理定位精度，良好重复定位精度　　c) 良好定位精度，很差重复定位精度　　d) 很差定位精度，良好重复定位精度

图 1-3-8　不同状态下的定位精度

3. 工作范围

工作范围是指机器人手臂末端或手腕中心所能到达的所有点的集合，也叫作工作区域。因为末端操作器的形状和尺寸是多种多样的，为了真实地反映机器人的特征参数，一般工作范围是指不安装末端操作器的工作区域。工作范围的形状和大小是十分重要的，机器人在执行某作业时，可能会因为存在手部不能到达的作业死区而不能完成任务。ABB 机器人 IRB52 的工作范围如图 1-3-9 所示。

图 1-3-9　ABB 机器人 IRB52 的工作范围

4. 最大工作速度

最大工作速度，有的厂家指工业机器人自由度上最大的稳定速度，有的厂家指手臂末端最大的合成速度。工作速度越高，工作效率就越高。但是工作速度越高，就要花费更多的时间去升速或降速。

5. 承载能力

承载能力是指机器人在工作范围内的任何位置上所能承受的最大质量。承载能力不仅取决于负载的质量，而且与机器人运行的速度、加速度的大小和方向有关。为了安全起见，承载能力这一技术指标是指高速运行时的承载能力。承载能力不仅指负载，而且包括了机器人末端操作器的质量。

1.4　工业机器人的安全操作规范

在使用工业机器人之前，应务必熟读并掌握制造商提供的相关使用手册和其他附属资料，在熟知全部设备知识、安全知识及注意事项后再开始使用，并请遵守所有关于安全事项与说明的指示。

1.4.1　安全警示标志

工业机器人的基座上有一些显眼的标志，这就是安全警示标志。这些标志是按照国家标准或者社会公认的图案、标志组成的统一标识，具有特定的含义，以告诫、提示人们对某些不安全因素要高度注意和警惕，是消除可以预料到的风险或把风险降低到人体和机器可接受范围内的一种常用方式。

安全警示标志

操作人员作业时一定要注意相关的安全警告标志，并严格按照相关标记的指示执行，以此来确保作业人员和机器人本体的安全，并逐步提高安全防范意识和生产效率。

表1-4-1是ABB工业机器人手册中的危险等级图标。

表1-4-1　ABB工业机器人手册中危险等级图标

标　志	名　称	含　义
	危险	如果不依照说明操作，就会发生事故，并导致严重或致命的人员伤害和/或严重的产品损坏。该标志适用于以下险情：触碰高压电气装置、爆炸或火灾、有毒气体、压轧、撞击和从高处跌落等
	警告	如果不依照说明操作，可能会发生事故，造成严重的伤害（可能致命）和/或严重的产品损坏。该标志适用于以下险情：触碰高压电气单元、爆炸、火灾、吸入有毒气体、挤压、撞击、高空跌落等
	电击	针对可能会导致严重的人身伤害或死亡的电气危险警告
	小心	警告如果不依照说明操作，可能会发生造成伤害和/或产品损坏的事故。该标志适用于以下险情：灼伤、眼部伤害、皮肤伤害、听力损伤、挤压或滑倒、跌倒、撞击、高空坠落等
	静电放电（ESD）	针对可能会导致严重产品损坏的电气危险的警告
	注意	描述重要的事实和条件
	提示	描述从何处查找附加信息或如何以更简单的方式进行操作

表1-4-2是ABB工业机器人手册中的安全标签上的标志。

表1-4-2　ABB工业机器人手册中的安全标签上的标志

标　志	描　述
	警告：如果不依照说明操作，可能会发生事故，造成严重的伤害（可能致命）和/或重大的产品损坏。该标志适用于以下险情：触碰高压电气单元、爆炸、火灾、吸入有毒气体、挤压、撞击、高空跌落等
	小心：警告如果不依照说明操作，可能会发生造成伤害和/或产品损坏的事故。该标志适用于以下险情：灼伤、眼部伤害、皮肤伤害、听力损伤、挤压或滑倒、跌倒、撞击、高空坠落等
	禁止与其他标志组合使用
	产品手册：有关详情请参阅产品手册
	在拆卸之前，请参阅产品手册
	不得拆卸：拆卸此部件可能会导致伤害
	旋转更大：此轴的旋转范围（工作区域）大于标准范围
	制动闸释放：按此按钮将会释放制动闸。这意味着操纵臂可能会掉落
	拧松螺栓有倾翻风险：如果螺栓没有固定牢靠，操纵器可能会翻倒
	挤压：存在挤压伤害风险
	高温：存在可能导致灼伤的高温风险
	机器人移动：机器人可能会意外移动

（续）

标　志	描　述
	制动闸释放按钮
	吊环螺栓
	机器人提升
	润滑油：如果不允许使用润滑油，则可与禁止标志一起使用
	机械挡块
	储能：警告此部件蕴含储能。与不得拆卸标志一起使用
	压力：警告此部件承受了压力。通常另外印有文字，标明压力大小
	使用手柄关闭。使用控制器上的电源开关

1.4.2　安全注意事项

1. 关闭总电源

在进行机器人的安装、维修和保养时切记要将总电源关闭。带电作业可能会产生致命的后果。如果不慎遭到高压电击，可能会导致心跳停止、烧伤或者其他严重的伤害。

2. 与机器人保持足够的安全距离

在调试与运行机器人时，它可能会执行一些意外的或不规范的运动。机器人运动部分质量很大，运动时会有很大的惯性，可能严重伤害到人员或者损坏机器人工作范围内的其他设备。所以要时刻警惕与机器人保持足够的安全距离。

3. 静电放电危险

静电放电（ESD）是电势不同的两个物体间的电荷传导的现象。它可以通过直接接触传导，也可以通过感应电场传导。搬运部件或部件容器时，未接地的人员可能会传导大量的静电荷。这一放电过程可能会损坏敏感的电子设备。所以在有"静电放电"标志 ⚡ 的情况下，要做好静电放电的防护。

4. 紧急停止

紧急停止优先于机器人的任何其他控制操作，它会断开机器人电动机的驱动电源，停止所有运转部件，并切断由机器人系统控制且存在潜在危险的功能部件的电源。出现下列情况时应立即按下紧急停止按钮。

1）机器人运行中，工作区域内有工作人员。
2）机器人伤害了工作人员或损坏了机器设备。

5. 灭火

发生火灾时，应确保全体人员安全撤离后再行灭火。应首先处理受伤人员。当电气设备（如机器人控制柜）起火时，使用二氧化碳灭火器。切勿使用水或泡沫。

1.4.3 安全操作规范

安全操作规范

1. 着装要求

1）操作机器人时不要戴手套。
2）穿收口的工作服，务必穿戴安全鞋、安全帽。
3）不要佩戴特别大的耳环、饰物等。

2. 编程时的安全操作规范

示教人员应尽可能在安全防护空间外进行编程。当示教人员必须进入安全防护空间内进行编程时，则应采用下述附加的安全防护措施，并通过操作状态选择要求暂停安全防护装置（如联锁门、现场传感装置）的保护功效。

（1）编程前

1）用户必须确保示教人员按照培训要求进行培训，并在实际的机器人系统中的机器人上进行训练和熟悉包括所有安全防护措施在内的所推荐的编程步骤。

2）示教人员应目检机器人系统和安全防护空间，确保不存在产生危险的外界条件。示教器的运动控制和急停控制应进行功能测试，以保证正常操作。示教操作开始前，应排除故障和失效。编程时，应关断机器人驱动器不需要的动力（必需的平衡装置应保持有效）。

3）示教人员进入安全防护空间前，所有的安全防护装置应确保到位，且在预期的示教方式下能起作用。进入安全防护空间前，应要求示教人员进行编程操作，但不能进行自动操作。

（2）编程中

1）示教期间仅允许示教编程人员在防护空间内。

2）示教人员应具有和使用有单独控制机器人运动功能的示教器。

3）示教期间，机器人运动只能受示教器控制。机器人不应响应来自其他地方的遥控命令。

4）示教人员应具有单独控制在安全防护空间内的其他设备运动控制权，且这些设备的控制应与机器人的控制分开。

5）若在安全防护空间内有多台机器人，而栅栏的联锁门打开或现场传感装置失去作用时，所有的机器人都应禁止自动操作。

6）机器人系统中所有急停装置都应保持有效。

7）示教时，机器人的运动速度应低于250mm/s，具体的速度选择应考虑万一发生危险，示教人员有足够的时间脱离危险或停止机器人的运动。

（3）返回自动操作

在启动机器人系统进行自动操作前，示教人员应将暂停使用的安全防护装置功效恢复。

3. 示教器的安全操作规范

示教器是一种高品质的手持终端，它配备了高度灵敏的电子设备，为避免操作不当引起的故障或损害，应在操作时遵循以下说明：

1）小心操作，不要摔打、抛掷或重击示教器，以免导致破损或故障。在不使用示教器时，将它挂到专门存放的支架上，以防意外掉到地上。

2）示教器的使用和存放应避免被人踩踏线缆。

3）切勿使用锋利的物体操作触摸屏，以免触摸屏受损。应用手指或触摸笔去操作示教器触摸屏。

4）定期清洁触摸屏。灰尘和小颗粒可能会挡住屏幕造成故障。

5）切勿使用溶剂、洗涤剂或海绵清洁示教器。应使用软布蘸少量水或中性清洁剂清洁。

6）没有连接USB设备时务必盖上USB端口的保护盖。如果端口暴露在灰尘中，可能会导致示教器通信中断或发生故障。

4. 手动模式下的安全操作规范

在手动减速模式下，将忽略自动模式安全保护停止机制，机器人只能减速（250mm/s或更慢）操作（移动）。只要在安全保护空间之内工作，就应始终以手动速度进行操作。

手动全速模式下，机器人以程序预设速度移动。手动全速模式应仅用于所有人员都位于安全保护空间之外时，而且操作人员必须经过特殊训练，熟知潜在危险。

5. 自动模式下的安全操作规范

自动模式用于在生产中运行机器人程序。在自动模式操作情况下，常规模式停止机制、自动模式停止机制和上级停止机制都将处于活动状态。

仅在满足下列要求时，才能启动机器人进行自动操作：

1）预期的安全防护装置都到位，并且能起作用。

2）安全区域内没有人。

3）操作人员要在机器人运行的最大范围外，手要放在急停按钮上，随时准备按下急停按钮。

4）运行时的速度应由慢速开始，逐渐加快，观察机器人运行路径是否有问题。

5）在自动运行时严禁人员进入机器人等设备的工作范围内。

6）遵守安全操作规程。

6. 检修时的安全操作规范

故障查找应在安全防护空间外进行。当不能实行，且机器人系统设计时已考虑到需要在安全防护空间内进行故障查找时，则应采用下列的安全要求：

1）担负故障查找的人员要经过特别的核准，且进行过相关培训。

2）进入安全防护空间内的人员应使用使能装置使机器人运动。

3）制定安全操作规程，使安全防护空间内的人员暴露在危险中的可能性降至最低。

为了确保机器人或机器人系统连续安全运行，应制定检查和维护的程序，而检查和维护程序的制定应考虑制造商的建议。

1）为避免机器人系统的维修人员受到危险的伤害，应按照制造商的说明书对其进行安全防护和进行安全培训。

2）尽可能使维修人员在安全防护空间外进行作业，如将机器人手臂放置于某一预定的位置。

当必须在安全防护空间内完成维护任务时，应使用切断动力源的步骤关断机器人系统并释放或阻塞潜在的所积蓄的能量。当机器人已上电，要求维修人员进入安全防护空间内进行维修时，应做到下述几点。

1）进入安全防护空间前应完成下列步骤。

① 对机器人系统进行目检，以判断是否存在可能引起误动作的条件。

② 为确保示教器能进行正常操作，使用前应进行功能测试。

③ 若发现某些故障或误动作的条件，则维修人员在进入安全防护空间之前应进行排除或修复。

2）在安全防护空间内的维修人员应拥有机器人或机器人系统的总的控制权。

① 机器人控制应脱离自动操作状态。

② 机器人应不能响应任何远程控制信号。

③ 所有机器人系统的急停装置应保持有效。

3）启动机器人系统进入自动操作状态前，应恢复暂停作用的安全防护装置的功能。

7. 工作中的其他安全操作规范

机器人即使在速度很低的时候，由于质量大，惯性很大，受到撞击时会产生很大的力量，可能会给人员或设备造成巨大的伤害。

机器人在运动中或者停止状态下都会产生危险。即使可以预测运动轨迹，但外部信号有可能会改变机器人运动的轨迹，会在没有任何警告的情况下，产生预想不到的运动。因此，进行操作时，务必遵守以下安全条例：

1）在操作机器人之前，确认外围设备没有异常及障碍物，才能运行机器人。

2）如果在保护空间内有工作人员，应手动操纵机器人系统。

3）当进入保护空间时，应准备好示教器，以便随时控制机器人。

4）注意旋转或运动的工具，例如切削工具和锯。确保在接近机器人之前，这些工具已经停止运动。

5）注意工件和机器人系统的高温表面。机器人电动机长期运转后温度很高。

6）注意夹具并确保夹好工件。如果夹具打开，工件会脱落并导致人员伤害或设备损坏。夹具非常有力，如果不按照正确方法操作，也会导致人员伤害。

7）注意液压、气压系统以及带电部件。即使断电，这些电路上的残余电荷也非常危险。

知 识 拓 展

未来工业机器人发展的五大趋势介绍

根据国际机器人联合会的数据，全球工业机器人市场份额正在蓬勃发展，目前占机器人市场总量的50%以上。

未来工业机器人将主要朝着以下五大趋势发展。

1. 人机协作

人机协作是一个重要的工业机器人发展趋势，也是这一增长的驱动力。设计用于在共享工作空间中与人类进行安全物理交互的"Cobots"正在很多行业中找到自己的位置。

在人们需要以更零星和间歇的方式与机器人紧密合作的环境中，安全共存变得越来越重要，例如为机器人提供不同的材料、更换程序和检查运行。

协作对于提高制造灵活性以适应高混合、小批量生产至关重要。人们可以添加独特的性能来适应变化，而机器人为重复性任务增加了不知疲倦的耐力。

2. 人工智能

人工智能和机器学习也将对下一代工业机器人产生重大影响。这将有助于机器人变得更加自主。

机器人和机器视觉的融合将带来许多新机会。

3. 新工业用户

随着其他行业更加接受工业机器人可以提供的高效率和灵活性，工业机器人减少对汽车行业的依赖是另一个关键趋势。

传统上，工业机器人在汽车行业的应用占北美市场的60%以上，但到2018年9月这个数字下降到52%，非汽车行业订单达到48%。非汽车行业包括生命科学、食品和消费品、塑料和橡胶以及电子产品。随着机器人变得更加灵巧，更加安全，并且有各种各样的外形，它们对新工业用户越来越有吸引力。

4. 数字化

工业机器人作为工业网络的一部分，在数字制造生态系统中占据了一席之地。数字化可以帮助实现更大的协作，如供应商、制造商和分销商之间的横向协作或工厂内的垂直协作（例如电子商务前端和CRM系统、业务ERP系统、生产计划和物流自动化系统之间的协作）。这两种类型的协作都可以创造更好的用户体验并提高效率，以便在产品之间灵活切换或更快地推出新产品。

5. 更小更轻

更小更轻的设计，也为工业机器人带来了新的机遇。

思考与练习

1. 填空题

1）在进行机器人的安装、维修和保养时切记要将（　　）关闭。

2）（　　）优先于机器人的任何其他控制操作。

3）当电气设备起火时，使用（　　）灭火器。

4）操作机器人时（　　）戴手套。

5）示教期间，机器人运动只能受（　　）控制。

6）机器人系统中所有（　　）装置都应保持有效。

7）示教时，机器人的运动速度应低于（　　）mm/s。

8）应用（　　）或（　　）去操作示教器触摸屏。清洁时，应使用软布蘸少量（　　）或（　　）清洁。

9）如果在保护空间内有工作人员，请（　　）操作机器人系统。

2. 简述工业机器人的定义。

3. 机器人应具有哪些特征？

4. 简述工业机器人的组成结构。

5. 简述下面几个术语的含义：自由度、精度、工作范围、最大工作速度、承载能力。

第2篇

基础篇　走进工业机器人

我国制造业发展的步伐越来越快，工厂使用的工业机器人数量越来越多，要想成为工业机器人技术技能型人才，必须要了解工业机器人的内部构造。工业机器人一般由一些复杂的机械机构以及驱动系统、传动机构、感知系统等组成，机械机构是工业机器人的基础部分。本篇重点介绍通用工业机器人本体中的机械机构、驱动系统、传动机构以及感知系统。图 2-0-1 是工业机器人机械结构的主要组成。

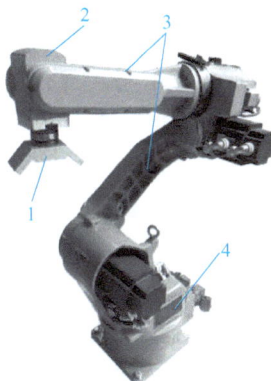

图 2-0-1　工业机器人机械结构的主要组成

1—手部　2—腕部　3—臂部　4—基座

1. 手部

机器人为了进行作业，在腕部上配置了操作机构，有时也称为手爪、末端操作器、末端执行器。

2. 腕部

腕部（也称手腕）是连接手部和臂部的部分，主要作用是改变手部的空间方向和将作业载荷传递到臂部。

3. 臂部

臂部（也称手臂）是连接基座和腕部的部分，主要作用是改变手部的空间位置，满足机器人的作业空间，并将各种载荷传递到基座。

4. 基座

基座（也称机身）是机器人的基础部分，起支承作用。对固定式机器人，基座直接连接在地面基础上；对移动式机器人，基座则安装在行走机构上。

学习目标

1. 掌握工业机器人的机械结构及各部分的功能。
2. 掌握工业机器人常用的驱动和传动方式。

3. 熟悉工业机器人常用的传感器及其作用。

4. 熟悉工业机器人示教器的按键及使用功能。

5. 掌握工业机器人的运动轴及坐标系。

6. 了解几款常用的 ABB 标准 I/O 板。

2.1 工业机器人的机械结构

2.1.1 手部

机器人的手部是最重要的执行机构，手部是装在机器人腕部末端法兰上直接抓握工件或执行作业的部件，有时也称为末端操作器或末端执行器。

1. 工业机器人手部的特点

1）手部与腕部相连处可拆卸。根据夹持对象的不同，手部结构会有差异，通常一个机器人配有多个手部装置或工具，因此要求手部与腕部处的接头具有通用性和互换性。

2）手部是机器人末端操作器。可以是类人的手爪，也可以是进行专业作业的工具，比如装在机器人手腕上的喷枪、焊枪等。

3）手部的通用性比较差。机器人手部通常是专用的装置，一种手爪往往只能抓握一种或几种在形状、尺寸、重量等方面相近似的工件，一种工具只能执行一种作业任务。

机器人手部的
特点及分类

4）手部是一个独立的部件。假如把腕部归属于手臂，那么机器人机械系统的三大件就是基座、手臂和手部。手部对于整个工业机器人来说是完成作业好坏、作业柔性好坏的关键部件之一。

2. 工业机器人手部的分类

（1）按用途分类

1）手爪。手爪具有一定的通用性，它的主要功能是抓住工件、握持工件和释放工件。

2）专用操作器。专用操作器也称作工具，是进行某种作业的专用工具，如机器人涂装用喷枪、机器人焊接用焊枪等。

工业机器人的手部如图 2-1-1 所示。

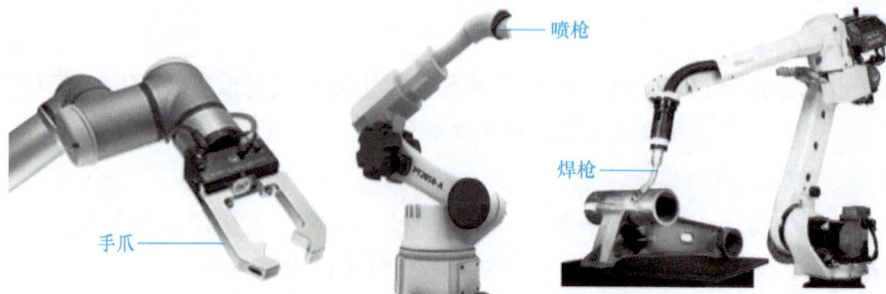

图 2-1-1　工业机器人的手部

（2）按夹持方式分类

手部按照夹持方式划分，可以分为外夹式、内撑式和内外夹持式三类。

（3）按工作原理分类

1）夹持类手部。通常又叫机械手爪，分为夹钳式、钩托式、弹簧式等。

2）吸附类手部。吸附类手部有气吸附式手部和磁吸附式手部两种。吸附类手部分类如图 2-1-2 所示。

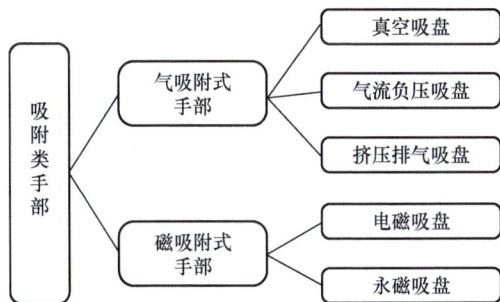

图 2-1-2　吸附类手部分类

磁吸附式手部有电磁吸盘和永磁吸盘两种。气吸附式手部主要是真空式吸盘，根据形成真空的原理可分为真空吸盘、气流负压吸盘和挤压排气吸盘三种。

（4）按手指或吸盘数目分类

按手指数目可分为二指手爪、三指手爪及多指手爪等，如图 2-1-3 所示。

a) 三指手爪　　　　b) 多关节柔性手爪

图 2-1-3　按手指数目分类

（5）按智能化程度分类

按手部的智能化程度划分，可以分为普通式手爪和智能化手爪两类。普通式手爪不具备传感器。智能化手爪具备一种或多种传感器，如力传感器、触觉传感器及滑觉传感器等，是手爪与传感器的集成。

3. 工业机器人的夹持式手部

（1）夹钳式手部

夹钳式手部由手指（手爪）和驱动机构、传动机构及连接与支承元件组成，能通过手爪的开闭动作实现对物体的夹持。夹钳式手部的组成如图 2-1-4 所示。

1）手指。手指是直接与工件接触的部件。手部松开和夹紧工件，就是通

机器人手部的结构及原理

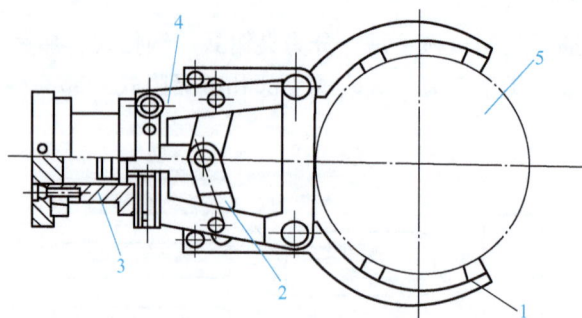

图 2-1-4　夹钳式手部的组成
1—手指　2—传动机构　3—驱动装置　4—支架　5—工件

过手指的张开与闭合来实现的。夹钳式手指端部如图 2-1-5 所示。

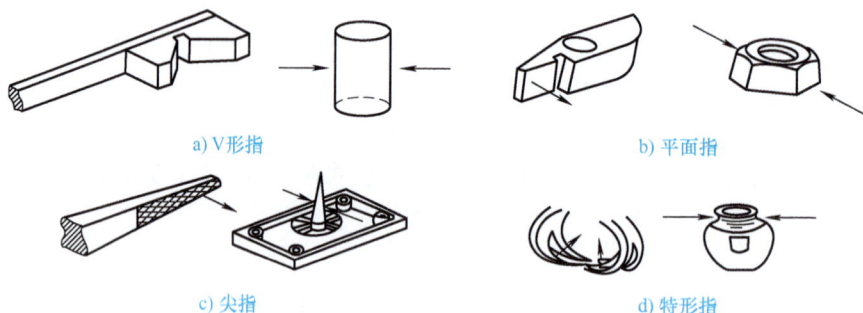

a) V形指　　　　　　　　　　　　　b) 平面指

c) 尖指　　　　　　　　　　　　　d) 特形指

图 2-1-5　夹钳式手指端部

　　2）传动机构。传动机构是向手指传递运动和动力，以实现夹紧和松开动作的机构。根据手指开合的动作特点分为回转型和平移型。

　　① 回转型传动机构。回转型分为一支点回转型和多支点回转型。根据手爪夹紧是摆动还是平动，又可分为摆动回转型和平动回转型。

　　图 2-1-6a 所示为斜楔杠杆式回转型手部结构简图。斜楔向下运动，克服弹簧拉力，使杠杆手指装着滚子的一端向外撑开，从而夹紧工件；斜楔向上移动，则在弹簧拉力作用下使手指松开。手指与斜楔通过滚子接触可以减少摩擦力，提高机械效率，有时为了简化，也可让手指与斜楔直接接触。

　　图 2-1-6b 所示为滑槽杠杆式回转型手部结构简图，杠杆形手指 4 的一端装有 V 形指 5，另一端则开有长滑槽。驱动杆 1 上的圆柱销 2 套在滑槽内，当驱动杆与圆柱销一起做往复运动时，即可拨动两个手指各绕其支点（铰销 3）做相对回转运动，从而实现手指的夹紧与松开动作。其外形结构如图 2-1-7 所示。

　　图 2-1-6c 所示为双支点连接杠杆式回转型手部结构简图。驱动杆 2 末端与连杆 4 由铰销 3 铰接，当驱动杆 2 做直线往复运动时，则通过连杆推动两杆手指各绕其支点做回转运动，从而使手指松开或闭合。其外形结构如图 2-1-8 所示。

　　图 2-1-6d 所示为齿条齿轮直接传动的齿条齿轮杠杆式回转型手部结构简图。驱动杆 2

末端制成双面齿条，与扇齿轮 4 相啮合，而扇齿轮 4 与手指 5 固连在一起，可绕支点回转。驱动力推动齿条做直线往复运动，即可带动扇齿轮回转，从而使手指松开或闭合。

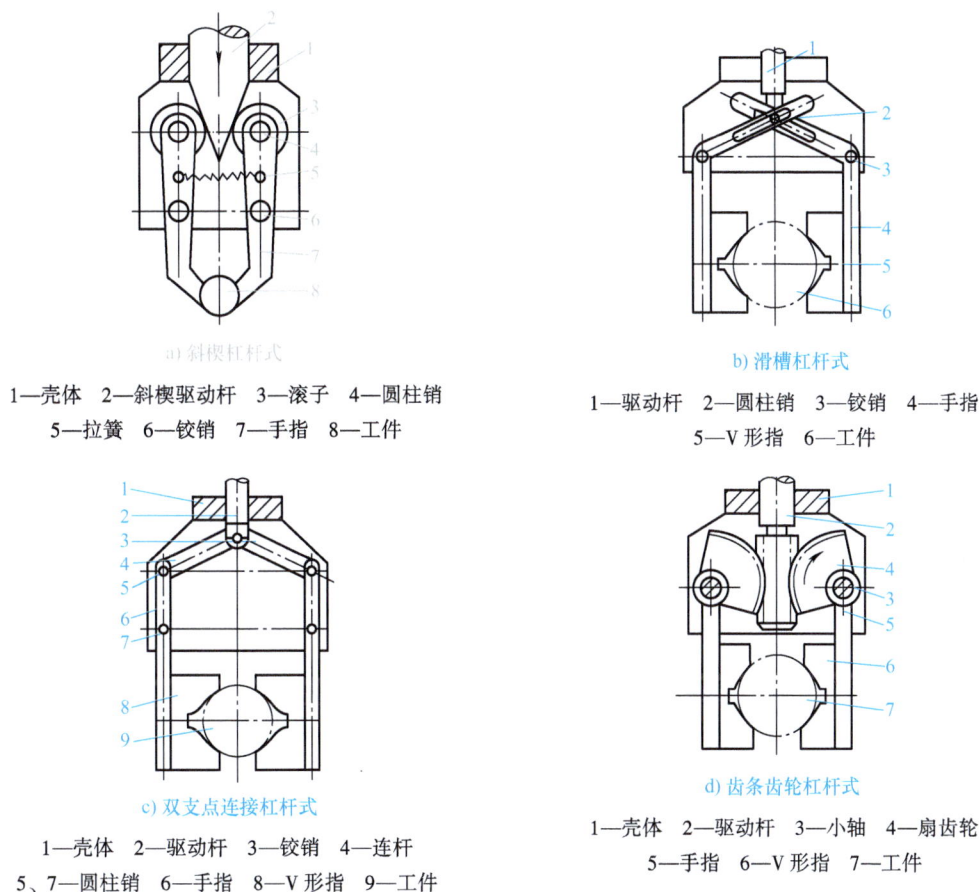

a) 斜楔杠杆式

1—壳体　2—斜楔驱动杆　3—滚子　4—圆柱销
5—拉簧　6—铰销　7—手指　8—工件

b) 滑槽杠杆式

1—驱动杆　2—圆柱销　3—铰销　4—手指
5—V 形指　6—工件

c) 双支点连接杠杆式

1—壳体　2—驱动杆　3—铰销　4—连杆
5、7—圆柱销　6—手指　8—V 形指　9—工件

d) 齿条齿轮杠杆式

1—壳体　2—驱动杆　3—小轴　4—扇齿轮
5—手指　6—V 形指　7—工件

图 2-1-6　回转型手部结构简图

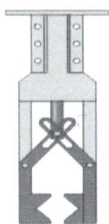

图 2-1-7　滑槽杠杆式回转型手部外形结构

图 2-1-8　双支点连接杠杆式回转型手部外形结构

　　② 平移型传动机构。平移型夹钳式手部是通过手指的指面做直线往复运动或平面移动来实现张开或闭合动作的，常用于夹持具有平行平面的工件（如冰等）。其结构较复杂，不如回转型夹钳式手部应用广泛。

　　根据其结构，可分平面平行移动机构和直线往复移动机构两种类型。图 2-1-9a 为平面平行移动机构，它的特点是用平行四边形的双曲柄铰链四连杆机构实现手指平移。图 2-1-9b

为直线往复移动机构,实现直线往复移动的机构很多,常用的斜楔传动、齿条传动、螺旋传动等均可应用于手部结构。

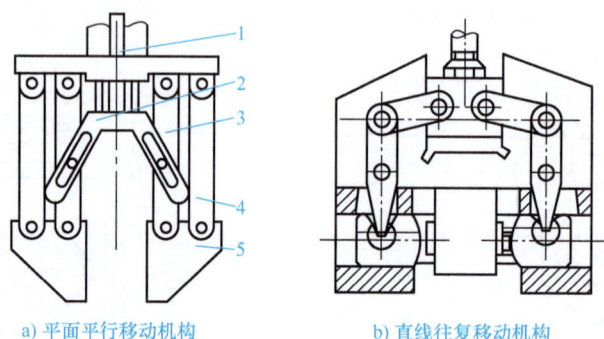

a) 平面平行移动机构　　　　b) 直线往复移动机构

图 2-1-9　平移型传动机构

1—驱动器　2—驱动元件　3—主动摇杆　4—从动摇杆　5—手指

(2)钩托式手部

它的主要特征是不靠夹紧力来夹持工件,而是利用手指通过钩、托、捧等动作来托持工件。钩托式手部结构如图 2-1-10 所示。

a) 无驱动装置　　　　　　b) 有驱动装置

图 2-1-10　钩托式手部结构

1—齿条　2—齿轮　3—手指　4—销子　5—液压缸　6、7—杠杆手指

(3)弹簧式手部

弹簧式手部靠弹簧力的作用将工件夹紧,手部不需要专用的驱动装置,结构简单。它的使用特点是工件进入手指和从手指中取下工件都是强制进行的。由于弹簧力有限,故只适于夹持轻小工件。弹簧式手部结构如图 2-1-11 所示。

4. 工业机器人的吸附式手部

(1)气吸附式手部

由吸盘、吸盘架及进排气系统组成,利用吸盘内的压力和大气压之间的压力差而工作。具有结构简单、重量轻、使用方便可靠、对工件表面没有损伤、吸附力分布均匀等优点,广泛应用于非金属材料或不可有剩磁的材料的吸附。但要求物体表面较平整光滑,无孔无凹槽。

图 2-1-11　弹簧式手部结构

1—工件　2—套筒　3—弹簧片　4—扭簧　5—销钉　6—螺母　7—螺钉

按形成压力差的原理，可分为真空吸盘、气流负压吸盘、挤压排气吸盘三种。

1）真空吸盘。取料时，碟形橡胶吸盘与物体表面接触，橡胶吸盘在边缘既起到密封作用，又起到缓冲作用，然后抽气，吸盘内腔形成真空，吸取物料。放料时，管路接通大气，失去真空，物体放下。为避免在取、放料时产生撞击，有的还在支撑杆上配有缓冲弹簧。其结构图如图 2-1-12 所示。

2）气流负压吸盘。气流负压吸盘是利用流体力学的原理，当需要取物时，压缩空气高速流经喷嘴5，其出口处的气压低于吸盘腔内的气压，于是腔内的气体被高速气流带走而形成负压，完成取物动作；当需要释放时，切断压缩空气即可。其结构图如图 2-1-13 所示。

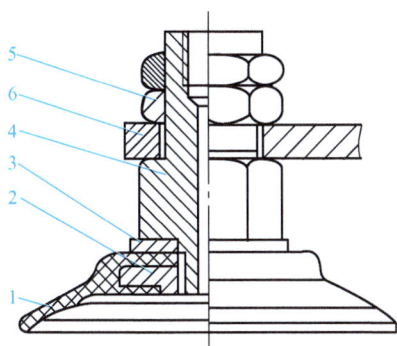

图 2-1-12　真空吸盘结构图

1—橡胶吸盘　2—固定环　3—垫片
4—支撑杆　5—基板　6—螺母

图 2-1-13　气流负压吸盘结构图

1—橡胶吸盘　2—心套　3—通气螺钉
4—支撑杆　5—喷嘴　6—喷嘴套

利用负压吸附取料的还有球形取料手，它的握持部件是一个填充了研磨咖啡粉的气球。如图 2-1-14 所示。

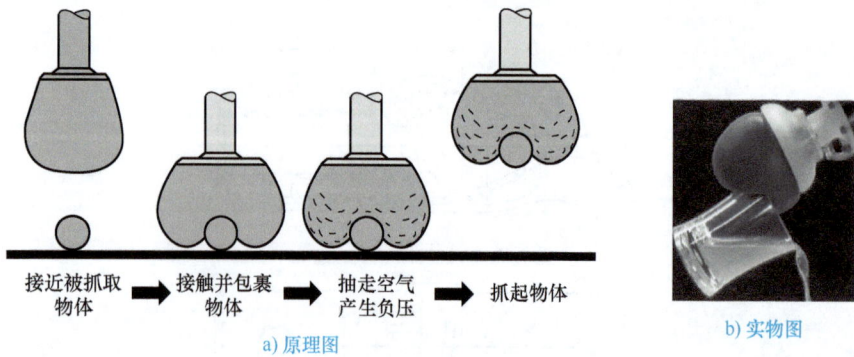

a) 原理图

b) 实物图

图 2-1-14　球形取料手

3）挤压排气吸盘。取料时吸盘压紧物体，橡胶吸盘变形，挤出腔内多余的空气，取料手上升，靠橡胶吸盘的恢复力形成负压，将物体吸住；释放时，压下拉杆 3，使吸盘腔与大气相连通而失去负压。其结构图如图 2-1-15 所示。

（2）磁吸附式手部

磁吸附式手部是利用永久磁铁或电磁铁通电后产生的电磁吸力取料，因此只能对铁磁物体起作用；另外，对某些不允许有剩磁的零件要禁止使用。所以，磁吸附式手部的使用有一定的局限性。其工作原理如图 2-1-16 所示。

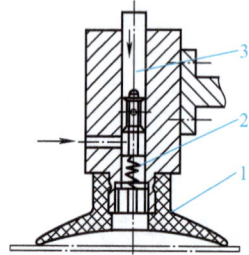

图 2-1-15　挤压排气吸盘结构图
1—橡胶吸盘　2—弹簧　3—拉杆

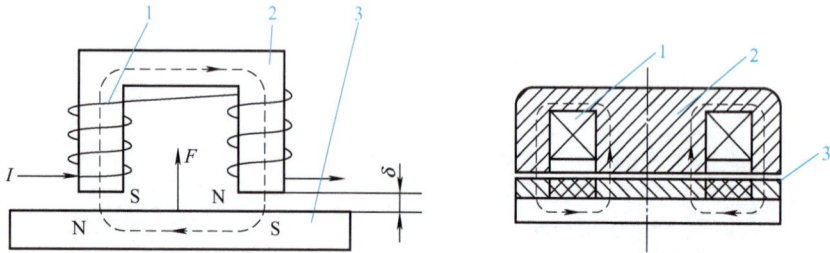

图 2-1-16　磁吸附式手部工作原理
1—线圈　2—铁心　3—衔铁

5. 仿生多指灵巧手

（1）柔性手

为了能对不同外形的物体实施抓取，并使物体表面受力比较均匀，因此研制出了柔性手。

如图 2-1-17 所示为多关节柔性手腕，每个手指由多个关节串联而成。手指传动部分由牵引钢丝绳及摩擦滚轮组成，每个手指由两根钢丝绳牵引，一侧为握紧，另一侧为放松。

图 2-1-18 所示为用柔性材料做成的柔性手。一端固定，另一端为自由端的双管合一的柔性管状手爪，当一侧管内充气体或液体、另一侧管内抽气或抽液时形成压力差，柔性手爪就向抽空侧弯曲。此种柔性手适用于抓取轻型、圆形物体，如玻璃器皿等。

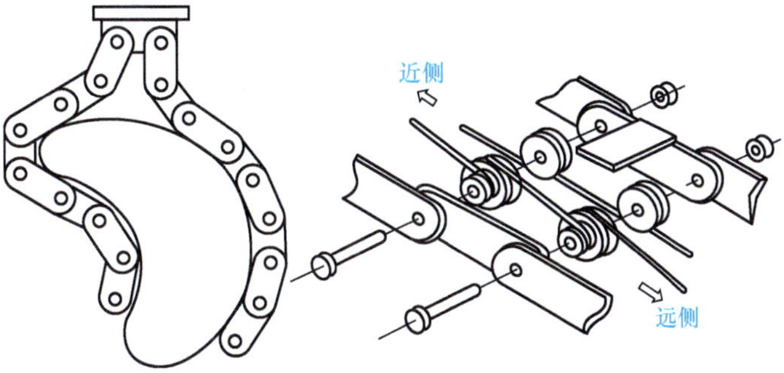

图 2-1-17　多关节柔性手腕

图 2-1-18　柔性手

（2）多指灵巧手

多指灵巧手有多个手指，每个手指有三个回转关节，每一个关节的自由度都是独立控制的。因此，几乎人手指能完成的各种复杂动作它都能模仿，例如拧螺钉、弹钢琴、作礼仪手势等。外形如图 2-1-19 所示。

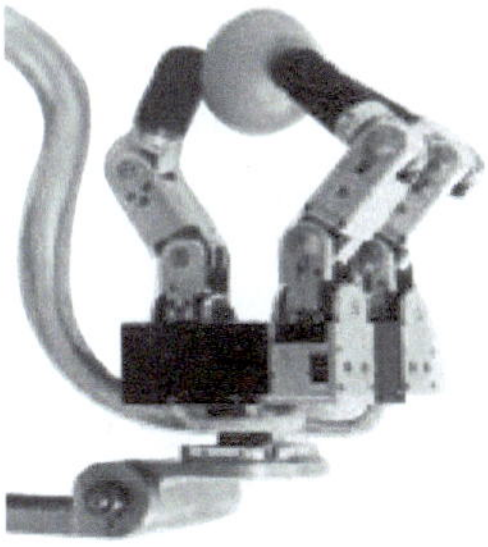

图 2-1-19　多指灵巧手外形

2.1.2　腕部

腕部是连接臂部和末端执行器（手部）的结构部件，它的主要作用是改变和调整手部在空间的方位。因此它具有独立的自由度，可以使机器人手部完成复杂的姿态。

1. 腕部的转动方式

为了使手部能处于空间任意方向，要求腕部能实现对三个坐标轴 X、Y、Z 的转动，一般需要三个自由度，这三个回转方向为：

机器人的腕部

1）臂转是指绕小臂轴线方向的旋转。翻转（Roll）用 R 表示。
2）腕摆是指使手部相对于手臂进行摆动。俯仰（Pitch）用 P 表示。
3）手转是指使手部绕自身的轴线方向旋转。偏转（Yaw）用 Y 表示。
腕部的自由度如图 2-1-20 所示。

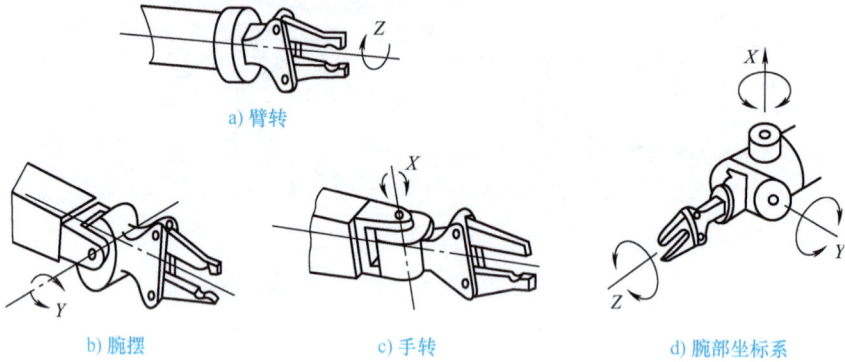

a) 臂转
b) 腕摆
c) 手转
d) 腕部坐标系

图 2-1-20　腕部的自由度

腕部结构多为上述三个回转方式的组合，组合的方式可以有多种形式，如图 2-1-21 所示。

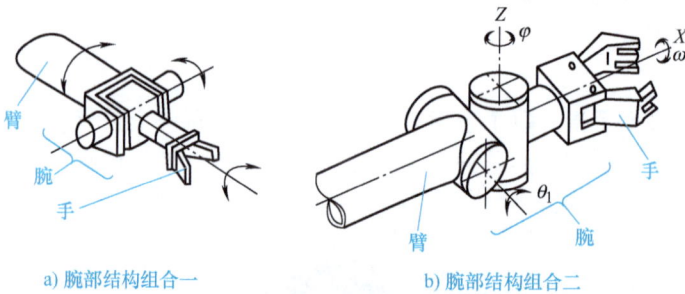

a) 腕部结构组合一
b) 腕部结构组合二

图 2-1-21　腕部结构组合方式

腕部结构的设计要满足传动灵活、结构紧凑轻巧、避免干涉等要求。工业机器人多数将腕部结构的驱动部分安排在小臂上。首先设法使几个电动机的运动传递到同轴旋转的心轴和多层套筒上，然后待运动传入腕部后再分别实现各个动作。

按腕部转动特点的不同，腕部关节的转动可细分为滚转和弯转两种，如图 2-1-22 所示。

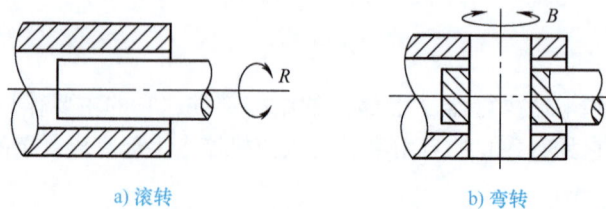

a) 滚转
b) 弯转

图 2-1-22　腕部关节的滚转和弯转

滚转是指组成关节的两个零件自身的几何回转中心和相对运动的回转轴线重合；弯转是指两个零件的几何回转中心和其相对运动的回转轴线垂直的关节运动。

2. 腕部的分类

按自由度分类，腕部可分为单自由度腕部、二自由度腕部和三自由度腕部。

1）单自由度腕部。

① 单一的翻转功能。腕部的关节轴线与臂部的纵轴线共线，回转角度不受结构限制，可以回转360°以上。该运动用翻转关节（R关节）实现，如图2-1-23a所示。

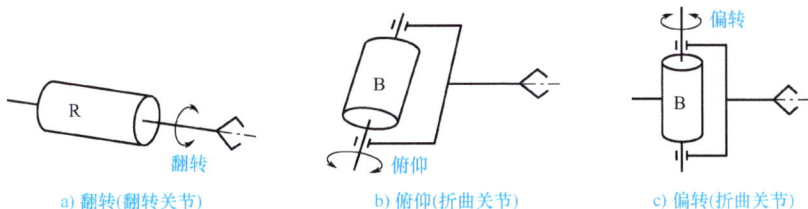

a) 翻转(翻转关节)　　b) 俯仰(折曲关节)　　c) 偏转(折曲关节)

图 2-1-23　单自由度腕部

② 单一的俯仰功能。腕部关节轴线与臂部及手部的轴线相互垂直，回转角度受结构限制，通常小于360°。该运动用折曲关节（B关节）实现，如图2-1-23b所示。

③ 单一的偏转功能。腕部关节轴线与臂部及手部的轴线在另一个方向上相互垂直，回转角度受结构限制，通常小于360°。该运动用折曲关节（B关节）实现，如图2-1-23c所示。

2）二自由度腕部。由一个R关节和一个B关节联合构成BR关节，如图2-1-24a所示；或由两个B关节组成BB关节，如图2-1-24b所示。但不能由两个R关节构成二自由度腕部，因为两个R关节的功能是重复的，实际上只起到单自由度的作用，如图2-1-24c所示。

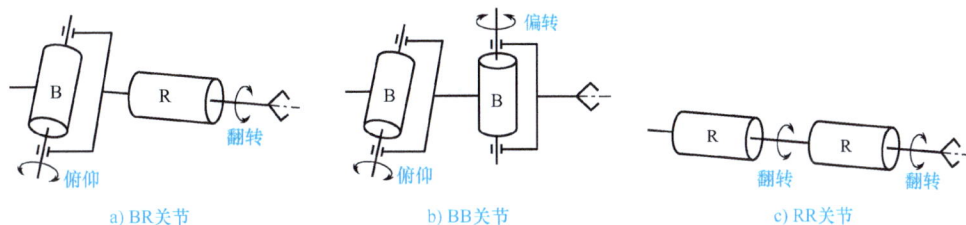

a) BR关节　　b) BB关节　　c) RR关节

图 2-1-24　二自由度腕部

3）三自由度腕部。由R关节和B关节组合构成的三自由度腕部可以有多种形式，实现翻转、俯仰和偏转功能，如图2-1-25所示。

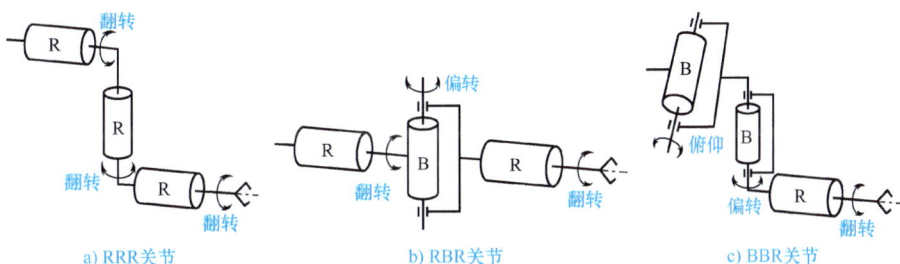

a) RRR关节　　b) RBR关节　　c) BBR关节

图 2-1-25　三自由度腕部

3. 按腕部的驱动方式分类

1）直接驱动腕部。驱动源直接装在腕部上，如图 2-1-26 所示。这种直接驱动腕部的关键在于，能否设计和加工出尺寸小、重量轻而驱动扭矩大、驱动性能好的驱动电动机或液压电动机。

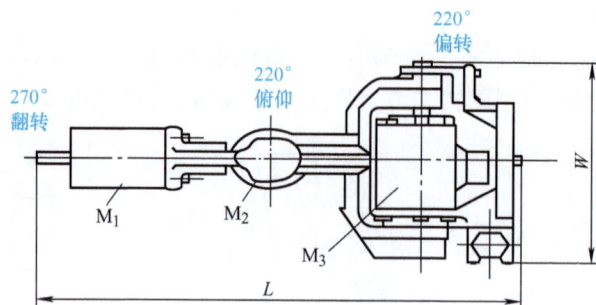

图 2-1-26　直接驱动腕部

直接用回转液压（气）缸驱动实现腕部的回转运动，具有结构紧凑、灵活等优点。如图 2-1-27 所示的腕部结构，采用回转液压缸实现腕部的旋转运动。

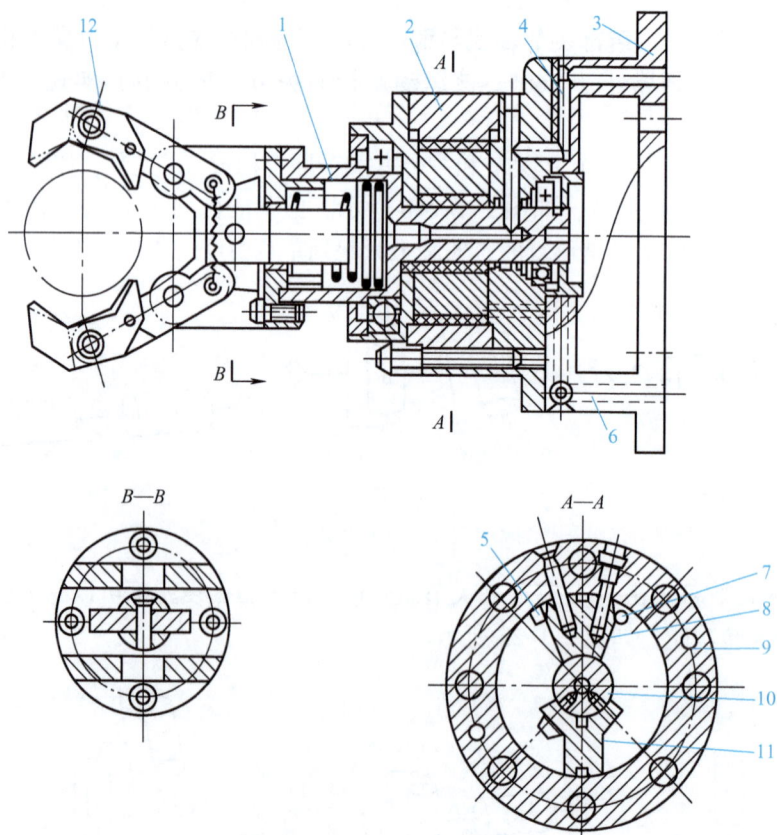

图 2-1-27　回转液压缸驱动的腕部结构

1—手部驱动位　2—周转液压缸　3—腕架　4—通向手部的油管　5—左进油孔
6—通向摆动液压缸油管　7—右进油孔　8—固定叶片　9—缸体　10—回转轴　11—回转叶片　12—手部

2）远距离传动腕部。为保证足够大的驱动力，驱动装置又不能做得足够小，同时也为了减轻腕部的质量，可采用远距离驱动方式，可以实现三个自由度的运动，如图2-1-28所示。

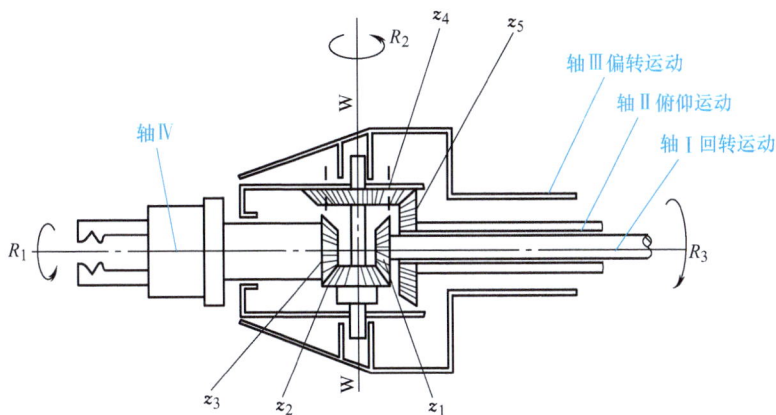

图2-1-28　远距离传动腕部

图2-1-29所示为三自由度的机械传动腕部结构，是一个具有三根输入轴的差动轮系。腕部旋转使得附加的腕部结构紧凑、重量轻。从运动分析的角度看，这是一种比较理想的三自由度腕部，这种腕部可使手的运动灵活、适应性广。目前，它已成功地用于电焊、喷漆等通用机器人上。

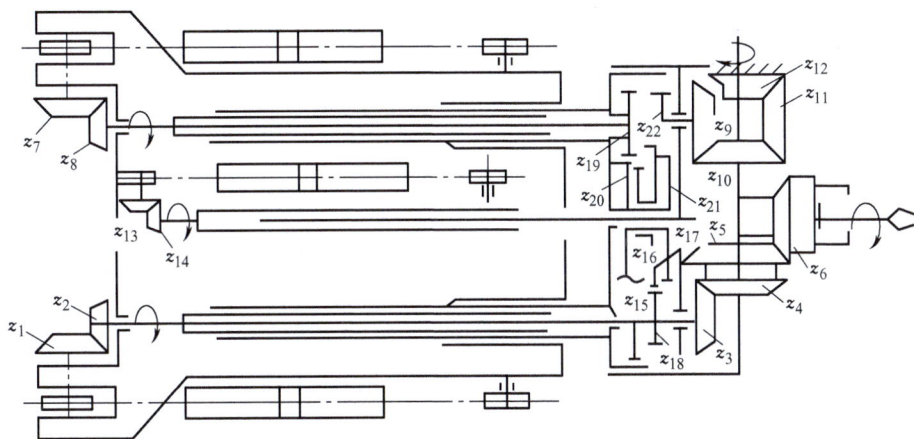

图2-1-29　三自由度的机械传动腕部结构

2.1.3　臂部

工业机器人的臂部由大臂、小臂（或多臂）所组成，工业机器人臂部位置如图2-1-30所示。臂部完成伸缩、左右旋转、俯仰或升降动作，是工业机器人的主要执行部件，用于支承末端执行器和腕部，并带动它们在空间运动，腕部的空间位置及其工作范围都与臂部的运动有关系。臂部动作灵活，所占空间小，工作范围大，能在狭窄空间内绕过障碍物。

机器人的臂部

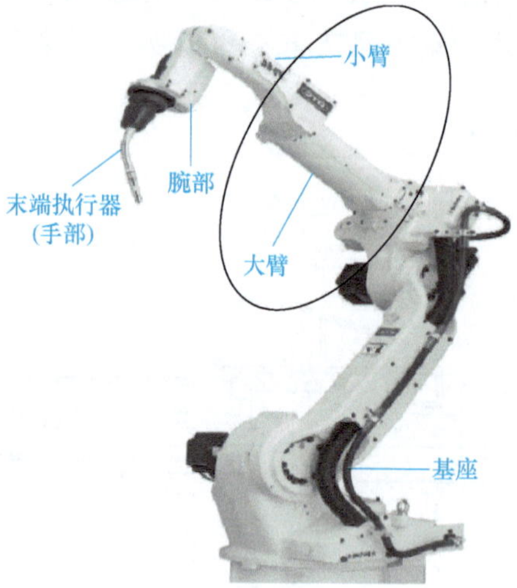

图 2-1-30　工业机器人臂部位置

1. 臂部的特点

为了让工业机器人的末端执行器可以实现位置目标，一般至少需要三个自由度的运动，即垂直移动、径向移动和回转运动。臂部的各种运动通常由驱动机构和各种传动机构来实现，它不仅要承受自身的重量，还要承受工件的重量。

（1）垂直移动

垂直移动是指机器人臂部的上下运动。这种运动通常采用液压缸机构或通过调整机器人基座在垂直方向上的安装位置来实现。

（2）径向移动

径向移动是指臂部的伸缩运动。机器人臂部的伸缩使其臂部的工作范围发生变化。这种运动可由液（气）压缸或直线电动机驱动。

（3）回转运动

回转运动是指机器人绕铅垂轴的转动，这种运动决定了机器人的臂部所能达到的角度位置。

机器人的臂部主要包括臂杆及与其伸缩、屈伸或自转等运动有关的构件（传动机构、驱动装置、导向定位装置、支承连接和位置检测元件等）。此外，还有与腕部或手臂的运动和连接支承等有关的构件、配管配线等。

由于臂部是用以连接腰部和腕部，将机器人的腕部送达到指定位置的部分。臂部运动部分零件的重量直接影响臂部结构的刚度和强度，同时由于其承受运动过程中的动、静载荷和惯性力较大，还影响着机器人定位的准确性。臂部结构的形式取决于机器人的运动形式、抓取动作自由度和运动精度等，所以一般要具有以下几个特点：

1）承载能力足。手臂是支承手腕的部件，不仅要考虑抓取物体的重量或携带工具的重量，还要考虑运动时的动载荷及转动惯性。

2）刚度要求高。为了防止臂部在运动过程中产生过大的变形，臂部的截面形状要合理选择。工字型截面的弯曲刚度一般比圆截面大，空心管的弯曲刚度和扭转刚度都比实心轴大得多。可以用多重闭合平行四边形连杆机构代替单一刚性构件。

3）导向性好，定位精度高。为防止臂部在直线运动中，沿运动轴线发生相对转动，应设置导向装置。

4）质量轻。为提高机器人的运动速度，要尽量减少臂部运动部分的重量，以减少整个臂部对回转轴的转动惯量。

2. 臂部的分类

（1）按结构形式分

工业机器人的臂部按结构形式可分为单臂式（如图2-1-31所示）、双臂式（如图2-1-32所示）及悬挂式（如图2-1-33所示）。

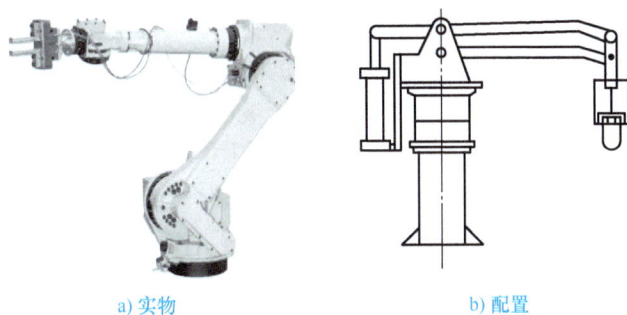

a) 实物　　　　　　　　　　　　b) 配置

图 2-1-31　单臂式工业机器人

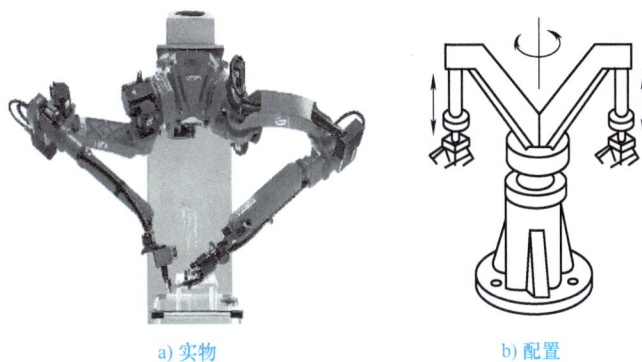

a) 实物　　　　　　　　　　　　b) 配置

图 2-1-32　双臂式工业机器人

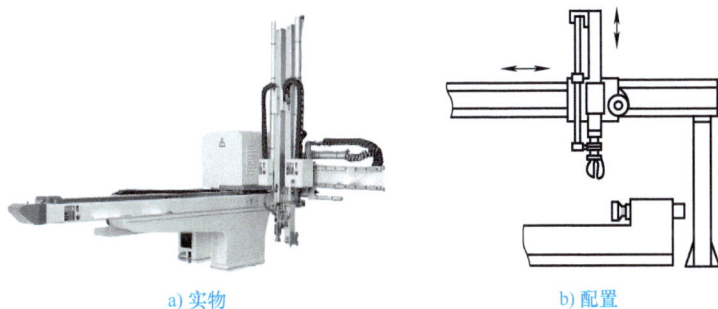

a) 实物　　　　　　　　　　　　b) 配置

图 2-1-33　悬挂式工业机器人

单臂式和双臂式是常见的形式，一般臂部都可以在水平面内回转，此类工业机器人具有占地面积小、工作范围大、结构简单的特点，既可固定安装在空地上，也可以固定在床身上，服务于某种主机，承担上、下料或转运等工作。

悬挂式工业机器人的运动形式大多为移动式。它具有占地面积小、能有效利用空间、动作简单直观等优点。悬挂式工业机器人的横梁可以是固定的，也可以是行走的，一般安装在厂房原有建筑的柱梁或有关设备上，也可从地面架设。

（2）按运动形式分

工业机器人的臂部按运动形式可分为直线运动型、回转运动型和俯仰运动型，下面简单介绍这三种运动形式。

1）直线运动型。机器人手臂的伸缩、升降及横向移动均属于直线运动，而实现手臂往复运动的机构较多，常用的有齿轮齿条机构（如图2-1-34所示）、液压缸、丝杠螺母机构及连杆机构等。为了使手臂移动的距离和速度有定值的增加，可以采用齿轮齿条传动的增倍机构。因为活塞液压（气）缸的体积小、重量轻，在机器人的手臂结构中应用比较多。

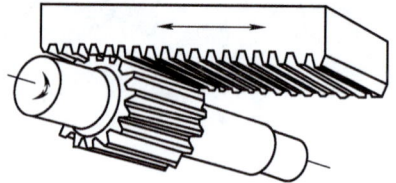

图2-1-34 齿轮齿条机构

当行程短时，一般采用液压缸或气缸直接驱动；当行程比较长时，可以采用液压缸或气缸驱动齿条传动的倍增机构或采用步进电动机或伺服电动机驱动，并通过丝杠螺母来转换为直线运动。

为了增加手臂的刚性，防止手臂在直线运动时绕轴线转动或产生变形，臂部伸缩机构需设置导向装置或壁杆（方形、花键等形式）。常用的导向装置有单导向杆和双导向杆等，可根据手臂的结构、抓重等因素选取。

2）回转运动型。机器人手臂的左右回转（如图2-1-35所示）、上下摆动（如图2-1-36所示）均属于回转运动，回转运动决定了机器人的手臂所能到达的角度位置。实现机器人手臂回转运动的机构形式是多种多样的，常用的有叶片式旋转缸、齿轮转动机构、链轮传动、活塞缸和连杆机构等。链轮传动是将链条的直线运动变为链轮的回转运动，它的回转角度可大于360°。

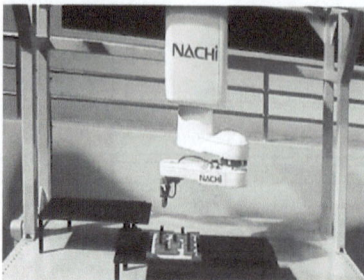

图2-1-35 左右回转

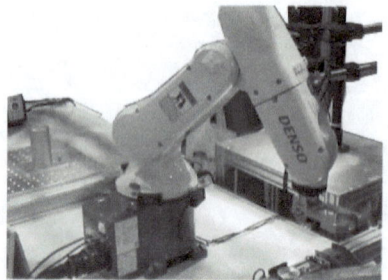

图2-1-36 上下摆动

3）俯仰运动型。机器人手臂的俯仰运动一般采取摆动液压（气）缸驱动与铰链连杆机构传动联用来实现，如图2-1-37所示。手臂俯仰运动时用的活塞缸位于手臂的下方，其活塞杆和手臂用铰链连接，缸体采用尾部耳环或中部销轴等方式与立柱连接，如图2-1-38所示。有时也采用无杆活塞缸驱动齿条齿轮或四连杆机构实现手臂的俯仰运动。

图 2-1-37　摆动气缸驱动连杆俯仰臂部机构

1—末端执行器（手部）　2—夹紧缸　3—升降缸　4—小臂
5、8—摆动气缸　6—大臂　7—立柱

图 2-1-38　液压缸铰链结构的俯仰机器人

臂部运动部分零件的重量直接影响臂部结构的刚度和强度，同时由于其承受运动过程中的动、静载荷和惯性力较大，还影响着机器人定位的准确性。肩关节（大臂关节）位于腰部的支座上，多采用 RV 减速器传动或谐波传动，也可采用滚动螺旋组合连杆机构或直接应用齿轮机构。肘关节（小臂关节）位于大臂与小臂的连接处，多采用谐波传动或齿轮传动等，如图 2-1-39 所示。

图 2-1-39　肩关节与肘关节

3. 臂部的设计要求

机器人手臂的作用是在一定的载荷和一定的速度下，实现在机器人所要求的工作空间内运动。在进行机器人手臂设计时，要遵循下述原则：

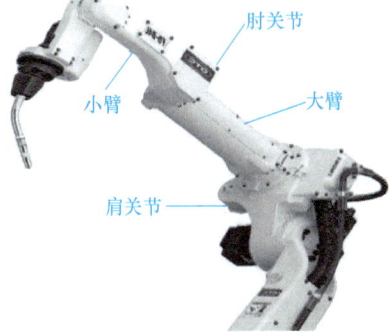

1）合理设计臂部与腕部和基座的连接部位。臂部的安装形式和位置不仅关系到机器人的强度、刚度和承载能力，而且还直接影响到机器人的外观。应尽可能使机器人手臂各关节轴相互平行，相互垂直的轴应尽可能相交于一点，这样可以使机器人运动学正逆运算简化，有利于机器人的控制。

2）机器人手臂的结构尺寸应满足机器人工作空间的要求。工作空间的形状和大小与机器人手臂的长度、手臂关节的转动范围有密切的关系。但机器人手臂末端工作空间并没有考虑机器人手腕的空间姿态要求，如果对机器人手腕的姿态提出具体的要求，则其手臂末端可实现的空间要小于上述没有考虑手腕姿态的工作空间。

3）为了提高机器人的运动速度与控制精度，应在保证机器人手臂有足够强度和刚度的条件下，尽可能在结构上、材料上设法减轻手臂的重量，力求选用高强度的轻质材料，通常选用高强度铝合金制造机器人手臂。目前，国外也在研究用碳纤维复合材料制造机器人手臂。碳纤维复合材料抗拉强度高，抗振性好，比重小（其比重相当于钢的 $1/4$，相当于铝合金的 $2/3$），但是，其价格昂贵，且在性能稳定性及制造复杂形状工件的工艺上尚存在问题，故还未能在生产实际中推广应用。目前比较有效的办法是用有限元法进行机器人手臂结构的优化设计，在保证所需强度与刚度的情况下，减轻机器人手臂的重量。

4）机器人各关节的轴承间隙要尽可能小，以减小机械间隙所造成的运动误差。因此，各关节都应有工作可靠、便于调整的轴承间隙的调整机构。

5）机器人的手臂相对其关节回转轴应尽可能在重量上平衡，这对减小电动机负载和提高机器人手臂运动的响应速度是非常有利的。在设计机器人的手臂时，应尽可能利用在机器人上安装的机电元器件与装置的重量来减小机器人手臂的不平衡重量，必要时还要设计平衡机构来平衡手臂残余的不平衡重量。

6）机器人手臂在结构上要考虑各关节的限位开关和具有一定缓冲能力的机械限位块，以及驱动装置、传动机构及其他元件的安装。

7）臂部运动速度越高，惯性力引起的定位前的冲击就越大，因此要采用一定的缓冲措施。工业机器人常用的缓冲装置有弹性缓冲元件、液压（气）缸端部缓冲装置、缓冲回路和液压缓冲器等。按照在机器人中设置位置的不同，可分为内部缓冲装置和外部缓冲装置两类。

4. 臂部的运动范围

臂部的运动范围

（1）直角坐标型
直角坐标机器人结构简单，运动位置精度高，但所占的空间较大，工作范围相对较小。通常把 X 轴水平移动的自由度归为臂部部分，如图 2-1-40 所示。

（2）圆柱坐标型
圆柱坐标机器人具有三个自由度，回转运动、直线移动升降运动及手臂伸缩运动。相对来说，所占空间较小，工作范围较大。手臂伸缩运动通常由臂部来实现。手臂的最大工作长度决定其末端所能达到的圆柱表面直径，如图 2-1-41 所示。

a) 模型　　　　　　　　　　　　b) 实物

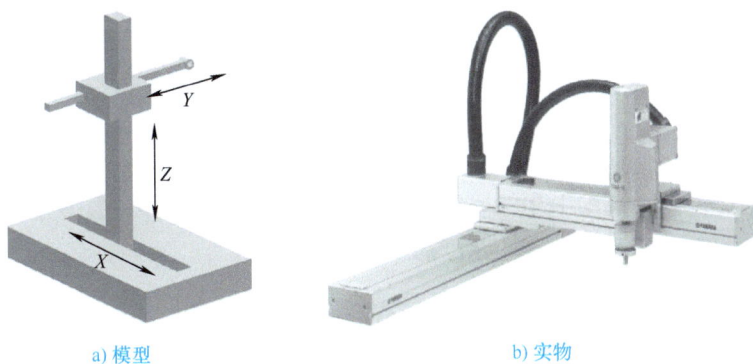

图 2-1-40　直角坐标机器人

a) 模型　　　　　　　　　　　　b) 实物

图 2-1-41　圆柱坐标机器人

（3）关节型

关节机器人由动力型旋转关节和大臂、小臂组成，以臂部各相邻部件的相对角位移为运动坐标。其动作灵活，所占空间小，工作范围大，能在狭窄空间内绕过各种障碍物，如图 2-1-42 所示。

a) 模型　　　　　　　　　　　　b) 实物

图 2-1-42　关节机器人

关节机器人的三个自由度均为回转运动，构成机器人的回转运动、俯仰运动和偏转运动。通常把肩、肘的回转运动归结为臂部运动。

2.1.4 基座

基座有时称为机身，是连接、支撑手臂及行走机构的部件，用于安装臂部的驱动装置或传动装置，是工业机器人机构中相对固定并承受相应力的基础部件，如图 2-1-43 所示。

工业机器人的基座包括固定式和移动式。

（1）固定式基座

固定式基座结构比较简单，可以直接安装在地面上，也可固定在台架上或者底板上，如图 2-1-44 所示。

基座的分类

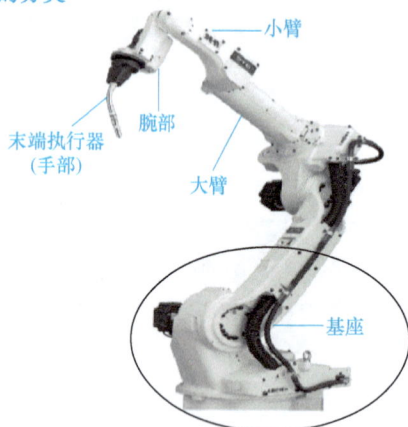

图 2-1-43　工业机器人基座位置

图 2-1-44　固定式基座

1）直接安装在地面上时，是将底板埋入混凝土地面或者用螺栓固定。为了经受住机器人手臂传递过来的反作用力，底板要求尽可能稳固。底板与机器人基座用高强度螺栓联接。

2）采用台架安装时，基座与台架用高强度螺栓固定联接，台架与底板用高强度螺栓联接。安装方法与基座直接安装在地面上的方式基本相同。

3）用底板安装时，用螺栓将底板安装在混凝土地面或钢板上。基座与底板用高强度螺栓固定联接。

（2）移动式基座

移动式基座安装在行走机构上，行走机构带动机器人在一定范围的空间内运动。行走机构是移动式机器人的重要执行部件。行走机构通常由驱动装置、传动装置、位置检测装置、传感器、电缆和管路等构成。它一方面支承机器人的基座、臂部和手部，另一方面带动机器人按照工作任务的要求进行运动。

按运行轨迹不同，移动式基座又分为固定轨迹式和无固定轨迹式。

固定轨迹式是基座可以按照固定的轨迹沿导轨移动，如图 2-1-45 所示。机器人基座安装在一个可移动

图 2-1-45　固定轨迹式基座

的平台上，靠丝杠螺母驱动，通过将来自电动机的旋转运动转化为直线运动来实现固定轨迹移动，整个机器人沿丝杠纵向移动。除了这种直线驱动方式外，还有类似起重机梁行走方式等，主要用在作业区域大的场合，比如大型设备装配、立体化仓库中材料搬运、大面积喷漆等。

无固定轨迹式基座搭载在移动平台上，可以在一定范围内自由移动。无固定轨迹机器人主要有轮式、履带式和步行式等，还有适合于各种特殊场合的蠕动式、混合式、蛇行式行走机构。下面主要介绍轮式、履带式和步行式行走机构，前两者与地面连续接触，后者与地面为间断接触。

无固定轨迹式基座

1）轮式行走机构。轮式行走机构是移动机器人中最流行也是应用最多的行走机构，主要行走在平坦的地面上，它有很高的效率而且使用比较简单的机械就可实现。车轮的形状和结构形式取决于地面的性质和车辆的承载能力。在轨道上运行的多采用实心钢轮，室外路面行驶的多采用充气轮胎，室内平坦地面上的可采用实心轮胎。

轮式行走机构通常有一轮、二轮、三轮、四轮和六轮之分。它们或有驱动轮和自位轮，或有驱动轮和转向机构，用来转弯。最适合平地行走，不能跨越高度，不能爬楼梯。这种轮式行走机构在实现上最主要的困难是稳定性问题，实际应用的大多是三轮和四轮。

三轮行走机构具有一定的稳定性，最具有代表性的配置形式是一个前轮和两个后轮，如图 2-1-46 所示。

四轮行走机构应用最广泛，可以采用不同的方式实现驱动和转向，可以实现更灵活的转向和较大的回转半径。因为具有四组轮子，其稳定性有很大提高。但是要保证四组轮子同时和地面接触必须使用特殊的轮系悬架系统。它还需要四个驱动电动机，控制系统比较复杂，造价也较高。如图 2-1-47 所示是四轮管道爬行机器人。

图 2-1-46　三轮行走机构

图 2-1-47　四轮管道爬行机器人

2）履带式行走机构。履带式行走机构的主要特征是将圆环状的无限轨道带绕在多个车轮上，使车轮不直接与路面接触，是一种轮式行走机构的拓展。履带的作用是给车轮连续铺路，可以缓冲路面的状态，因此可以在各种路面上行走。履带式行走机构由履带、驱动链轮、支承轮、托带轮和张紧轮组成。

履带式行走机构的形状有很多种，主要有一字形、倒梯形等，如图 2-1-48 所示。一字形履带式行走机构的驱动轮和张紧轮兼做支承轮，可以增大支承地面的面积，改善稳定性。倒梯形履带式行走机构不做支承轮的驱动轮与张紧轮安装得高于地面，适合穿越障碍，由于减少了泥土夹入引起的损坏，因此提高了驱动轮和张紧轮的寿命。

图 2-1-49 是反恐排爆机器人，图 2-1-50 是侦察机器人，采用的都是履带式行走机构。

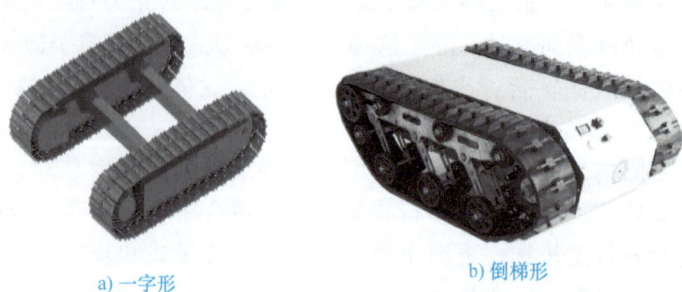

a) 一字形　　　　　　　　b) 倒梯形

图 2-1-48　履带式行走机构

图 2-1-49　反恐排爆机器人

图 2-1-50　侦察机器人

　　履带式行走机构由于履带的突起，路面保持力强，因此可以在有些凸凹的地面上或者荒地上移动，可以跨越障碍物，能登上梯度不大的台阶，爬坡越沟的性能优于轮式行走机构；能实现原地旋转；重心低，稳定性好；履带支承面上有履齿，不易打滑，附着性好，有利于发挥较大的牵引力。但因为没有自位轮，没有转向机构，只能依靠左右两个履带的速度差转弯，会产生滑动，转弯阻力大，且不能准确地确定回转半径，所以在转向和前进方向上都会产生滑动；而且结构复杂、重量大、运动惯性也大，减振差，零件容易损坏。

　　3）步行式行走机构。步行式行走也就是足式行走，典型特征是不仅能在平地上，而且能在凹凸不平的地上步行，能跨越沟壑，上下台阶，具有广泛的适应性，如图 2-1-51 所示。主要设计难点是跨步时自动转移重心而保持平衡的问题。为了能够变换方向和上下台阶，一定要具有多自由度。现在的步行式行走机

图 2-1-51　步行式机器人

构按照足的数目分为单足、双足、三足、四足、六足甚至更多。足的数目越多，越适合于重载和慢速运动。双足和四足具有良好的适应性和灵活性。

双足行走机构类似于人类，结构简单，是多自由度的控制系统，具有良好的适应性。在行走过程中，行走机构要始终满足平衡条件，也就是机器人的重心始终落在接触地面的一只脚上。

2.2　工业机器人的驱动与传动

2.2.1　工业机器人常用的驱动方式

工业机器人要完成各种动作，就需要给各个关节即每个自由度安装驱动装置，这就是驱动系统。工业机器人驱动装置是带动臂部到达指定位置的动力源。通常动力是直接或经电缆、齿轮箱或其他方法送至臂部。工业机器人的驱动系统按动力源可分为气动驱动、液压驱动和电动驱动三种基本驱动类型。根据需要，可采用这三种基本驱动类型中的一种，或者采用合成式驱动系统。在工业机器人出现的初期，由于其运动大多采用曲柄机构、导杆机构等杆件机构，所以大多使用液压驱动和气压驱动方式。但随着对作业高速化要求，以及对工业机器人各部分动作要求愈来愈高，目前使用电动驱动的机器人所占比例日益增加。

工业机器人驱动系统的选用原则

1. 气动驱动

工业机器人气动驱动系统以压缩空气为动力源。气动驱动机器人具有气源方便、系统结构简单、动作快速灵活、不污染环境、维护方便以及价格便宜等特点，可以在高温、有毒、多粉尘等恶劣工况条件下工作。常用在冲床上下料、仪表及轻工行业、小零件装配、食品包装及电子元件输送等作业中，在电子产品输送、自动插接、弹药生产自动化等方面获得了广泛应用。由于气体具有可压缩性，遇阻时具有容让性，因此也常用作机器人手爪的驱动源。在所有驱动方式中，气动驱动是最简单的一种，应用比较广泛。工业机器人气动驱动结构如图 2-2-1 所示。

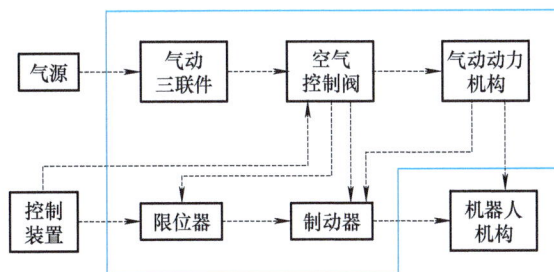

图 2-2-1　工业机器人气动驱动结构

气动驱动系统的组成有以下几部分：

（1）气源

压缩空气是保证气动系统正常工作的动力源。一般工厂均设有压缩空气站，气动机器人可直接使用工厂压缩空气站的气源，或自行设置气源。一般气体压力约 0.5～0.7MPa，流量 200～500L/h。由于压缩空气中含有水气、油

气动驱动系统的组成

气和灰尘，这些杂质如果被直接带入气罐、管道及气动元件和装置中，会引起腐蚀、磨损、阻塞等一系列问题，从而造成气动系统效率和寿命降低、控制失灵等严重后果。因此，压缩空气需要净化。

压缩空气站的设备主要是空气压缩机和气源净化辅助设备。空气压缩机如图 2-2-2 所示。

（2）控制调节元件

控制调节元件包括空气控制阀、制动器、限位器和气动逻辑元件等。空气控制阀是气动控制元件，它的作用是控制和调节气路系统中压缩空气的压力、流量和方向，从而保证气动执行机构按规定的程序正常工作。空气控制阀有压力控制阀、流量控制阀和方向控制阀三类。由于气缸活塞的速度较高，因此要求机器人准确定位时需采用制动器。制动器的制动方式有反压制动和制动装置制动。限位器包括限位开关和限位挡块式锁紧结构。限位开关有接触式和非接触式，接触式的比较直观，机械设备的运动部件上安装行程开关，与其相对运动的固定点的极限位置上安装挡块。当行程开关的机械触头碰到挡块

图 2-2-2　空气压缩机

时，切断或改变了控制电路，机械设备就停止运行或改变方向运行；非接触式的形式很多，常见的有干簧管、光电式、感应式等。

气动逻辑元件是通过可动部件的动作，进行元件切换而实现逻辑功能的。采用气动逻辑元件给自动控制系统提供了简单、经济、可靠和寿命长的新途径。压力控制阀如图 2-2-3 所示。流量控制阀如图 2-2-4 所示。

图 2-2-3　压力控制阀

图 2-2-4　流量控制阀

（3）辅助元件与装置

辅助元件与装置包括将空气过滤器、减压阀、油雾器三种气源处理元件组装在一起的气动三联件，用以对进入气动仪表的气体进行净化过滤和减压，相当于电路中的电源变压器。气动三联件如图 2-5-5 所示。

（4）气动动力机构

气动动力机构有气缸和气动马达两种。气缸和气动马达是将压缩空气的压力能转换为机械能的能量转换装置。气缸输出力用以驱动工作部分做直线往复运动或往复摆动。气动马达输出力矩

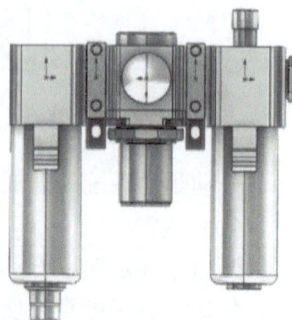

图 2-2-5　气动三联件

用以驱动机构做回转运动。气缸如图 2-2-6 所示。气动马达如图 2-2-7 所示。

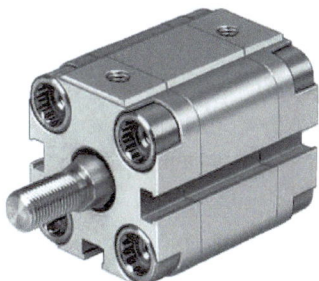

图 2-2-6　气缸

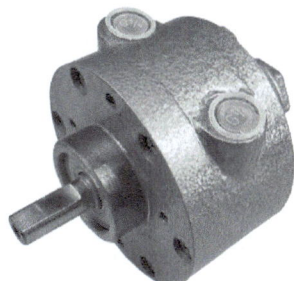

图 2-2-7　气动马达

2. 液压驱动

在工业机器人的发展过程中，液压驱动是较早被采用的驱动方式。世界上首先面世的商品化机器人尤尼美特就是液压机器人。液压驱动主要用于中大型机器人和有防爆要求的机器人。液压驱动工业机器人如图 2-2-8 所示，其利用油液作为传递力或力矩的工作介质。电动机带动液压泵输出压力油，将电动机输出的机械能转换成油液的压力能，压力油经过管道及一些控制调节装置进入液压缸，推动活塞杆运动，从而使机械臂做伸缩、升降等运动，将油液的压力能又转换成机械能。

图 2-2-8　液压驱动工业机器人

（1）液压系统的组成

液压系统主要由液压泵、液动机（液压执行装置）、控制调节装置和辅助装置等部分组成。

1）液压泵。液压泵是能量转换装置，它将电动机输出的机械能转换为油液的压力能，用压力油驱动整个液压系统工作。液压泵如图 2-2-9 所示。

2）液动机（液压执行装置）。液动机是压力油驱动运动部件对外工作的部分。机械臂做直线运动，液动机就是机械臂的伸缩液压缸。做回转运动的液动机一般称为液压马达；回转角度小于 360° 的液动机，一般称为摆动马达。液压马达如图 2-2-10 所示。

液压驱动系统的组成

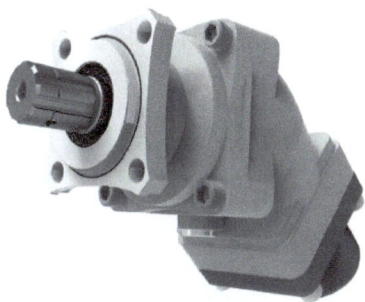

图 2-2-9　液压泵

图 2-2-10　液压马达

3）控制调节装置。控制调节装置指各类阀，如压力控制阀、流量控制阀、方向控制阀等。它们主要用来调节和控制液压系统油液的压力、流量和方向，使机器人的机械臂、手腕、手爪等能够完成所要求的动作。

4）辅助装置。辅助装置包括油箱、过滤器、蓄能器、管路、管接头以及压力表等。

（2）液压伺服驱动系统

液压驱动分为程序驱动和伺服驱动两种类型。前者属于非伺服型，用于有限点位要求的简易搬运机器人。液压驱动机器人中应用较多的是伺服驱动类型。

液压伺服驱动系统由液压源、驱动器、伺服阀、传感器和控制回路组成，如图2-2-11所示。

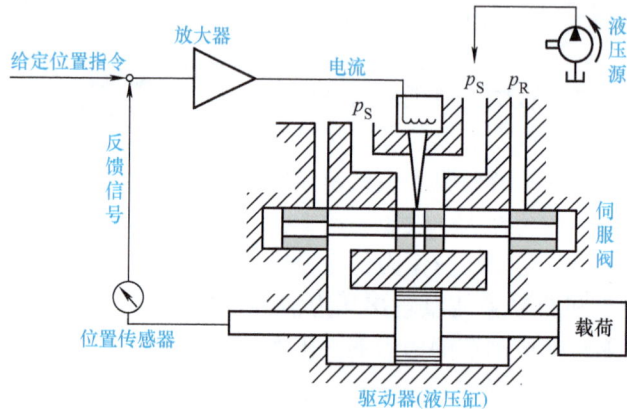

图2-2-11　液压伺服驱动系统

3. 电动驱动

电动驱动采用电动机的种类

工业机器人电动驱动系统是利用各种电动机产生的力矩和力，直接或间接地驱动机器人本体以获得机器人的各种运动的执行机构。因为省去了中间能量转换的过程，所以电动驱动比液压及气动驱动效率高，使用方便且成本低。工业机器人关节驱动的电动机要求有最大功率的质量比和扭矩惯量比、高起动转矩、低惯量和较宽广且平滑的调速范围。特别是像机器人末端执行器（手爪）应采用体积、质量尽可能小的电动机，尤其是要求快速响应时，伺服电动机必须具有较高的可靠性和稳定性，并且具有较大的短时过载能力，这是伺服电动机在工业机器人中应用的先决条件。电动驱动大致可分为普通电动机驱动、步进电动机驱动和直线电动机驱动三类。电动驱动机器人如图2-2-12所示。

（1）普通电动机驱动

普通电动机包括交流电动机、直流电动机及伺服电动机。交流电动机一般不能进行调速或难以进行无级调速，即使是多速电动机也只能进行有限的有级调速。直流电动机能够实现无级调速，但直流电源价格较高，因而限制了它在大功率机器人上的应用。

图2-2-12　电动驱动机器人

（2）步进电动机驱动

步进电动机驱动的速度和位移大小可由电气控制系统发出的脉冲数加以控制。由于步进电动机的位移量与脉冲数严格成正比，故步进电动机驱动可以达到较高的重复定位精度，但是，步进电动机速度不能太高，控制系统也比较复杂。

（3）直线电动机驱动

直线电动机结构简单、成本低，其动作速度与行程主要取决于其定子与转子的长度，反接制动时，定位精度较低，必须增设缓冲及定位机构。

工业机器人电动伺服系统的一般结构为三个闭环控制，即电流环、速度环和位置环。工业机器人电动机驱动原理如图2-2-13所示。

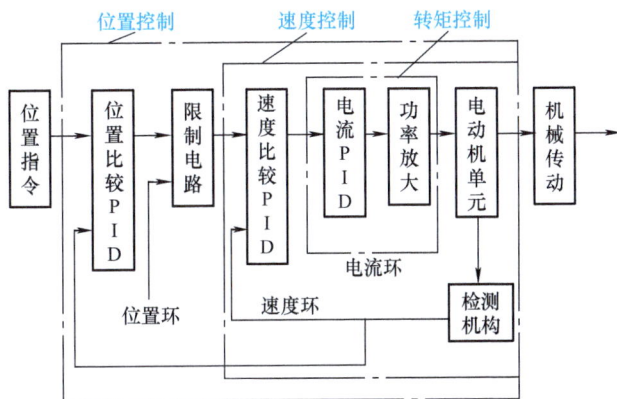

图2-2-13 工业机器人电动机驱动原理

目前，高起动转矩、大转矩、低惯量的交、直流伺服电动机在工业机器人中得到广泛应用，一般负载1000N（相当100kgf）以下的工业机器人大多采用电伺服驱动系统。关节驱动电动机主要是AC伺服电动机、步进电动机和DC伺服电动机。其中，交流伺服电动机、直流伺服电动机、直接驱动电动机（DD）均采用位置闭环控制，一般应用于高精度、高速度的机器人驱动系统中；步进电动机驱动系统多适用于对精度、速度要求不高的小型简易机器人开环系统中；交流伺服电动机由于采用电子换向，无换向火花，在易燃易爆环境中得到了广泛的使用。

4. 三种驱动方式的比较和分析

工业机器人常用的三种基本驱动类型为液压驱动、气动驱动和电动驱动，它们的输出功率、适用范围、控制性能、响应速度等都不同，三种驱动方式的比较和分析具体见表2-2-1。

液压、气动、电动
驱动的优缺点

表2-2-1 三种驱动方式的比较和分析

内容	驱动方式		
	液压驱动	气动驱动	电动驱动
输出功率	输出功率很大，压力范围为 $50 \sim 140 \text{N/cm}^2$	输出功率大，压力范围为 $48 \sim 60 \text{N/cm}^2$，最大可达 100N/cm^2	—

（续）

内容	驱动方式		
	液压驱动	气动驱动	电动驱动
适用范围	适用于重载，大功率，低速驱动的大型机器人	适用于中小负载驱动、精度要求较低的有限点位程序控制机器人，如冲压机器人本体的气动平衡及装配机器人的气动夹具	适用于中小负载、要求具有较高的位置控制精度和轨迹控制精度、速度较高的机器人，如 AC 伺服喷涂机器人、点焊机器人、弧焊机器人、装配机器人等
控制性能	利用液体的不可压缩性、控制精度较高、输出功率大、可无级调速、反应灵敏，可实现连续轨迹控制	气体压缩性大，精度低，阻尼效果差，低速不易控制，难以实现高速度、高精度的连续轨迹控制	控制精度高，功率较大，能精确定位，反应灵敏，可实现高速度、高精度的连续轨迹控制，伺服特性好，控制系统复杂
结构性能及体积	结构适当，执行机构可标准化、模拟化，易实现直接驱动。功率/质量比大，体积小，结构紧凑，密封问题较大	结构适当，执行机构可标准化、模拟化，易实现直接驱动。功率/质量比大，体积小，结构紧凑，密封问题较小	伺服电动机易于标准化，结构性能好，噪声低。电动机一般需配置减速装置，除直驱电动机外，难以直接驱动，结构紧凑，无密封问题
响应速度	很高	较高	很高
安全性	防爆性能较好，用液压油作为工作介质，在一定条件下有火灾危险	防爆性能好，高于 1000kPa（10 个大气压）时应注意设备的抗压性能	设备自身无爆炸和火灾危险，直流有刷电动机换向时有火花，对环境的防爆要求较高
对环境的影响	液压系统易漏油，对环境有污染	排气时有噪声	无
成本	液压元件成本较高	成本低	成本高
维修及使用	方便，但油液对环境温度有一定要求	方便	较复杂

2.2.2 工业机器人的传动机构

工业机器人之所以可以灵活的运动以代替人们进行工作，是因为机器人的关节传动系统，工业机器人的驱动源通过传动部件来驱动关节的移动或转动，从而实现基座、手臂和手腕的运动。因此，传动部件是构成工业机器人的重要部件。根据传动类型的不同，传动部件可以分为直线传动机构和旋转传动机构两大类。

1. 直线传动机构

工业机器人常用的直线传动机构可以直接由气缸或液压缸和活塞产生，也可以采用移动关节导轨、齿轮齿条、滚珠丝杠与螺母等传动元件由旋转运动转换得到。

工业机器人的
直线传动机构

（1）移动关节导轨

在运动过程中移动关节导轨可以起到保证位置精度和导向的作用。移动关节导轨有普通滑动导轨、液压动压滑动导轨、液压静压滑动导轨、气浮导轨和滚动导轨五种。

前两种导轨具有结构简单、成本低的优点，但是必须留有间隙以便润滑，而机器人载荷的大小和方向变化很快，间隙的存在又将会引起坐标位置的变化和有效载荷的变化。另外，这种导轨的摩擦系数又随着速度的变化而变化，在低速时容易产生爬行现象等。

第三种液压静压滑动导轨的结构能产生预载荷，能完全消除间隙，具有高刚度、低摩擦、高阻尼等优点，但是它需要单独的液压系统和回收滑滑油的机构。

第四种气浮导轨的缺点是刚度和阻尼较低。气浮导轨如图 2-2-14 所示。

目前第五种滚动导轨在工业机器人中应用最为广泛，如图 2-2-15 所示为包容式滚动导轨，用支承座支承，可以方便地与任何平面相连，此时套筒必须是开式的，嵌入在滑枕中，既增强刚度也方便了与其他元件的连接。

图 2-2-14　气浮导轨

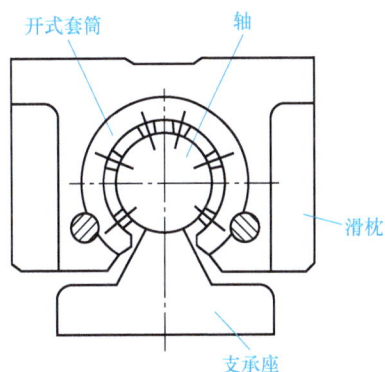

图 2-2-15　包容式滚动导轨

（2）齿轮齿条装置

齿轮齿条装置中，如果齿条固定不动，当齿轮转动时，齿轮轴连同拖板沿齿条方向做直线运动。这样齿轮的旋转运动就转换成拖板的直线运动。拖板是由导杆或导轨支承的，该装置的回差较大。齿轮齿条装置如图 2-2-16 所示。

（3）滚珠丝杠与螺母

在工业机器人中经常采用滚珠丝杠，这是因为滚珠丝杠的摩擦力很小且运动响应速度快。由于滚珠丝杠螺母的螺旋槽里放置了许多滚珠，丝杠在传动过程中所受的是滚动摩擦力，摩擦力较小，因此传动效率

图 2-2-16　齿轮齿条装置

1—拖板　2—导杆　3—齿轮　4—齿条

高，同时可消除低速运动时的爬行现象，在装配时施加一定的预紧力，可消除回差。

如图 2-2-17 所示，滚珠丝杠螺母里的滚珠经过研磨的导槽循环往复传递运动与动力。滚珠丝杠的传动效率可以达到 90%。

（4）液压（气）缸

液压（气）缸是将液压泵（空压机）输出的压力能转换为机械能，可以实现直线运动。液压（气）缸主要由缸筒、缸盖、活塞、活塞杆和密封装置等部件构成，活塞和缸筒采用精密滑动配合，液压油（压缩空气）从液压（气）缸的一端进入，把活塞推向液压（气）缸的另一端，从而实现直线运动。通过调节进入液压（气）缸液压油（压缩空气）的流动

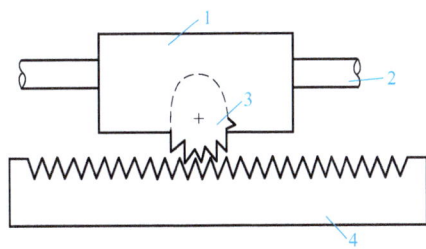

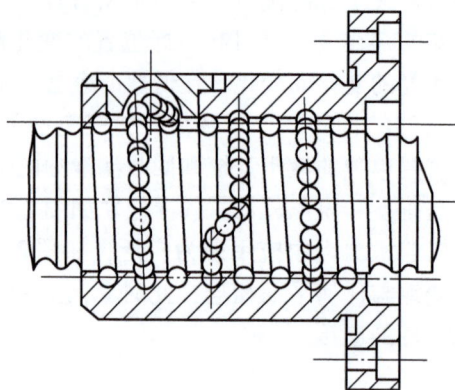

图 2-2-17　滚珠丝杠螺母

方向和流量可以控制液压（气）缸的运动方向和速度。

2. 旋转传动机构

工业机器人的旋转传动机构

　　一般电动机都能够直接产生旋转运动，但其输出力矩比所要求的力矩小，转速比要求的转速高，因此需要采用齿轮、皮带传送装置或其他运动传动机构，把较高的转速转换成较低的转速，并获得较大的力矩。运动的传递和转换必须高效率地完成，并且不能有损于机器人系统所需要的特性，包括定位精度、重复定位精度和可靠性等。通过下列传动机构可以实现运动的传递和转换。

　　（1）齿轮副

齿轮传动是利用齿轮副来传递运动和动力的一种机械传动。齿轮副不但可以传递运动角位移和角速度，而且可以传递力和力矩，一个齿轮装在输入轴上，另一个齿轮装在输出轴上，可以得到的关系有：齿轮的齿数 z 与其转速 n 成反比（式 2-2-1），输出力矩 T_o 与输入力矩 T_i 之比等于输出齿数与输入齿数之比（式 2-2-2）。外啮合齿轮传动如图 2-2-18 所示，内啮合齿轮传动如图 2-2-19 所示。

$$\frac{z_i}{z_o} = \frac{n_o}{n_i} \tag{2-2-1}$$

$$\frac{T_o}{T_i} = \frac{n_o}{n_i} \tag{2-2-2}$$

式中，z_i 为主动轮齿数，z_o 为从动轮齿数，n_i 为主动轮转速，n_o 为从动轮转速，T_i 为输入力矩，T_o 为输出力矩。

图 2-2-18　外啮合齿轮传动

图 2-2-19　内啮合齿轮传动

（2）同步带传动装置

在工业机器人中同步带传动主要用来传递平行轴间的运动。同步带和带轮的接触面都制成相应的齿形，靠啮合传递功率。齿的节距用包络带轮时的圆节距 t 表示。同步带如图 2-2-20 所示。同步带传动原理如图 2-2-21 所示。

图 2-2-20 同步带

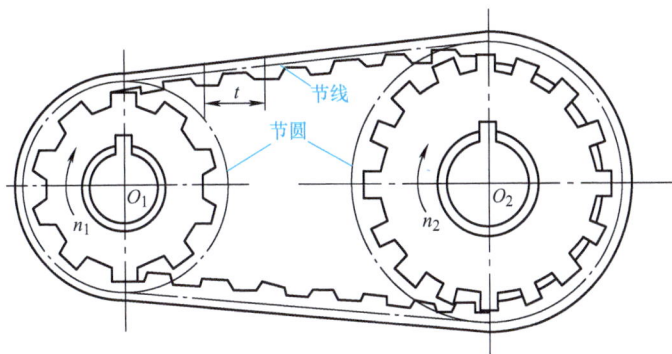

图 2-2-21 同步带传动原理

同步带的计算公式为

$$i = \frac{n_2}{n_1} = \frac{z_1}{z_2} \tag{2-2-3}$$

式中，n_1 为主动轮转速（r/min）；n_2 为被动轮转速（r/min）；z_1 为主动轮齿数；z_2 为被动轮齿数。

同步带传动的优点是传动时无滑动、传动比准确、传动平稳、速比范围大、初始拉力小、轴与轴承不易过载。但是这种传动机构的制造及安装要求严格，对带材料的要求也较高，因而成本较高。同步带传动适合于电动机和高减速比减速器之间的传动。

（3）谐波齿轮

目前工业机器人的旋转关节有 60% ~ 70% 都使用谐波齿轮传动。谐波齿轮传动由刚性齿轮、谐波发生器和柔性齿轮三个主要零件组成。谐波齿轮传动如图 2-2-22 所示。

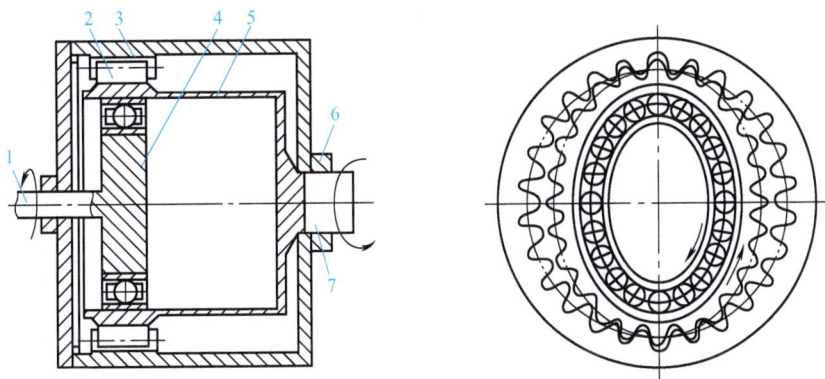

图 2-2-22 谐波齿轮传动

1—输入轴 2—柔性外齿圈 3—刚性内齿圈 4—谐波发生器
5—柔性齿轮 6—刚性齿轮 7—输出轴

工作时，刚性齿轮6固定安装，各齿均布于圆周上，具有柔性外齿圈2的柔性齿轮5沿刚性齿轮的内齿圈3转动。谐波发生器4具有椭圆形轮廓，装在其上的滚珠用于支承柔性齿轮，谐波发生器驱动柔性齿轮旋转并使之发生塑性变形。转动时，柔性齿轮的椭圆形端部只有少数齿与刚性齿轮啮合，只有这样，柔性齿轮才能相对于刚性齿轮自由地转过一定的角度。通常刚性齿轮固定，谐波发生器作为输入端，柔性齿轮与输出轴相连。

谐波齿轮传动比计算公式为

$$i = \frac{z_2 - z_1}{z_2} \tag{2-2-4}$$

式中，z_1 为柔性齿轮的齿数；z_2 为刚性齿轮的齿数。假设刚性齿轮有100个齿，柔性齿轮比它少两个齿，则当谐波发生器转50圈时，柔性齿轮转1圈，这样只占用很小的空间就可以得到1∶50的减速比。通常将谐波发生器装在输入轴，把柔性齿轮装在输出轴，以获得较大的齿轮减速比。

（4）摆线针轮传动减速器

摆线针轮传动是在针摆传动基础上发展起来的一种新型传动方式，20世纪80年代日本研制出了用于机器人关节的摆线针轮传动减速器。摆线针轮传动简图如图2-2-23所示。

它由渐开线圆柱齿轮行星减速机构和摆线针轮行星减速机构两部分组成。渐开线行星轮6与曲柄轴5连成一体，作为摆线针轮传动部分的输入。如果渐开线太阳轮7顺时针旋转，那么渐开线行星齿轮在公转的同时还逆时针自转，并通过曲柄轴带动摆线轮做平面运动。此时摆线轮因受与之啮合的针轮的约束，在其轴线绕针轮轴线公转的同时，还将反方向自转，即顺时针转动，同时它通过曲柄轴推动行星架输出机构顺时针转动。

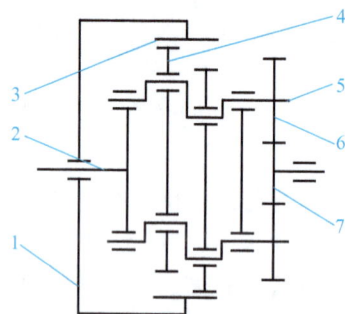

3. 工业机器人常用传动方式的比较与分析

工业机器人的传动系统要求结构紧凑、重量轻、转动惯量和体积小，要求消除传动间隙，提高其运动

图2-2-23 摆线针轮传动简图
1—针齿壳 2—输出轴 3—针齿 4—摆线轮
5—曲柄轴 6—行星轮 7—太阳轮

工业机器人传动方式的比较和分析

和位置精度。工业机器人传动装置除齿轮传动、蜗杆传动、链传动和行星齿轮传动外，还常用滚珠丝杠、谐波齿轮、钢带、同步齿形带和绳轮传动。这些传动方式都有各自的特点，运动形式有移动、转动，传动距离有远有近，应用的部件也有不同。工业机器人常用传动方式的比较与分析见表2-2-2。

表2-2-2 工业机器人常用传动方式的比较与分析

传动方式	特点	运动形式	传动距离	应用部件
圆柱齿轮传动	用于手臂第一转动轴，提供大扭矩	转—转	近	臂部
锥齿轮传动	转动轴方向垂直相交	转—转	近	臂部 腕部
蜗杆传动	大传动比，重量大，有发热问题	转—转	近	臂部 腕部

（续）

传动方式	特点	运动形式	传动距离	应用部件
行星齿轮传动	大传动比，价格高，重量大	转—转	近	臂部 腕部
谐波传动	很大的传动比，尺寸小，重量轻	转—转	近	臂部 腕部
链传动	无间隙，重量大	转—转 转—移 移—转	远	移动部分 腕部
同步齿形带传动	有间隙和振动，重量轻	转—转 转—移 移—转	远	腕部 手爪
钢丝传动	远距离传动很好，有轴向伸长问题	转—转 转—移 移—转	远	腕部 手爪
四杆传动	远距离传动力性能很好	转—转	远	臂部 手爪
曲柄滑块机构传动	特殊应用场合	转—移 移—转	远	腕部 手爪 臂部
丝杆螺母传动	传动比大，摩擦与润滑问题	转—移	远	腕部 手爪
滚珠丝杆螺母传动	很大的传动比，精度高，可靠性高，价格昂贵	转—移	远	臂部 腕部
齿轮齿条传动	精度高，价格低	转—移 移—转	远	腕部 手爪 臂部
液压气压传动	效率高，寿命长	移—移	远	腕部 手爪 臂部

2.3　工业机器人的感知系统

随着社会的进步和科技的发展，特别是智能制造和互联网时代的到来，现代信息技术得到广泛应用。现代信息技术的基础是信息采集、信息传输与信息处理，而传感器技术是构成现代信息技术三大支柱之一，负责信息采集过程。人们在利用信息的过程中，首先要获取信息，而传感器是获取信息的主要手段和途径。

机器人感知系统担任着机器人神经系统的角色，将机器人各种内部状态信息和环境信息从信号转变为机器人自身或者机器人之间能够理解和应用的数据、信息甚至知识，它与机器人控制系统和决策系统组成机器人的核心。机器人任何行动都要从感知环境开始，如果这个过程遇到障碍，那么它以后所有的行动都没有依托。没有传感器组成的感知系统的支持，就相当于人失去了眼睛、鼻子等感觉器官。一个机器人的智能在很大程度上取决于它的感知系统。

2.3.1 机器人感知技术的概述

机器人感知系统通常由多种传感器或视觉系统组成。目前，构成机器人感知和控制系统的传感器种类繁多，具体包括视觉、听觉、触觉、力觉、距离觉、平衡觉等类型传感器。

机器人感知系统 传感器用于为机器人系统提供输入信息，由这些传感器组成的"感觉"外部环境的系统就构成了机器人的感知系统，它是将机器人的内部状态信息（位置、姿态、线速度、角速度、加速度、角加速度、平衡）和外部环境信息转变为机器人系统自身、机器人相互之间能够理解和应用的数据、信息、知识的系统，包括由各种机器人专用传感器、信号调理电路、模/数转换器、处理器构成的硬件部分和由传感器识别、校准、信息融合与传感数据库构成的软件部分。

不同传感器的原理虽各不相同，但无论是哪种原理的传感器，最后都需要将被测信号转换为电阻、电容、电感等电量信号，经过信号处理变为计算机能够识别、传输的信号；对于执行器，则需要将控制数字信号转化为电流、电压信号。

机器人的感觉包括以下几类：

视觉：机器人中最重要的传感器之一。20世纪60年代机器视觉首先用于处理积木世界，后来发展到处理室外的现实世界，20世界70年代之后实用性的视觉系统出现。视觉一般包括图像获取、图像处理和图像理解三个过程。

听觉：与具有接近人耳功能还相差很远。

嗅觉：用于检测空气中的化学成分、浓度等，主要采用气体传感器及射线传感器等。

味觉：对液体化学成分进行分析。实现味觉的传感器有 PH 计、化学成分分析仪等。

触觉：作为视觉的补充，触觉能感知目标物体的表面性能和物理特性，包括柔软性、硬度、粗糙度和导热性等。

力觉：机器人力传感器按安装部位可以分为关节力传感器、腕力传感器和指力传感器。

接近觉：研究它的目的是使机器人在移动或操作过程中获取目标（障碍）物接近程度的信息，移动机器人可以实现避障，操作机器人可避免末端执行器由于接近速度过快对目标物造成冲击。

工业机器人传感器按用途可分为内部传感器和外部传感器。其中内部传感器装在操作机上，包括位移、速度、加速度传感器，是为了检测机器人操作机内部状态，在伺服控制系统中作为反馈信号。外部传感器，如视觉、触觉、力觉、距离等传感器，是为了检测作业对象及环境与机器人的联系。工业机器人传感器的一般要求有精度高，重复性好，稳定性和可靠性好，抗干扰能力强，质量轻，体积小，安装方便。其特定要求有适应加工任务要求，满足机器人控制的要求，满足安全性要求以及其他辅助工作的要求。

2.3.2 机器人内部传感器

机器人内部传感器以自己的坐标系统确定位置。内部传感器一般安装在机器人的机械手上，而不是安装在周围环境中。

1. 规定位置、规定角度的测量

检测预先规定的位置或角度，可以用开/关两个状态值，用于检测机器人的起始原点、

越线位置或确定位置。

（1）微型开关

当规定的位移或力作用到微型开关的可动部分时，开关的电气触电断开或接通。限位开关通常装在盒里，以防外力的作用和水、油、尘埃的侵蚀。图2-3-1为常见微型开关。

图 2-3-1 常见微型开关

（2）光电开关

光电开关是由 LED 光源和光电二极管或光电晶体管等光敏元件组成，它们相隔一定距离而构成的透光式开关。遮光片在光源和光敏元件之间，当光线通过遮光片缝隙照射到光敏元件上时，起到开关的作用。图2-3-2为常见光电开关。

图 2-3-2 常见光电开关

2. 位置、角度测量

工业机器人关节的位置控制是机器人最基本的控制要求，而对位置和测量角度的检测也是机器人最基本的要求。

（1）电位器式位移传感器

电位器式位移传感器由一个绕线电阻和一个滑动触点组成。滑动触点通过机械装置受被检测量的控制，当被检测的位置量发生变化时，滑动触点也发生位移，从而改变滑动触点与电位器各端之间的电阻值和输出电压值。传感器根据这种输出电压值的变化，可以检测出机器人各关节的位置和位移量。

按照传感器的结构不同，电位器式位移传感器可分为两大类，一类是直线型电位器式位移传感器（测量位移），另一类是旋转型电位器式位移传感器（测量角度），图 2-3-3 所示为导电塑料角位移传感器。

电位器式位移传感器具有性能稳定、结构简单、使用方便、尺寸小、质量轻等优点。它的输入/输出特性可以是线性的。这种传感器不会因为失电而丢失其已测量到的信息。当电源因故断

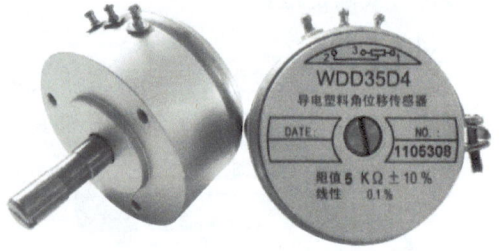

图 2-3-3　导电塑料角位移传感器

开时，电位器的触点将保持原来的位置不变，只要重新接通电源，原有的位置信号就会重新出现。电位器式位移传感器的一个主要缺点是容易磨损，当滑动触点和电位器之间的接触面有磨损或有尘埃附着时，会产生噪声，使电位器的可靠性和寿命受到一定的影响。

（2）光电编码器

光电编码器是集光、机、电技术于一体的数字化传感器，它利用光电转换原理将旋转信号转换为电信号，并以数字代码输出，可以高精度地测量转角或直线位移。光电编码器具有测量范围大、检测精度高、价格便宜等优点，在数控机床和机器人的位置检测及其他工业领域都得到了广泛的应用。一般把该传感器装在机器人各关节的转轴上，用来测量各关节转轴转过的角度。

根据检测原理不同，编码器可分为接触式和非接触式。根据测量方法不同，编码器可分为直线型和旋转型，目前机器人中较为常用的是旋转型光电式编码器。根据测出的信号不同，编码器可分为绝对式和增量式。图 2-3-4 为增量型编码器传感器。

3. 速度、角速度测量

机器人中主要测量的是机器人关节的运行速度，目前广泛使用的速度、角速度传感器有测速发电机和增量式光电编码器两种。测速发电机是应用最广泛，能直接得到代表转速的电压且具有良好实时性的一种速度测量传感器。增量式光电编码器既可以用来测量增量角位移又可以测量瞬时角速度。

图 2-3-4　增量型编码器传感器

（1）测速发电机

测速发电机是一种用于检测机械转速的电磁装置，它能把机械转速变换为电压信号，其输出电压与输入的转速成正比，其实质是一种微型直流发电机。测速发电机广泛用于各种速度或位置控制系统。在自动控制系统中作为检测速度的元件，以调节电动机转速或通过反馈来提高系统稳定性和精度；在解算装置中可作为微分、积分元件，也可作为加速或延迟信号元件，还可用来测量各种运动机械在摆动或转动以及直线运动时的速度。图 2-3-5 为测速发电机。

（2）增量式光电编码器

增量式光电编码器在工业机器人中既可以用来作为位置传感器测量关节相对位置，又可

以作为速度传感器测量关节速度。作为速度传感器时既可以在模拟方式下使用，又可以在数字方式下使用。图2-3-6为增量式光电编码器。

图2-3-5 测速发电机

图2-3-6 增量式光电编码器

4. 加速度测量

随着机器人的高速化、高精度化，机器人的振动问题提上日程。为了解决振动问题，有时在机器人的运动手臂等位置安装加速度传感器，测量振动加速度，并把它反馈到驱动器上。加速度传感器包括应变片加速度传感器、伺服加速度传感器、压电感应加速度传感器等。

2.3.3 机器人外部传感器

工业机器人外部传感器的作用是为了检测作业对象及环境或机器人与它们的关系，在机器人上安装触觉传感器、视觉传感器、力觉传感器、接近觉传感器、超声波传感器和听觉传感器等，大大改善了机器人工作状况，使其能够更充分的完成复杂的工作。

机器人外部
传感器

1. 触觉传感器

触觉是接触、冲击、压迫等机械刺激感觉的综合，触觉可以用来进行机器人抓取，利用触觉可进一步感知物体的形状、软硬等物理性质。触觉传感器有微动开关、导电橡胶、含碳海绵、碳素纤维、气动复位式装置等类型。图2-3-7为微动开关的应用。

图2-3-7 微动开关的应用

微动开关的优点是使用方便、结构简单，缺点是易产生机械振动和触头易氧化。导电橡胶式传感器的缺点是由于导电橡胶的材料配方存在差异，出现的漂移和滞后特性也不一致，优点是具有柔性。含碳海绵式传感器也可用作力觉传感器，优点是结构简单、弹性好、使用方便，缺点是碳素分布的均匀性直接影响测量结果和受压后恢复能力较差。碳素纤维式传感器的优点是柔性好，可装于机械手臂曲面处，但滞后较大。气动复位式传感器的优点是柔性好、可靠性高，但需要压缩空气源。

2. 力觉传感器

力觉是指工业机器人的指、肢和关节等运动中所受力或力矩的感知，主要包括腕力觉、关节力觉和支座力觉等。工业机器人在进行装配、搬运、研磨等作业时需要对工作力或力矩进行控制。根据被测对象的负载不同，可以把力觉传感器分为测力传感器（单轴力传感器）、力矩表（单轴力矩传感器）、手指传感器（检测机器人手指作用力的超小型单轴力传感器）和六轴力觉传感器。图 2-3-8 为力觉传感器。

图 2-3-8　力觉传感器

3. 接近觉传感器

接近觉可表示物体的来临、靠近或出现、离去或失踪等。接近觉传感器在生产过程和日常生活中广泛应用，它除可用于检测计数外，还可与继电器或其他执行元件组成接近开关，以实现设备的自动控制和操作人员的安全保护，特别是工业机器人能够得到对象物体表面形状的信息，当发现前方有障碍物时，可适时地进行轨迹规划、限制机器人的运动范围，以避免与障碍物发生碰撞等。图 2-3-9 为接近觉传感器的应用。

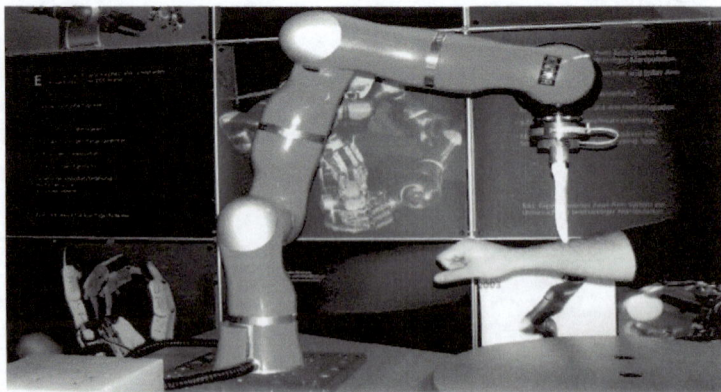

图 2-3-9　接近觉传感器的应用

4. 声觉传感器

该传感器主要用于感受和辨识在气体（非接触式感受）、液体或固体（接触感受）中的声波。声觉传感器的复杂程度可从简单的声波存在检测到复杂的声波频率分析和对连续自然语言中单独语音和词汇的辨识。图 2-3-10 为常见的声觉传感器。

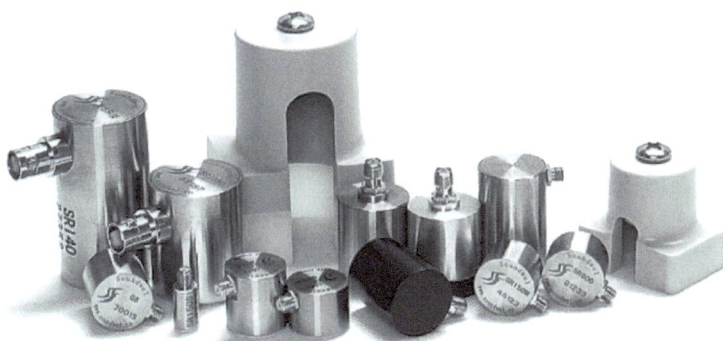

图 2-3-10　常见的声觉传感器

5. 温度传感器

温度传感器有接触式和非接触式两种,均可用于工业机器人。当机器人自主运行时,或者不需要人在场时,或者需要知道温度信号时,温度感觉特性是很有用的。两种常用的温度传感器为热敏电阻和热电偶。这两种传感器必须和被测物体保持实际接触,热敏电阻的阻值与温度成正比,热电偶能够产生一个与两温度差成正比的小电压。图 2-3-11 为常见的温度传感器。

图 2-3-11　常见的温度传感器

6. 滑觉传感器

机械手一般采用硬抓取和软抓取两种抓取方式。硬抓取(无感知时采用)是指末端执行器利用最大的夹紧力抓取工件;软抓取(有滑觉传感器时采用)是指末端执行器使夹紧力保持在能稳固抓取工件的最小值,以免损伤工件。滑觉传感器主要检测物体的滑动。图 2-3-12 为电磁振动式滑觉传感器,图 2-3-13 为滚动式滑觉传感器。

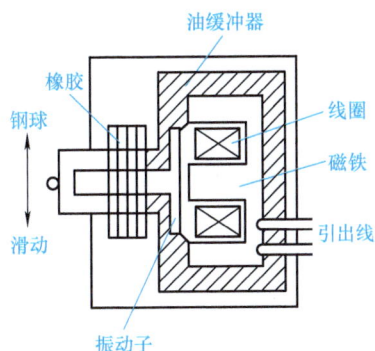

图 2-3-12　电磁振动式滑觉传感器

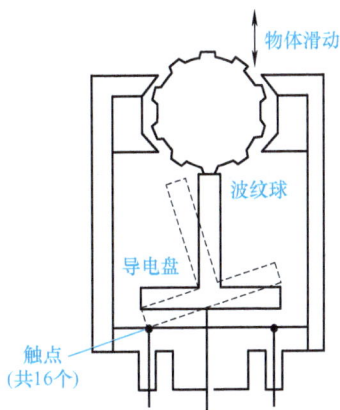

图 2-3-13　滚动式滑觉传感器

当机器人抓住特性未知的物体时,必须确定最适合的握力值。为此,需要检测出握力不够时所产生的物体滑动信号,然后利用这个信号,在不损坏物体的情况下,牢牢地抓住该物体。现在应用的滑觉传感器主要有两种:一是利用光学系统的滑觉传感器,二是利用晶体接收器的滑觉传感器。前者的滑动检测灵敏度等随滑动方向不同而异，后者的检测灵敏度则与滑动方向无关。

2.3.4 机器视觉系统

机器视觉系统是赋予机器人一种高级感觉的机构，使得机器人能以智能和灵活的方式对其周围环境作出反应。机器人的视觉系统包括图像传感器、数据传递系统以及计算机和处理系统。图 2-3-14 为常见的视觉装置。

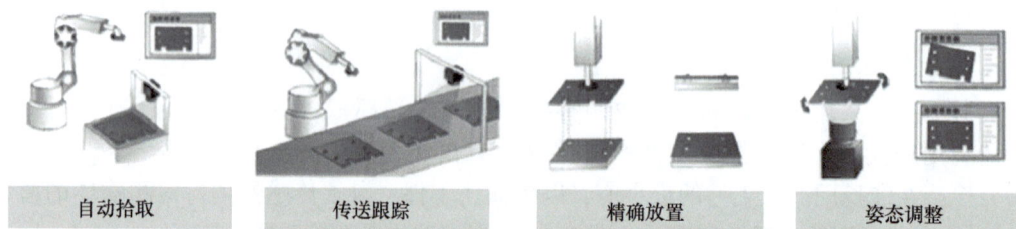

（1）工业机器人视觉的应用

1）自动拾取。提高拾取精度，降低机械固定成本。

2）传送跟踪。视觉跟踪传送带上移动的产品，并进行精确定位及拾取。

3）精确放置。精确放置产品到装配和加工位置。

4）姿态调整。从拾取到放置过程中对产品姿态进行精确调整。

图 2-3-15 为视觉系统的应用。

图 2-3-14 常见的视觉装置

| 自动拾取 | 传送跟踪 | 精确放置 | 姿态调整 |

图 2-3-15 视觉系统的应用

（2）机器视觉系统的优势

1）可靠性。非接触测量不仅满足狭小空间装配过程的检测，同时提高了系统安全性。

2）精度高。可提高测量精度，人工目测受测量人员主观意识的影响，而机器视觉这种精确的测量仪器排除了这种干扰，提高了测量结果的准确性。

3）灵活性。视觉系统能够进行各种不同的测量。当使用环境变化后，只需软件做相应变化或者升级以适应新的需求即可。

4）自适应性。机器视觉可以不断获取多次运动后的图像信息，反馈给运动控制器，直至最终结果准确，实现自适应闭环控制。

2.3.5 工业机器人传感器的应用

1. 装配作业中的应用

图 2-3-16 为吸尘器自动装配实验系统，它由两台关节机器人和七台图像传感器组成。组装的吸尘器部件包括底盘、气泵和过滤器等，都自由堆放在右侧备料区，该区上方装设三

台图像传感器（α、β、γ），用以分辨物料的种类和方位。机器人的前部为装配区，这里有四台图像传感器 A、B、C 和 D，用来对装配过程进行监控。使用这套系统装配一台吸尘器只需两分钟。

图 2-3-16　吸尘器自动装配实验系统

2. 机器人非接触式检测

图 2-3-17 所示的具有自主控制功能的智能机器人可以用来完成按图装配产品的作业。它的两个视觉传感器作为机器人的眼睛，一个用于观察装配图样，并通过计算机来理解图中零件的立体形状及装配关系；另一个用于从实际工作环境中识别出装配所需的零件，并对其形状、位置、姿态等进行识别。此外，多关节机器人还带有触觉。利用这些传感器信息，智能机器人可以确定装配顺序和装配方法，逐步将零件装成与图样相符的产品。

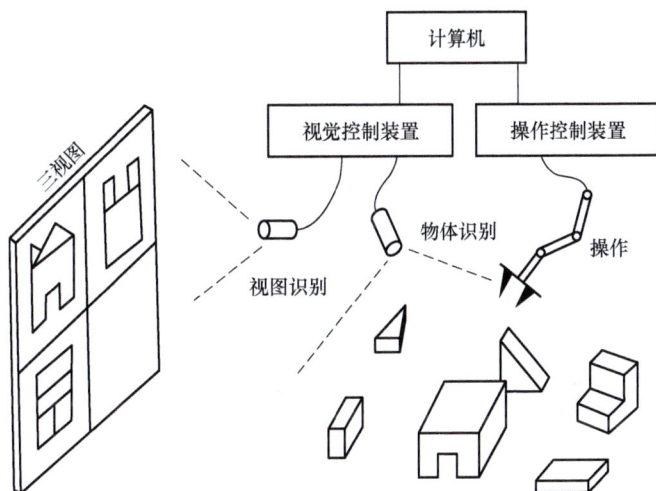

图 2-3-17　自主控制智能机器人工作示意图

3. 具有视觉系统的自主机器人

在机器人腕部配置视觉传感器，可用于对异形零件进行非接触式测量，如图 2-3-18 所示。这种测量方法除能完成常规的空间几何形状、形体相对位置的检测外，如配上超声、激光、X 射线探测装置，则还可进行零件内部的缺陷探伤、表面涂层厚度测量等作业。

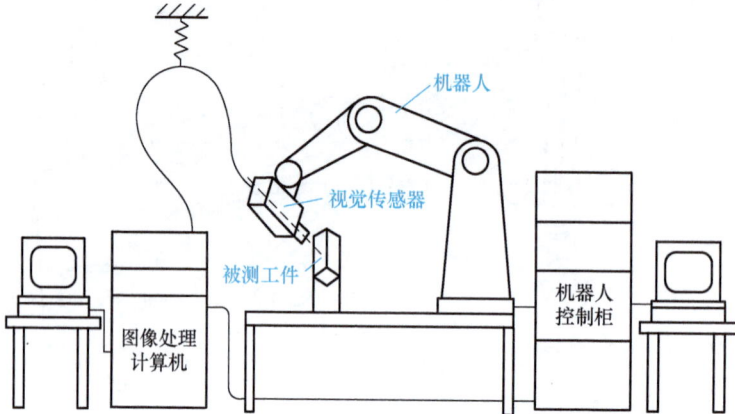

图 2-3-18　具有视觉系统的自主机器人进行非接触式测量

4. 多感觉智能机器人

多感觉传感系统使机器人拥有一定的智能，而多感觉信息融合技术在智能机器人系统中的应用提高了机器人的认知水平。多感觉智能机器人的组成如图 2-3-19 所示，它由机器人本体、控制及驱动器、多传感器系统、计算机系统和机器人示教盒组成，其工作环境为固定工作平台。多传感器系统共有接近觉、接触觉、滑觉、温度觉、热觉、力觉、视觉七种感觉。

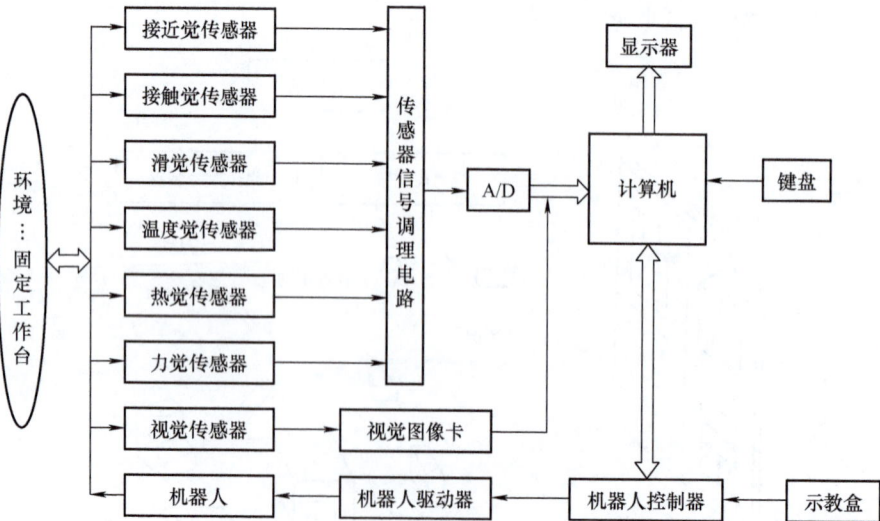

图 2-3-19　多感觉智能机器人的组成

5. 弧焊过程中焊枪对焊缝的自动对中

图 2-3-20 所示为具有视觉焊缝对中的弧焊机器人的系统结构。图像传感器直接安装在机器人末端执行器上。焊接过程中，图像传感器对焊缝进行扫描检测，获得焊前区焊缝的截面参数曲线，图像处理机根据该截面参数计算出末端执行器相对焊缝中心线的偏移量，然后发出位移修正指令，调整末端执行器直到偏移量为 0 为止。

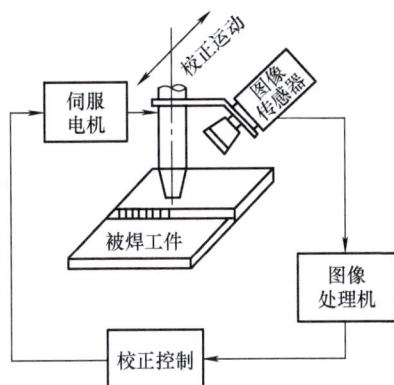

图 2-3-20　具有视觉焊缝对中的弧焊机器人的系统结构

2.4　工业机器人的坐标系

坐标系是指为确定机器人的位置和姿态而在机器人或空间上定义的位置指标系统。图 2-4-1 为工业机器人系统坐标系。常见的工业机器人系统坐标系见表 2-4-1。

工业机器人
系统坐标系

图 2-4-1　工业机器人系统坐标系

1—世界坐标系　2—移动平台坐标系　3—基座坐标系
4—关节坐标系　5—机械接口坐标系　6—工具坐标系
7—工作台坐标系　8—工件坐标系

表2-4-1　常见的工业机器人系统坐标系

坐标系名称	坐标系描述
世界坐标系	又称绝对坐标系、大地坐标系，它是与机器人的运动无关，以地球为参照系的固定坐标系
移动平台坐标系	参照移动平台某一部件的坐标系
基座坐标系	又称基坐标系，参照基座安装面的坐标系，商用工业机器人系统里所说的直角坐标系指的就是基座坐标系
关节坐标系	参照关节轴的坐标系，每个关节坐标系是相对于前一个关节坐标系或其他坐标系来定义的
机械接口坐标系	参照机器人本体末端机械接口的坐标系
工具坐标系	参照安装在机械接口上的工具或末端执行器的坐标系，它是相对于机械接口坐标系来定义的
工作台坐标系	参照机器人周边工作台、转台、输送带或托盘等的坐标系
工件坐标系	又称为目标坐标系，参照某一工件的坐标系

机器人TCP的运动需要通过三维笛卡儿直角坐标系来描述。ABB工业机器人使用多个坐标系，包括基座坐标系、工具坐标系、世界坐标系、工件坐标系等，如图2-4-2所示。

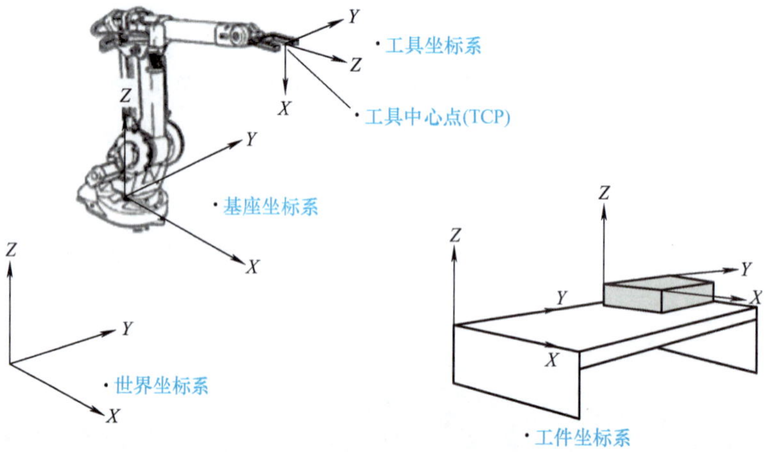

图2-4-2　ABB工业机器人坐标系

2.4.1　基座坐标系

基座坐标系定义在机器人安装面与第一转动轴的交点处，X轴向前，Z轴向上，Y轴则可以用右手法则确定。图2-4-3为工业机器人基座坐标系。

基座坐标系对于将机器人从一个位置移动到另一个位置很有帮助，是机器人手动操纵和任务编程中经常使用的坐标系之一。

倘若操作员面对的是两台及以上的工业机器人，既有落地式机器人，又有倒挂式机器人（基座坐标系随安装方式而上下颠倒），因较难预测机器人运动情况，不宜在倒置的基座坐标系中进行手动控制，此时应选择共享的大地坐

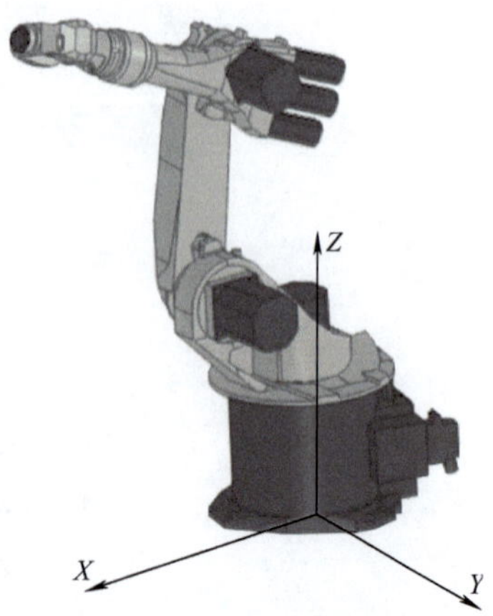

图2-4-3　工业机器人基座坐标系

标系取而代之。

2.4.2 工具坐标系

工具坐标系定义在工具尖，并且假定工具的有效方向为 Z 轴，X 轴垂直于工具平面，Y 轴由右手法则产生，在工具坐标系中，机器人末端轨迹沿工具坐标系的 X、Y、Z 轴方向运动。其工具中心点设为坐标原点（即 TCP），由此定义工具的位置和方向。在更换新的工具后，工具坐标系必须重新设定。图 2-4-4 为工业机器人工具坐标系。

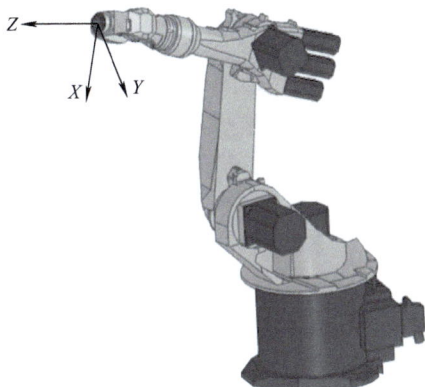

图 2-4-4　工业机器人工具坐标系

通常机器人系统可处理若干工具坐标系定义，但每次只能存在一个有效的工具坐标系。如果编程前未定义工具坐标系，将由机械接口坐标系替代工具坐标系。机械接口坐标系是参照固定在机器人本体末端的机械接口（法兰盘面的中心）而定义的标准笛卡儿坐标系，工具坐标系都是基于该坐标系而设定的。

新设定的工具坐标系是相对默认工具坐标系（与机械接口坐标系重合）变化得到的，其零点和坐标轴方向始终同法兰盘保持绝对的位置关系，但在空间上是一直变化的（对于移动工具坐标系而言）。

在实际任务编程或调试过程中，设定工具坐标系的作用在于：一是确定工具中心点，方便调整末端执行器或工具的姿态，如控制点不变动作；二是确定工具的进给方向，方便调整末端执行器或工具的位置，如移动末端执行器时不改变其指向的操作。

2.4.3 工件坐标系

工件坐标系定义工件相对大地坐标系（或其他坐标系）的位置。机器人可以拥有若干个工件坐标系，或表示不同工件，或表示同一工件在不同位置的若干副本。图 2-4-5 为工业机器人工件坐标系。

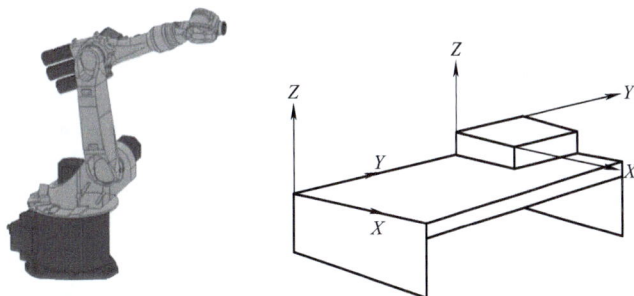

图 2-4-5　工业机器人工件坐标系

机器人系统可处理若干个工件坐标系定义（一般在 10 个左右），但每次只能存在一个有效的工件坐标系。工件坐标系在尚未定义前，与基座坐标系完全重合，并且工件坐标系是通过相对基座坐标系的原点位置 (x, y, z) 及其 X、Y、Z 轴的转动角 (w, p, r) 来定义。

新设定的工件坐标系是相对默认工件坐标系（与基座坐标系重合）变化得到的，其零点和坐标轴方向在空间上是不变化的。

在实际任务编程或调试过程中，设定工件坐标系的主要意义在于：一是确定参考坐标系，方便调整或查阅末端执行器的移动量和转动量；二是确定工作台或输送带等运动方向，方便手动控制末端执行器的移动，如平行、倾斜工作台面的抓取作业。

后面章节会介绍工具坐标系和工件坐标系的具体创建方法。

2.5 工业机器人的示教器

2.5.1 ABB 工业机器人示教器

ABB 机器人示教器 FlexPendant 由硬件和软件组成，其本身就是一套完整的计算机。FlexPendant 设备（也称为 TPU 或教导器单元）用于处理与机器人系统操作相关的许多功能，如运行程序、微动控制操作器、修改机器人程序等。示教器主要由触摸屏和操作键组成，ABB 机器人示教器如图 2-5-1 所示。

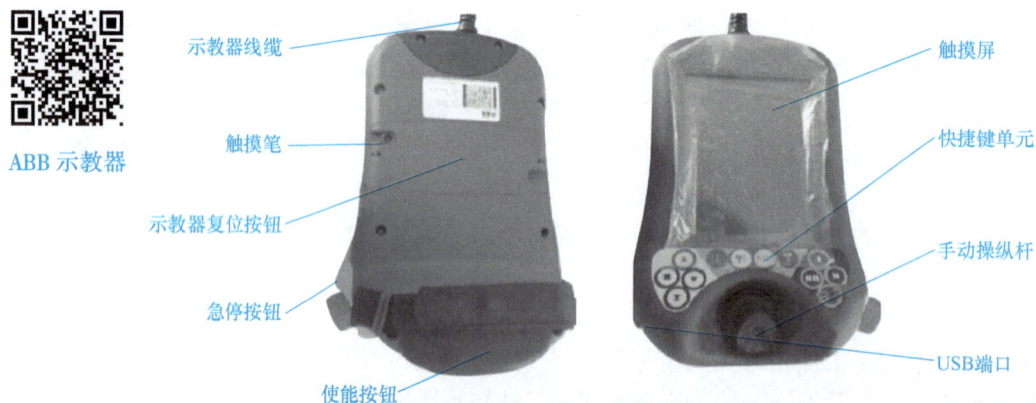

ABB 示教器

图 2-5-1 ABB 机器人示教器

其中，USB 端口的作用是将 USB 存储器连接到 USB 端口以读取或保存文件；触摸笔用来触摸 FlexPendant 屏幕；示教器复位按钮的作用是重置 FlexPendant，而不是控制器上的系统；示教器线缆用来接入控制柜 XS4 端口。

RobotStudio 软件中的虚拟示教器的界面如图 2-5-2 所示，界面描述见表 2-5-1。

表 2-5-1 虚拟示教器的界面描述

图示	名称	描 述
A	主菜单栏	菜单栏包括 HotEdit、备份与恢复、输入输出、校准、手动操纵、控制面板、自动生产窗口、事件日志、程序编辑器、FlexPendant 资源管理器、程序数据、系统信息等
B	状态栏	可以查看 ABB 机器人常用信息及事件日志，比如机器人的状态（手动、全速手动和自动）、机器人的系统信息、机器人的电动机状态、机器人的程序运行状态、当前机器人或外轴的使用状态。单击"状态栏"可以查看机器人的事件日志
C	显示屏	也称触摸屏。通过触摸笔可以很方便地操作

（续）

图示	名称	描述
D	急停按钮	意外发生时，按下急停按钮后机器人停止运动
E	使能按钮	是为保证操作人员人身安全而设置的（位于示教器的侧面）。只有在按下使能按钮，并保持在"电动机开启"的状态时，才可对机器人进行手动操纵与程序调试。当发生危险时，人会本能的将使能按钮松开或按下，机器人会马上停下来，保证安全
F	手动操纵杆	手动模式下，在使能按钮按下时，通过操作手动操纵杆可以使机器人向特定的方向运动
G	运动控制键	上键—开始，下键—暂停，左键—步退，右键—步进
H	可编程控制键	这四个键的功能可由程序员自定义，每个键可以控制一个模拟输入信号或一个输出信号以及其端口
I	运动单元切换键	手动状态下，操纵机器人本体与机器人所控制的其他机械装置（外轴）之间的切换
J	运动模式切换键1	包含直线运动与姿态运动。直线运动是指机器人TCP（工具中心点）沿坐标系 X、Y、Z 轴方向做直线运动。姿态运动是指机器人TCP在坐标系中 X、Y、Z 轴数值不变，只沿着 X、Y、Z 轴旋转，改变姿态
K	运动模式切换键2	单轴运动选择键。第一组：1、2、3轴；第二组：4、5、6轴
L	点动操纵键	启动或关闭点动操纵功能，从而控制机器人手动运行时的速度
M	复合按钮	包含上电/复位按钮、手动/自动开关（位于控制器面板上）
N	快捷键	包含机器人当前配置、增量、运行模式、步进模式、速度调节等

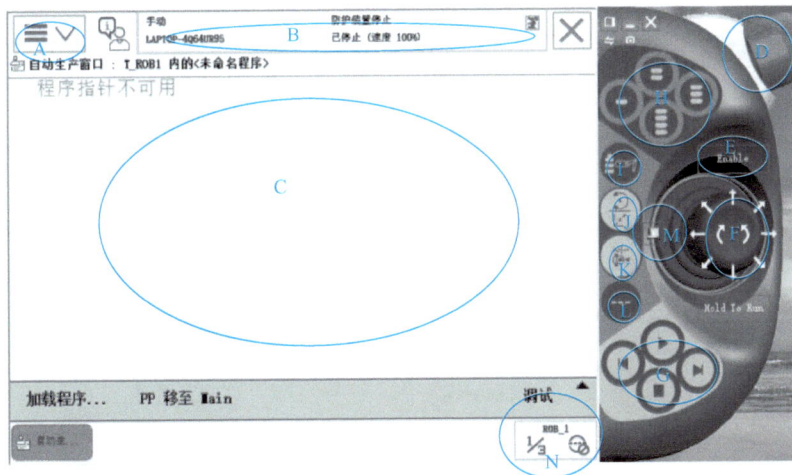

图2-5-2　虚拟示教器的界面

1. 基本设置

（1）设定示教器的显示语言

示教器提供有汉语、英语、德语等多种语言，出厂时默认显示语言是英语，为了方便操作，把显示语言设定为中文，步骤如下：

1）将示教器由自动改为手动状态，如图 2-5-3 所示。

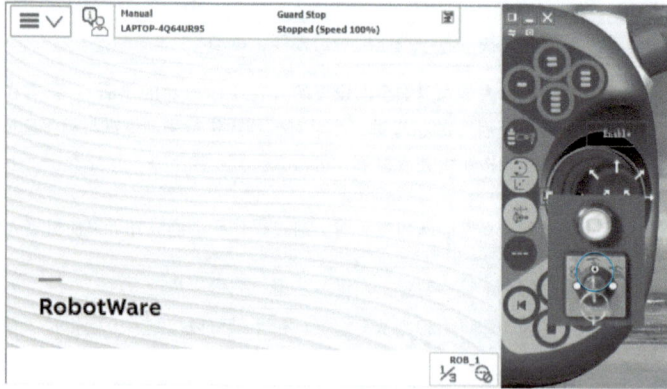

图 2-5-3 将示教器由自动改为手动状态

2）在主菜单页面下，单击 ABB 主菜单的"下拉菜单"，单击"Control Panel"（控制面板），如图 2-5-4 所示。

图 2-5-4 进入控制面板

3）单击"Language"，选中"Chinese"，单击"OK"，系统重新启动，重启后系统自动切换到中文模式，如图 2-5-5 和图 2-5-6 所示。

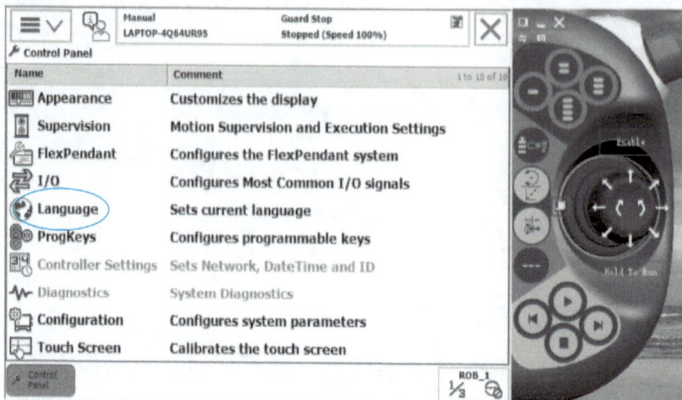

图 2-5-5 进入语言选项

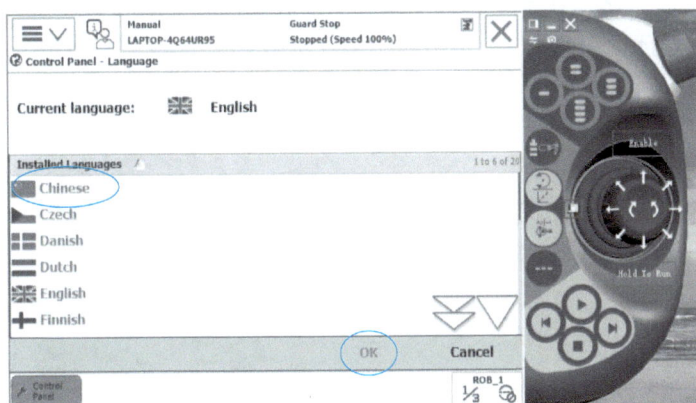

图 2-5-6　选择中文

（2）正确使用使能按钮

使能按钮位于示教器手动操纵杆的右侧，如图 2-5-7 所示。机器人工作时，使能按钮必须在正确的位置，以保证机器人各个关节电动机上电。

操作示教器时，通常会手持该设备。右手便利者通常左手持设备，右手在触摸屏上操作，如图 2-5-8 所示。而左手便利者可以轻松通过将显示器旋转 180°，使用右手持设备。

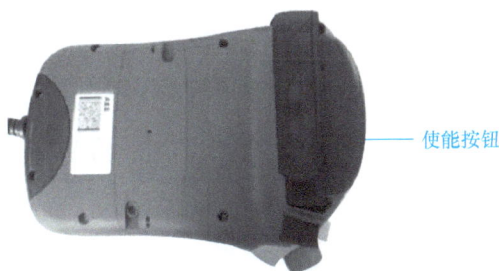

图 2-5-7　使能按钮的位置

图 2-5-8　示教器的手持方式

使能按钮分两档，在手动状态下，第一档按下去，机器人将处于电动机开启状态，如图 2-5-9 所示。

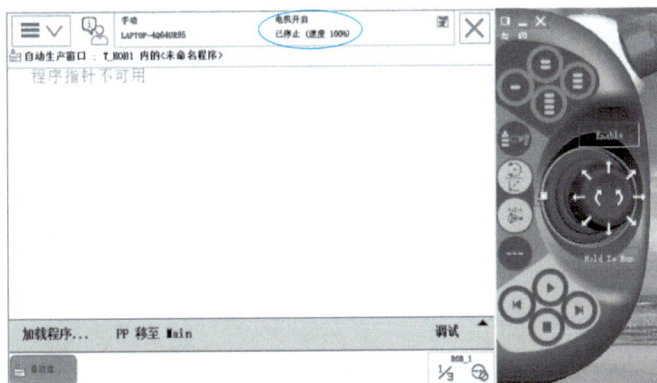

图 2-5-9　使能按钮的第一档

第二档按下去，机器人处于防护装置停止状态，如图 2-5-10 所示。

图 2-5-10　使能按钮的第二档

使能按钮是工业机器人为保证操作人员人身安全而设置的，只有在按下使能按钮，并保证在"电机开启"的状态时，才能对机器人进行手动操纵与程序调试。当发生危险时，人会本能地将使能按钮松开或按紧，机器人则会马上停止，保证安全。

2. 基本操作

ABB 工业机器人
的手动操纵

（1）工业机器人的手动操纵

机器人的运动有连续运动、步进运动、单轴独立运动和多轴联动，这些运动均可通过示教器手动操纵实现。单击 ABB 示教器的"主菜单"，再单击"手动操纵"，即可进入手动操纵界面，如图 2-5-11 和图 2-5-12 所示。

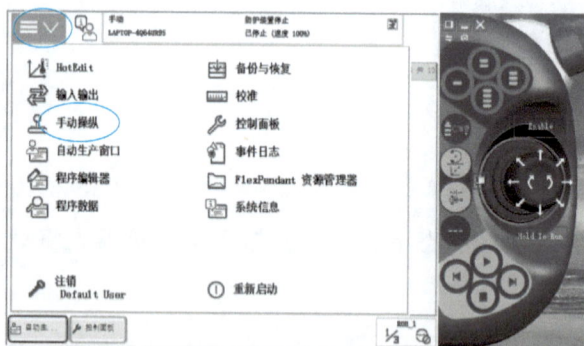

图 2-5-11　手动操纵选项

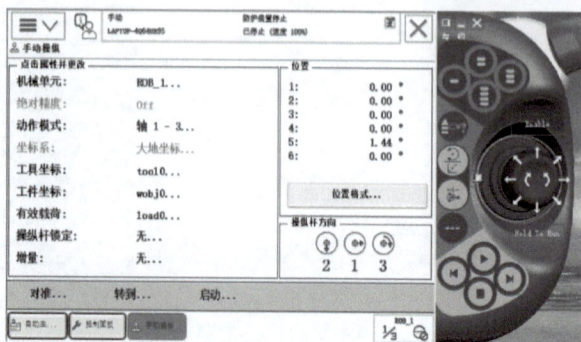

图 2-5-12　手动操纵界面

手动操纵界面介绍表见表2-5-2。

表 2-5-2 手动操纵界面介绍表

名称	简　介
机械单元	可以在多个机器人和外轴之间切换控制
绝对精度	On/Off，默认为 Off
动作模式	选择动作模式，包含轴运动、线性运动、重定位运动
坐标系	选定坐标系，包含大地坐标、基坐标、工具坐标、工件坐标
工具坐标	默认的 tool0 是创建在法兰中心上，可根据实际需要新建
工件坐标	默认的 wobj0 与大地坐标一致，可根据实际需要进行新建
有效载荷	机器人的载荷数据，在此可根据实际需要进行新建
操纵杆锁定	可以锁定操纵杆的有效方向，包含水平、垂直、旋转，默认为无
增量	操纵杆每偏转一次，机器人移动的距离
位置	显示当前坐标系状态下，机器人的位置信息
操纵杆方向	操作方法提示

1）单轴运动的手动操纵。ABB 六关节工业机器人由六个伺服电动机分别驱动机器人的六个关节轴，如图2-5-13 所示，每次手动操纵一个关节轴的运动称为单轴运动。操作步骤如下：

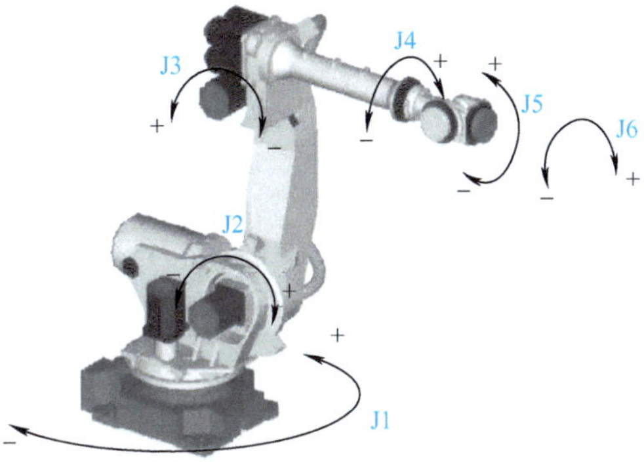

图 2-5-13　机器人六轴示意图

① 将机器人状态切换至手动状态，如图2-5-14 所示。

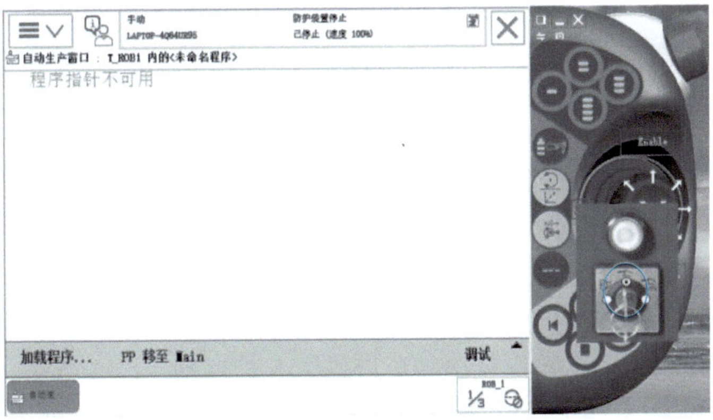

图 2-5-14　手动状态

② 在 ABB 主菜单中单击"手动操纵",如图 2-5-15 所示。

图 2-5-15　手动操纵选项

③ 单击"动作模式",如图 2-5-16 所示。

图 2-5-16　进入动作模式选项

④ 选择"轴 1~3",单击"确定",如图 2-5-17 所示。

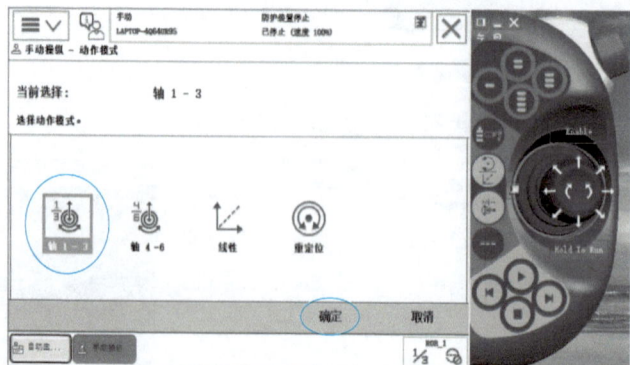

图 2-5-17　选择操纵轴 1~3

⑤ 按下使能按钮,进入电动机开启状态,操纵杆上下方向可以操纵 2 轴运动,操纵杆左右方向可以操纵 1 轴运动,操纵杆旋转可以操纵 3 轴运动。同样方法,可操纵 4~6 轴,操纵杆上下方向可以操纵 5 轴运动,操纵杆左右方向可以操纵 4 轴运动,操纵杆旋转可以操

纵 6 轴运动。其中，操纵杆方向栏中的箭头和数字代表各个轴运动时的正方向，如图 2-5-18 所示。

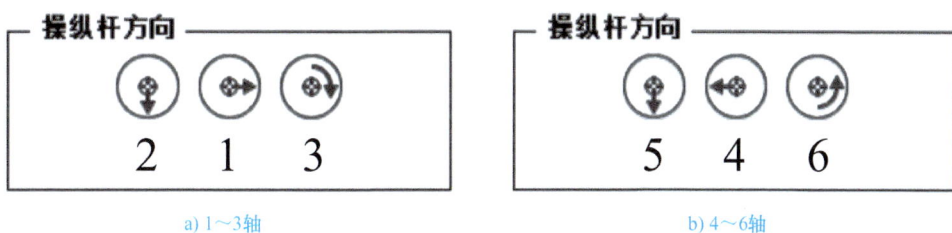

a) 1~3轴　　　　　　　　　　　　　　b) 4~6轴

图 2-5-18　操纵杆方向

2）线性运动的手动操纵。机器人的线性运动是指安装在机器人第六轴法兰盘上的 TCP 在空间中做直线运动。操作步骤如下：

① 单击主菜单中的"手动操纵"，然后单击"动作模式"，如图 2-5-19 所示。

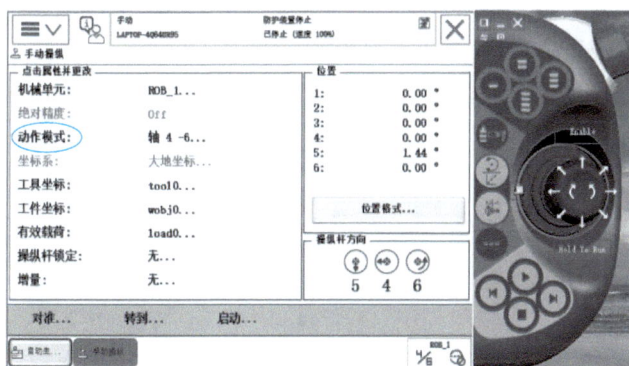

图 2-5-19　进入"动作模式"选项

② 选择"线性"，单击"确定"，如图 2-5-20 所示。

图 2-5-20　选择线性运动

③ 按下使能按钮，进入电动机开启状态，操纵杆上下摆动可以操纵机器人沿着参考坐标系的 X 轴方向运动，操纵杆左右摆动可以操纵机器人沿着参考坐标系的 Y 轴方向运动，操纵杆旋转可以操纵机器人沿着参考坐标系的 Z 方向运动。操纵杆方向栏中的 X、Y、Z 的箭头

方向代表各个坐标轴运动的正方向，如图 2-5-21 所示。

3）重定位运动的手动操纵。机器人的重定位运动是指机器人第六轴法兰盘上的 TCP 在空间中绕着坐标轴做旋转运动，也可理解为机器人绕着 TCP 做姿态调整的运动。操作步骤如下：

图 2-5-21　线性运动的操纵杆方向

① 单击主菜单中的"手动操纵"，然后单击"动作模式"，如图 2-5-22 所示。

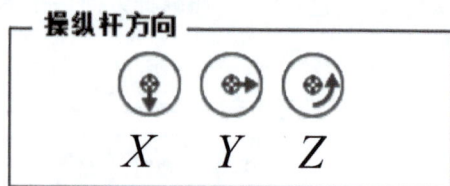

图 2-5-22　进入"动作模式"选项

② 选择"重定位"，单击"确定"，如图 2-5-23 所示。

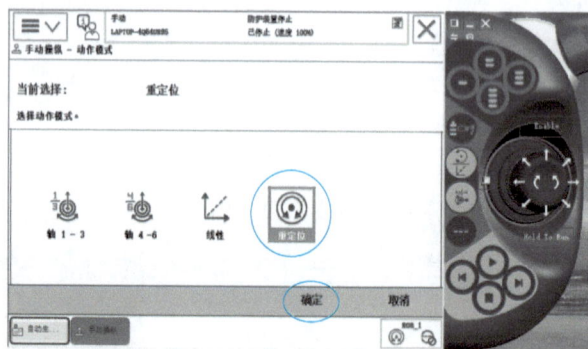

图 2-5-23　选择重定位

③ 按下使能按钮，进入电动机开启状态，操纵杆上下摆动可以操纵机器人 TCP 绕着工具坐标系 X 方向旋转，操纵杆左右摆动可以操纵机器人 TCP 绕着工具坐标系 Y 方向旋转，操纵杆旋转可以操纵机器人 TCP 绕着工具坐标系 Z 方向旋转。操纵杆方向栏中的 X、Y、Z 的箭头方向代表各坐标轴运动的正方向，如图 2-5-24 所示。

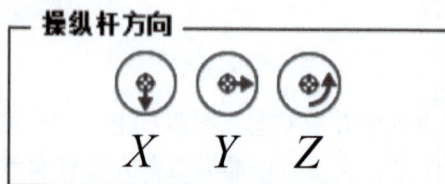

图 2-5-24　重定位的操纵杆方向

（2）增量模式控制机器人运动

手动操纵机器人，当操纵杆摆动幅度小时，机器人运动速度慢；当操纵杆摆动幅度大时，机器人运动速度快，初学者操作时摆动幅度应该尽量小。如果操作不熟练，可更改增量模式来控制机器人的运动。更改增量模式步骤如下：

增量模式控制
机器人运动

1）单击触摸屏右下角快捷键，如图 2-5-25 所示。

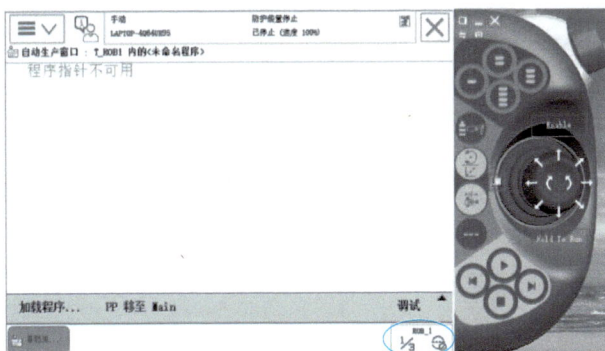

图 2-5-25 选择增量模式

2）单击"显示值"，可以对各个增量模式进行查看，如图 2-5-26 所示。单击增量图标即可对增量类型进行选择，如图 2-5-27 所示。

图 2-5-26 查看增量模式

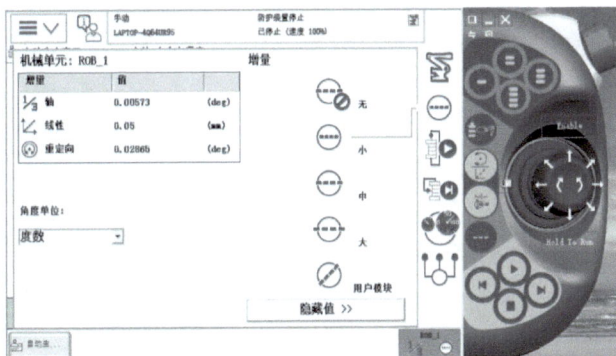

图 2-5-27 选择增量类型

增量模式分无、小、中、大、用户模块五个模块，它们的详细区别见表2-5-3。

表 2-5-3　增量模式的详细区别

增量	线性移动距离/mm	轴运动转动角度/(°)	重定位转动角度/(°)
无	0	0	0
小	0.05	0.00573	0.02865
中	1	0.02292	0.22918
大	5	0.14324	0.51566
用户模块	自定义	自定义	自定义

（3）更改速度百分比

改变速度百分比可以改变运动指令的执行速度，但无法改变手动操纵的速度。更改速度百分比的步骤如下：

1）单击触摸屏右下角的快捷键，如图2-5-28所示。

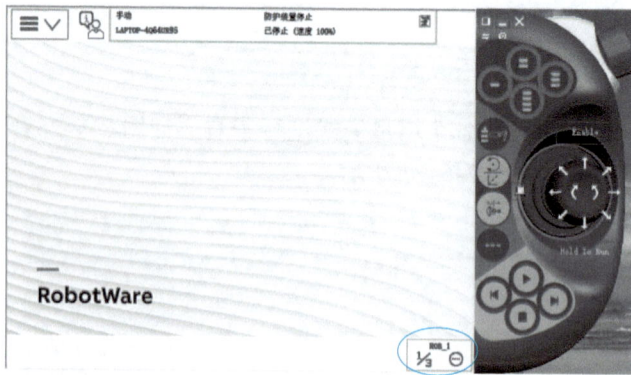

图 2-5-28　速度百分比选项

2）单击速度百分比图标，对速度百分比进行选择，如图2-5-29所示。速度百分比系统默认是100%，系统有0%、25%、50%、100%四个速度百分比供快速选择，也可通过"+/-"进行调节。

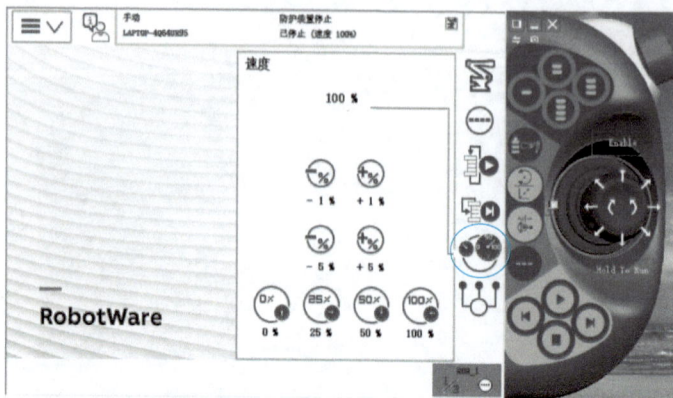

图 2-5-29　速度百分比图标

（4）急停与解除恢复

急停装置用于在机器故障或人员遇到危险时紧急停止机器运行，任何人都可操作。ABB机器人急停按钮常见的为红色蘑菇头状，在控制器面板、示教器上都会进行配置，同时为了保证生产安全，都会外接急停按钮。

在急停按钮被按下后，示教器的显示屏状态栏会显示"紧急停止"红色字样，如图 2-5-30 所示。

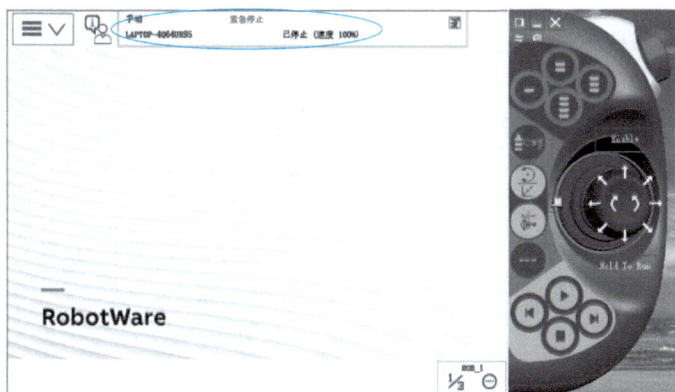

图 2-5-30　急停显示

从紧急停止状态恢复是一个简单却非常重要的步骤，此步骤可确保 ABB 机器人系统只有在排除危险后才恢复运行。

所有按键形式的紧急停止设备都有上锁功能，这个锁必须打开才能结束设备的紧急停止状态。许多情况下，需要旋转按钮，而有些设备拉起按键才能解锁。

从紧急停止状态恢复需要进行以下步骤：

1）确保已经排除所有危险。

2）定位并重置引起紧急停止状态的设备。

3）旋转急停按钮进行解锁，示教器的显示屏状态栏会显示"紧急停止后等待电动机开启"红色字样，如图 2-5-31 所示。

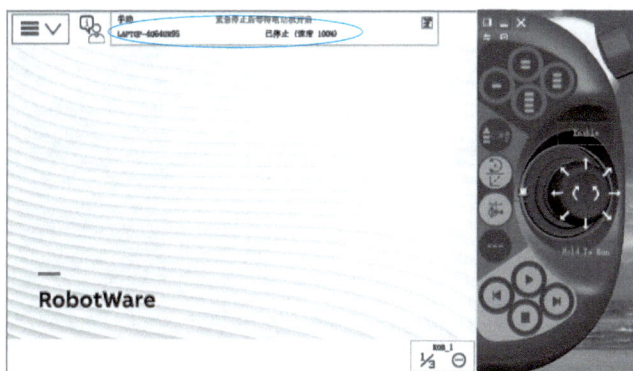

图 2-5-31　解除急停

4）按下控制柜上"伺服上电"按键消除急停状态，即完成恢复操作，"伺服上电"按键如图 2-5-32 所示。

(5)更新转轴计数器

工业机器人内部有用电池供电的转轴计数器,其作用是记录各个轴的数据,用以保证机器人准确移动到设定的坐标位置。ABB 机器人六个关节轴都有一个机械原点的位置。在以下情况,需要对机械原点的位置进行转轴计数器更新操作。

1)更换伺服电动机转数计数器电池后。

2)转数计数器发生故障修复后。

3)转数计数器与测量板之间断开过以后。

4)断电后机器人关节轴发生位移后。

5)当系统报警提示"10036 转数计数器未更新"时。

图 2-5-32 "伺服上电"按键

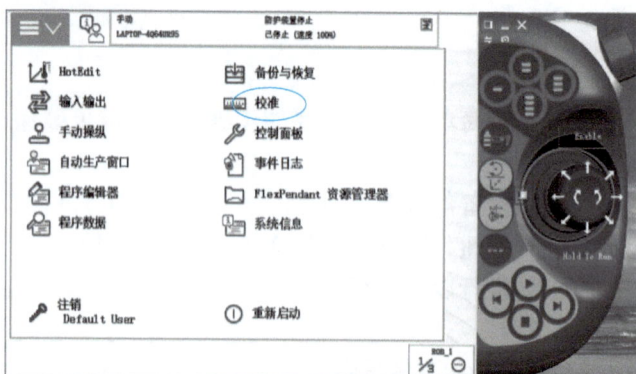

转轴计数器更新操作步骤如下:

1)使用手动操纵让机器人各关节轴运动到机械原点的刻度位置,各轴运动的顺序是 4-5-6-1-2-3。各轴机械原点的位置在机器人各轴的轴身上。

2)单击 ABB 主菜单中的"校准",如图 2-5-33 所示。

图 2-5-33 校准选项

3)单击"ROB_1 校准",如图 2-5-34 所示。

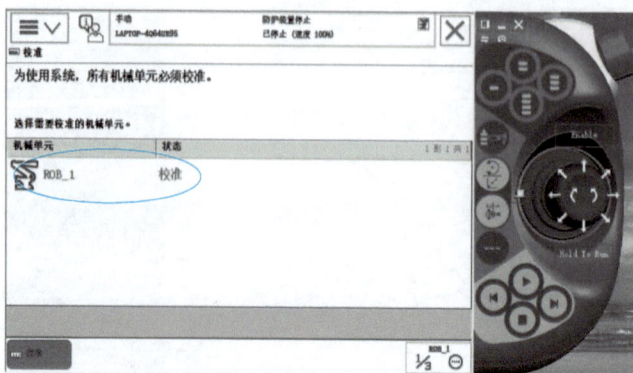

图 2-5-34 选择需要校准的单元

4)单击"手动方法(高级)",如图 2-5-35 所示。

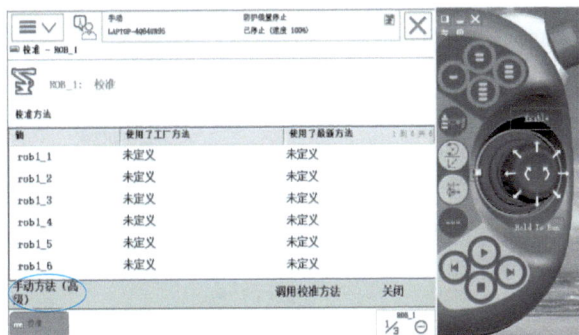

图 2-5-35　选择手动方法

5）单击"更新转轴计数器"，如图 2-5-36 所示。

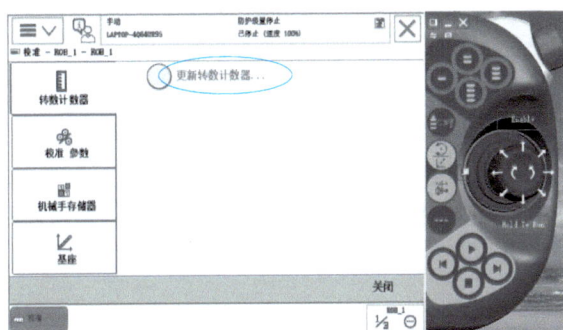

图 2-5-36　选择更新转轴计数器

6）单击"是"，然后单击"确定"，如图 2-5-37 和图 2-5-38 所示。

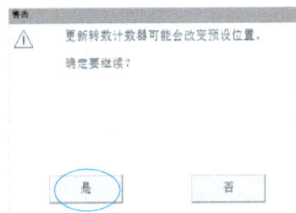

图 2-5-37　单击"是"

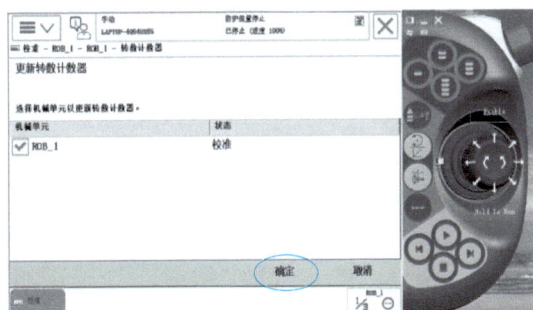

图 2-5-38　单击"确定"

7）全选 rob1_ 1～rob1_ 6，然后单击"更新"，如图 2-5-39 所示。

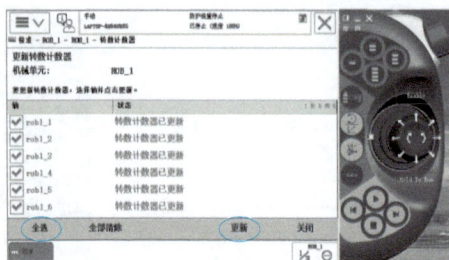

图 2-5-39　完成计数器更新

2.5.2　KUKA 工业机器人示教器

The KUKA Control Panel 简称为 KCP，它是一组人机界面，主要是为了使机器人手臂更容易操作，整个机器人手臂运作系统需通过程序执行或由人员控制。

1. 示教器的外观

如图 2-5-40 所示，KCP 采用的是 VGA 液晶显示屏，配有操作方便的空间鼠标，面板上有紧急停止、驱动开关、模式选择开关等，此外还提供通信连接端口。KCP 背后具有三个相同功能的安全键，白色按键分别分布在 KCP 背面不同的位置，适合工作人员的不同操作习惯，更加人性。

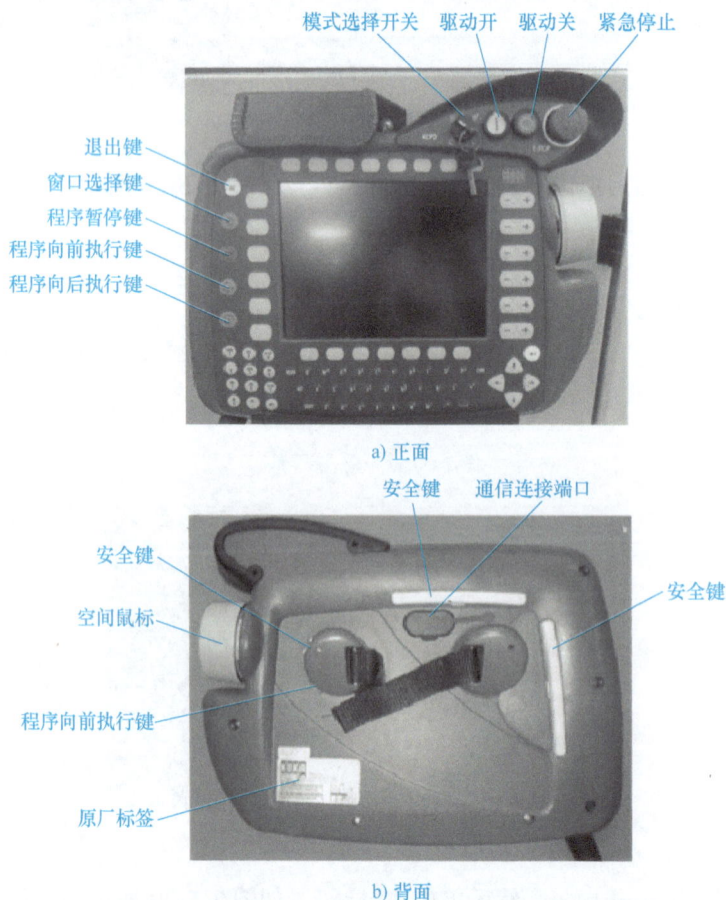

a) 正面

b) 背面

图 2-5-40　KUKA 工业机器人示教器

2. KCP 的操作控制元件

KUKA 示教编程器数字按键如图 2-5-41 所示，KUKA 示教编程器键盘如图 2-5-42 所示。

图 2-5-41　KUKA 示教编程器数字按键

图 2-5-42　KUKA 示教编程器键盘

状态栏功能说明见表 2-5-4。

表 2-5-4　状态栏功能说明

类型	图标	颜色	说明
数字区状态	**Num**		数字区的数字功能激活
	Num		数字区的控制功能激活
大/小写状态	**Cap**		大写激活
	Cap		小写激活
翻译器状态	S	灰色	Submit 翻译器被取消选择
	S	红色	Submit 翻译器停机
	S	绿色	Submit 翻译器正在运行

（续）

类型	图标	颜色	说明
驱动装置状态	I	绿色	驱动装置处于待机运行状态
	O	红色	驱动装置未处于待机运行状态
程序状态	R	灰色	未选择程序
	R	黄色	程序段指示器停在被选程序的第一行
	R	绿色	程序已选定，并正在运行
	R	红色	已选定并且已启动的程序被暂停
	R	黑色	程序段指示器停在被选程序的最后一行

2.5.3 创建坐标系

在对工业机器人进行编程之前，需要搭建起必要的编程环境，工业机器人的工具数据和工件坐标系就需要在编程前进行定义。下面以 ABB 机器人为例介绍创建工具数据和工件坐标系的步骤。

1. 创建工具数据

不同的机器人需要配置不同的工具，在执行机器人程序时，机器人将工具中心点 TCP 移至编程位置。如果改变了工具以及工具坐标系，机器人的移动也会随之改变，以便新的 TCP 到达目标。

创建工具数据首先在机器人的工作范围内找一个非常精确的固定点作为参考点，然后在工具上确定一个参考点（最好是工具的中心点 TCP）。通过手动操纵机器人去移动工具上的参考点，以 4 ~ 6 种不同的机器人姿态尽可能与固定点刚好碰上。为了获得更准确的 TCP，一般使用六点法进行操作，前三点的姿态相差尽可能大一些，这样有利于提高 TCP 精度。第四点是将工具的参考点垂直于固定点，第五点是工具参考点从固定点向将要设定的 X 方向移动，第六点是工具参考点从固定点向将要设定的 Z 方向移动。机器人会通过这几个位置点的位置数据计算求得 TCP 的数据，然后 TCP 的数据就保存在 tool data 这个程序数据中被程序调用。

创建工具数据的具体操作步骤如下：

1）单击示教器的主菜单按钮，选择"手动操纵"，如图 2-5-43 所示。

图 2-5-43 选择"手动操纵"

2）选择"工具坐标"，单击"新建"，如图 2-5-44 和图 2-5-45 所示。

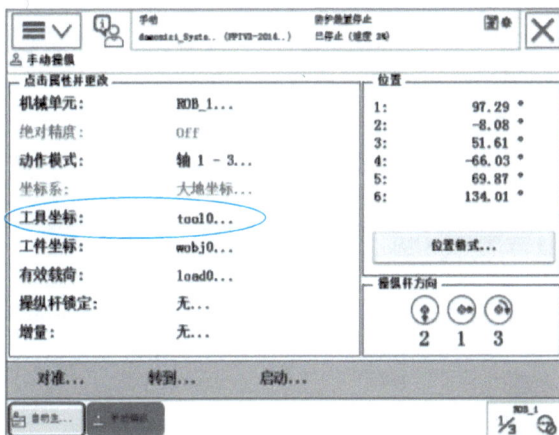

图 2-5-44 选择"工具坐标"

图 2-5-45 新建坐标系

3）对工具数据属性进行设定后，单击"确定"，如图 2-5-46 所示。

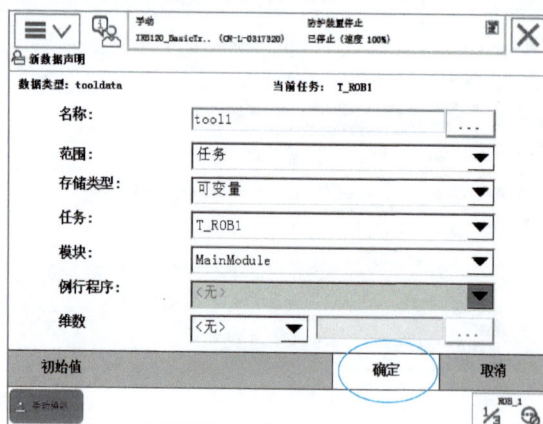

图 2-5-46　设定工具数据属性

4）选中 tool1 后，单击"编辑"菜单中的"定义"选项，如图 2-5-47 所示。

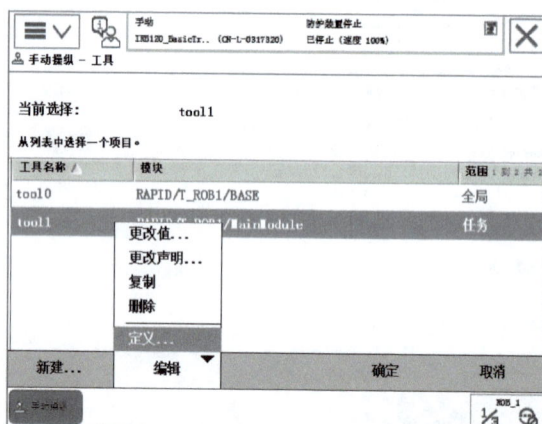

图 2-5-47　进入编辑界面

5）选择"TCP 和 Z，X"方法设定 TCP，如图 2-5-48 所示。

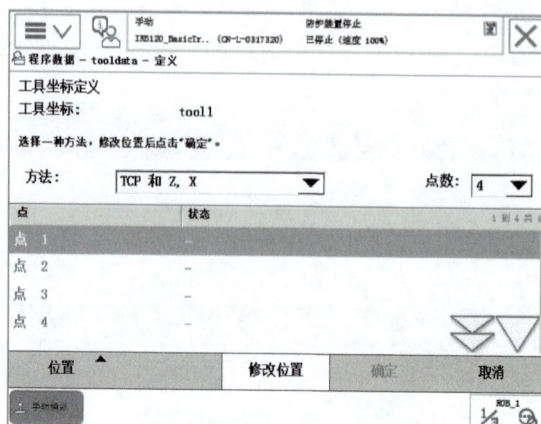

图 2-5-48　选择六点法

6）选择合适的手动操纵模式，按下使能键，使用操纵杆使工具参考点接触固定点，作为第一个点，如图 2-5-49 所示。

7）选中点 1，单击"修改位置"，将点 1 位置记录下来。工具参考点以不同的姿态接触固定点，依次修改点 2、3、4 的位置，注意点 4 的姿态是垂直姿态。点 2、点 3 和点 4 的位置示例如图 2-5-50、图 2-5-51 和图 2-5-52 所示。

图 2-5-49　点 1 位置示例

图 2-5-50　点 2 位置示例

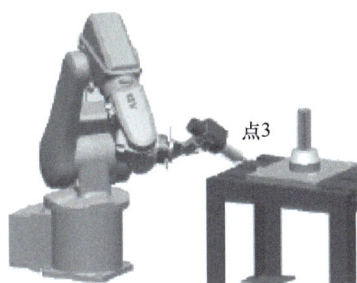

图 2-5-51　点 3 位置示例

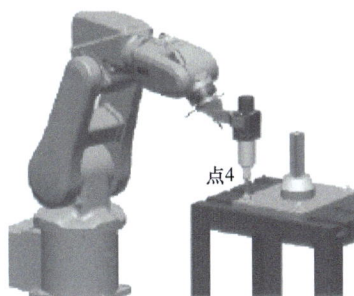

图 2-5-52　点 4 位置示例

8）工具往 X 方向移动，选中延伸点 X，单击"修改位置"，将延伸点 X 位置记录下来。延伸点 X 的位置记录过程如图 2-5-53 所示。

9）工具垂直在参考点上方，选中延伸点 Z，单击"修改位置"，将延伸点 Z 位置记录下来。延伸点 Z 的位置记录过程如图 2-5-54 所示。六点全部记录完毕如图 2-5-55 所示。

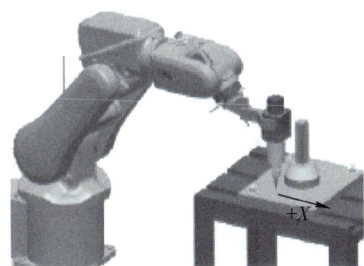

图 2-5-53　延伸点 X 的位置记录过程

图 2-5-54　延伸点 Z 的位置记录过程

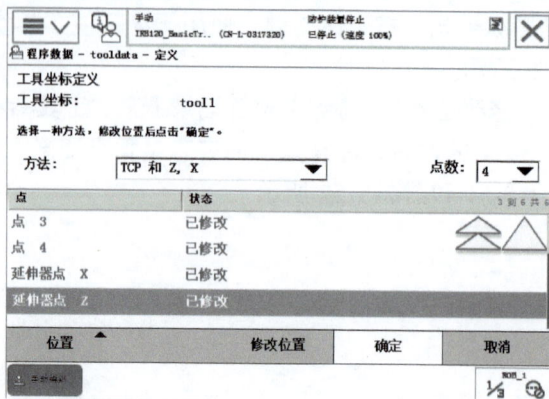

图 2-5-55　六点全部记录完毕

10）单击"确定"完成设定。出现误差确认界面，对误差进行确认，如图2-5-56 所示。误差当然是越小越好，但也要以实际验证效果为准。

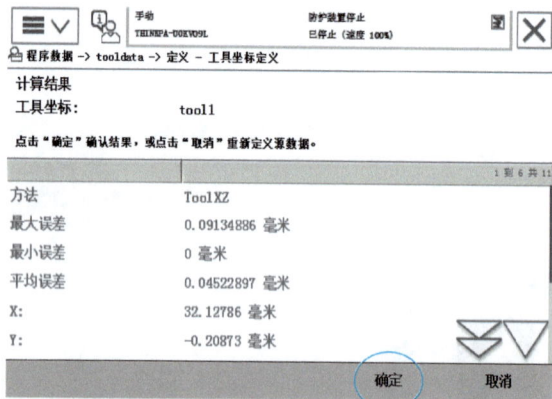

图 2-5-56　误差确认界面

11）更改工具的质量。选中 tool1，然后打开编辑菜单选择"更改值"，如图 2-5-57 所示。

图 2-5-57　更改工具质量

12）单击右下角的箭头向下翻页，找到有工具质量 mass（单位 kg）的一栏，根据实际情况设定工具的质量，然后单击"确定"，如图 2-5-58 所示。

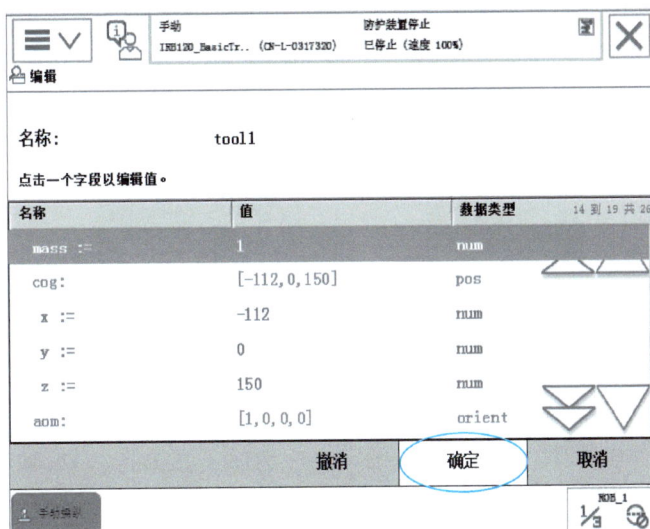

图 2-5-58 设置工具重量

13）设定好之后，需要在重定位模式下手动操纵，验证 TCP 是否精准。回到手动操纵界面，动作模式选定为"重定位"，坐标系选定为"工具"，工具坐标选定为"tool1"，如图 2-5-59 所示。

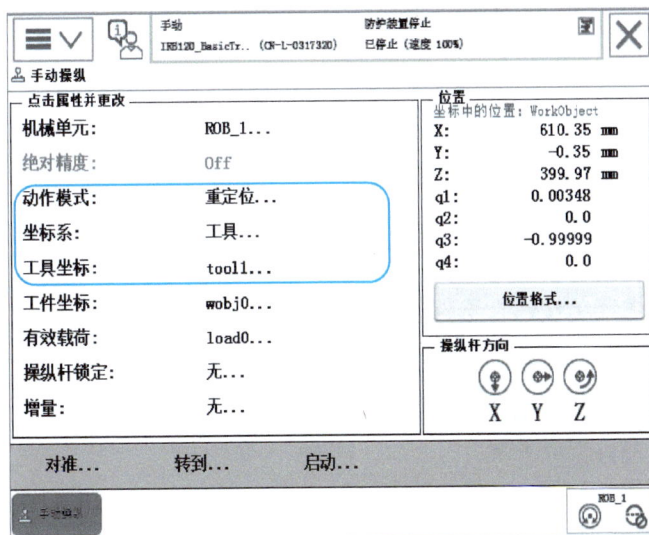

图 2-5-59 验证 TCP 是否精准

14）使用操纵杆将工具参考点接触固定点，然后在重定位模式下手动操纵机器人，如果 TCP 设定精确的话，可以看到工具参考点与固定点始终保持接触，而机器人会根据你的重定位操作改变着姿态，如图 2-5-60 所示。

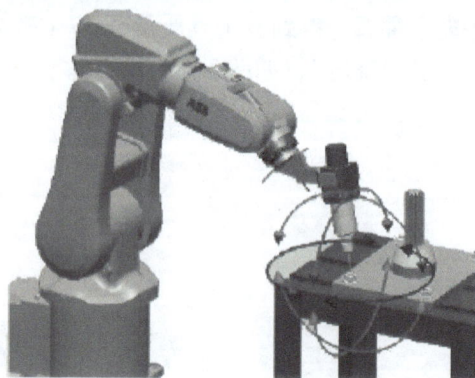

图 2-5-60　重定位操作

2. 创建工件坐标系

在工件平面上,只需要定义三个点就可以建立一个工件坐标,也就是三点法,如图 2-5-61 所示。X1 点确定工件坐标原点,X1、X2 确定工件坐标 X 正方向,Y1 确定工件坐标 Y 正方向,最后 Z 的正方向根据右手定则(如图 2-5-62 所示)得出。

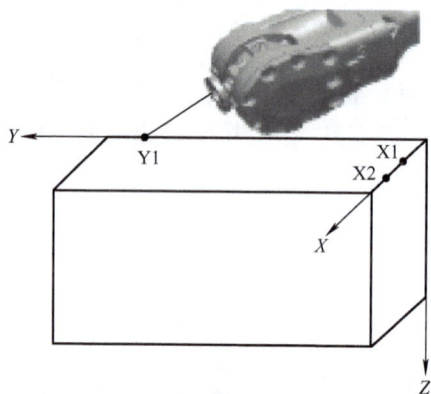

图 2-5-61　三点法

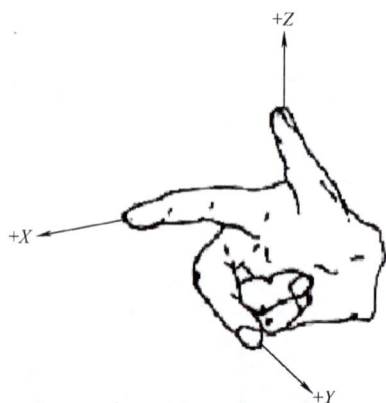

图 2-5-62　右手定则

具体操作步骤如下:

1)单击示教器主菜单按钮,选择"手动操纵",如图 2-5-63 所示。

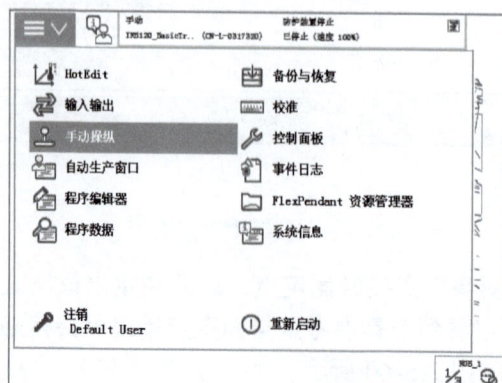

图 2-5-63　选择"手动操纵"

2）选择"工件坐标"，单击"新建"，如图2-5-64、图2-5-65所示。

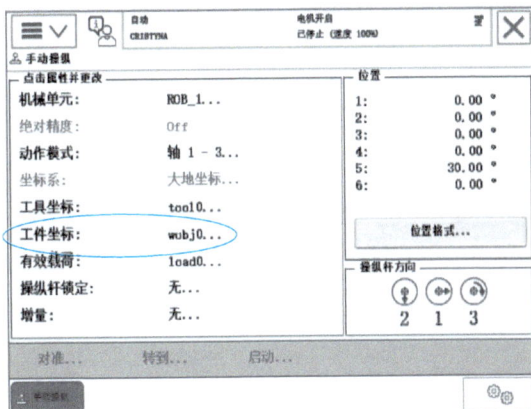

图2-5-64　选择"工件坐标"

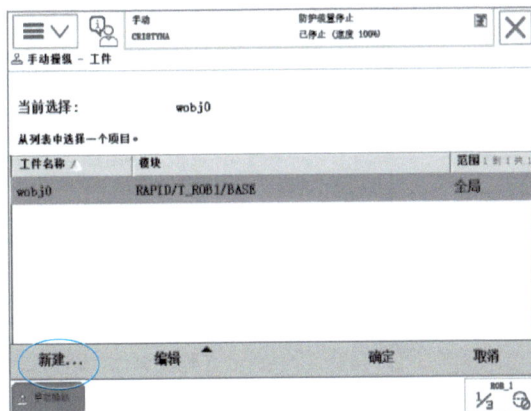

图2-5-65　新建工件坐标系

3）对工件数据属性进行设定后，单击"确定"，如图2-5-66所示。

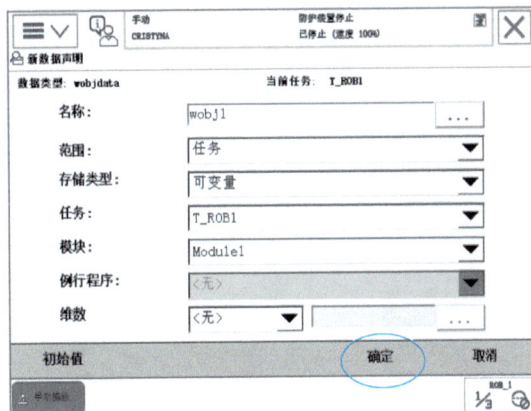

图2-5-66　设定工件数据属性

4）选中新建的坐标系后，单击"编辑"菜单中的"定义"选项，如图2-5-67所示。

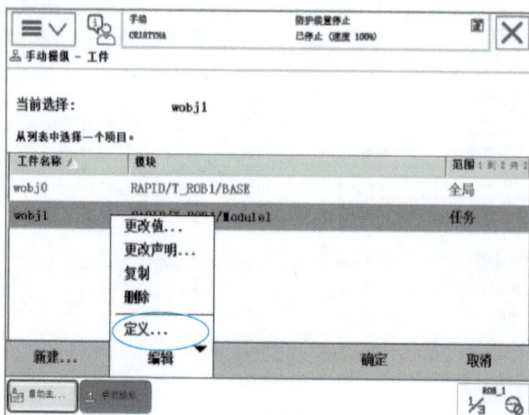

图2-5-67　进入编辑界面

5）用户方法选择"3点"，如图2-5-68所示。

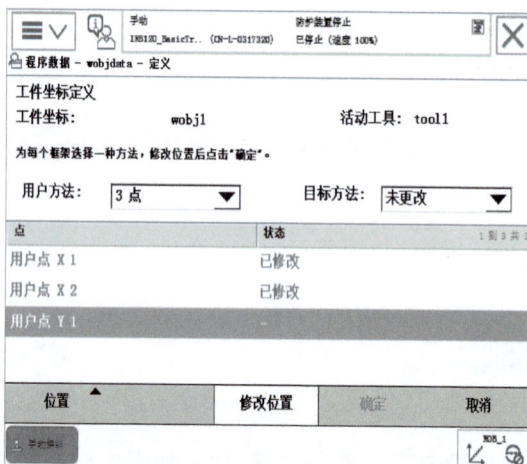

图2-5-68　选择用户方法

6）手动操纵机器人的工具参考点靠近定义工件坐标系的X1点，X1点位置示例如图2-5-69所示。

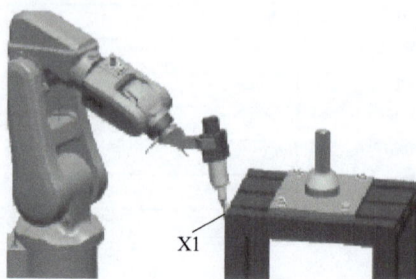

图2-5-69　X1点位置示例

7）选中用户点 X1，单击"修改位置"，将点 X1 位置记录下来。依次记录 X2 和 Y1 的位置，单击"确定"，完成设定。X2 点位置示例如图 2-5-70 所示，Y1 点位置示例如图 2-5-71 所示。

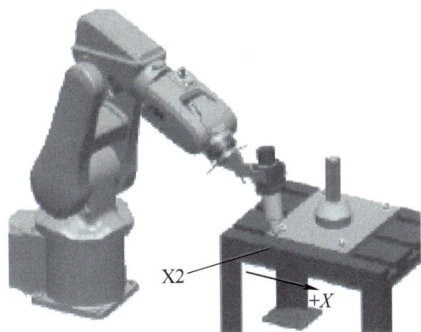

图 2-5-70　X2 点位置示例

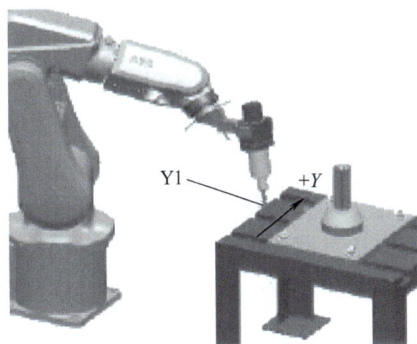

图 2-5-71　Y1 点位置示例

8）对自动生成的工件坐标数据进行确认后，单击"确定"。如图 2-5-72 所示，工件坐标系创建完成。

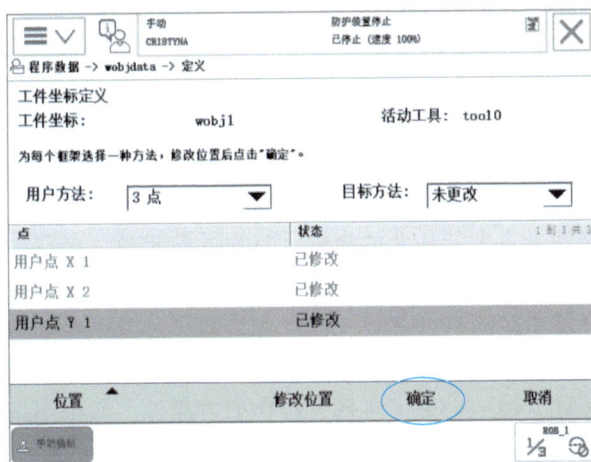

图 2-5-72　工件坐标系创建完成

2.6　工业机器人的编程

2.6.1　编程方式

工业机器人的编程方式可以分为示教编程和离线编程两种。

1. 示教编程

示教编程的思路就是将机器人调整到第一个动作节点，让机器人储存这个动作节点的位姿，再调整到第二个动作节点并记录位姿，以此类推直至动作结束。设置路径时，应该保证机器人在运动过程不会碰撞到其他物体，同时选择合理有效的路径，动作节点之间的运动轨迹可以用函数插补处理。

示教编程的步骤如下：

1）动作示教。根据任务的需要通过示教器把机器人末端执行器按一定姿态移动至所需要的位置，然后把每一个位置的姿态存储起来。例如 ABB 机器人利用示教器将末端执行器从 A 点移动到 B 点后，输入一条移动指令，可以实现末端执行器从 A 点向 B 点运动。

2）编辑修改示教过的动作，设置移动需要的各种参数等。

3）存储程序。完成整个示教过程后，生成完整的程序并载入到控制器中。

4）机器人重复运行示教过程以检验正确性。如果哪一步出现了失效操作（例如点的位置不精确），则重新进行编程。

以焊接机器人为例，示教时操作者通过示教器将作业条件、作业顺序和运动轨迹等参数赋予机器人的控制装置。为了获得好的焊接质量，需要进行作业条件和作业顺序的示教，包括对焊接电流、焊接电压、焊接速度、板厚、焊缝形状、焊脚高度、焊接顺序以及与外部设备的协调等参数进行设置。运动轨迹的示教包括各段运动轨迹的端点示教，而端点之间的连续轨迹控制由机器人控制装置的规划部分通过插补运算产生。

示教器示教编程一般用于大型机器人或危险作业条件下的机器人。

示教编程具有现场操作、简单直接、编程周期短等优点，但也有着不可避免的缺点：

1）难以获得高的控制精度。

2）占用机器人时间长、效率低。

3）难以与其他操作同步。

4）有一定危险性。

2. 离线编程

离线编程不需要操作者对实际作业的机器人直接进行示教，而是在离线编程系统中进行编程和在模拟环境中进行仿真，从而提高机器人的使用效率和生产过程的自动化水平。

离线编程是利用计算机图形学的成果，建立起机器人及其工作环境的几何模型，并对图形进行控制和操作，使用机器人编程语言描述机器人作业任务，然后对编程的结果进行三维图形动画仿真，离线计算、规划和调试机器人程序的正确性，并生成机器人控制器可执行的代码，最后通过通信接口发送至机器人控制器，如图 2-6-1 所示。

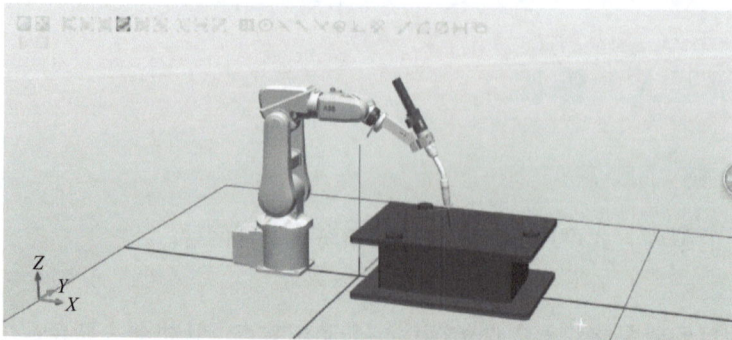

图 2-6-1　机器人仿真模型

与传统的在线示教相比，离线编程除了克服在线示教的缺点外，具有以下优点：

1）编程时不影响机器人正常工作，使操作人员远离危险的工作环境。

2）只需要搭建机器人系统和工作环境的图形模型，就可以通过仿真软件验证程序，可预先优化操作方案和运行周期。

3）可用 CAD 方法进行最佳轨迹规划，可实现复杂运行轨迹的编程。

4）程序易于修改，适合中、小批量的生产要求。

5）能够实现多台机器人和外围辅助设备的示教和协调。

6）能够实现基于传感器的自动规划功能。

在离线编程软件中，机器人和设备模型都是三维显示，可直观设置，并能观察机器人的位置和动作情况。

离线编程软件使用的力学、工程学等计算公式和实际机器人完全一致。因此，模拟精度很高，可以准确无误地模拟机器人的设置、动作，操作和实际机器人几乎完全相同，程序的编辑画面也与在线示教相同。

离线编程的步骤如下：

1）几何建模。目前的离线编程软件一般都具有简单的三维几何建模功能，但对于复杂三维模型的创建就需要将其他 CAD 软件（如 SolidWorks、UG、Pro/E 等）生成的 IGES、DXF 等格式的文件导入其中。

2）系统布局。将整个机器人系统（包括机器人本体、变位机、工件周边作业设备等）的模型按照实际的装配和安装情况在仿真环境中进行布局，如图 2-6-2 所示。

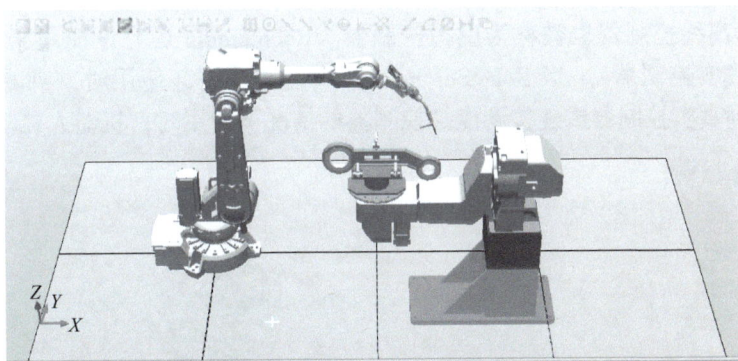

图 2-6-2　机器人系统布局

3）作业规划。在满足机器人运动空间可达性的条件下，尽可能地减少机器人在作业过程中的极限运动或机器人各轴的极限位置；在避免机器人与工件夹具、周边设备等发生碰撞的前提下，保证末端执行器的作业姿态。

4）动画仿真。在仿真过程中，系统对运动规划的结果进行三维图形动画仿真，模拟整个作业的完成情况，检查末端执行器发生碰撞的可能性及机器人的运动轨迹是否合理，并计算机器人的执行时间，为离线编程结果的可行性提供参考。

5）程序输出。当任务程序的仿真结果完全达到任务要求时，将该任务程序转换成机器人的控制程序和数据，并通过通信接口下载到机器人控制柜，驱动机器人执行指定的作业任务。

6）运行确认。出于安全考虑，离线编程生成的目标任务程序在自动运转前需要先跟踪试运行。经确认无误后，在线作业。

离线编程软件大多由机器人生产商作为用户的选购附件出售，如 ABB 机器人公司开发的 RobotStudio 软件、FANUC 机器人公司开发的 ROBOGUIDE 软件、YASKAWA 机器人公司开发的 MotoSim EG 软件和 KUKA 机器人公司开发的 Sim Pro 软件等。

RobotStudio 软件是 ABB 公司开发的一款 PC 应用程序，包含了 ABB 所有的机器人，用于机器人单元的建模、离线创建和仿真，如图 2-6-3 所示。

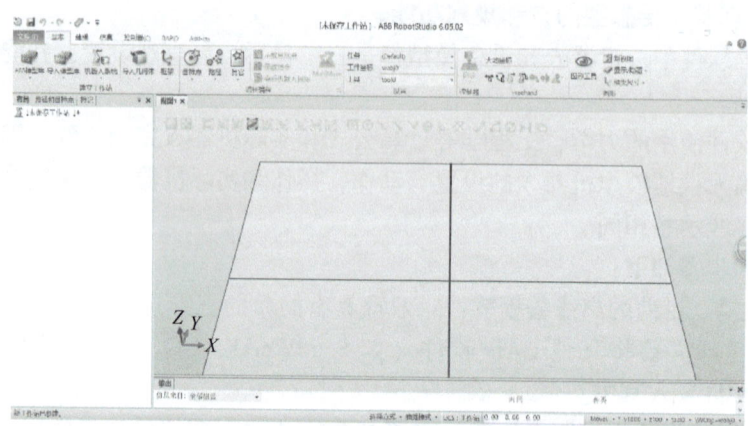

图 2-6-3　RobotStudio 软件

RobotStudio 提供了离线控制器，也就是在 PC 上本地运行的虚拟 IRC5 控制器，如图 2-6-4 所示，这种离线控制器也被称为虚拟控制器。RobotStudio 还允许使用真实的物理 IRC5 控制器（简称真实控制器）。当 RobotStudio 和真实控制器一起使用时，机器人处于在线模式；当未连接到真实控制器或连接到虚拟控制器的情况下使用时，机器人处于离线模式。

图 2-6-4　虚拟 IRC5 控制器

ROBOGUIDE 软件是 FANUC 公司提供的一个离线编程工具，它是围绕一个离线的三维世界进行模拟，在这个三维世界中模拟现实中的机器人和周边设备的布局，通过其中的 TP 示教，进一步来模拟它的运动轨迹，如图 2-6-5 所示。

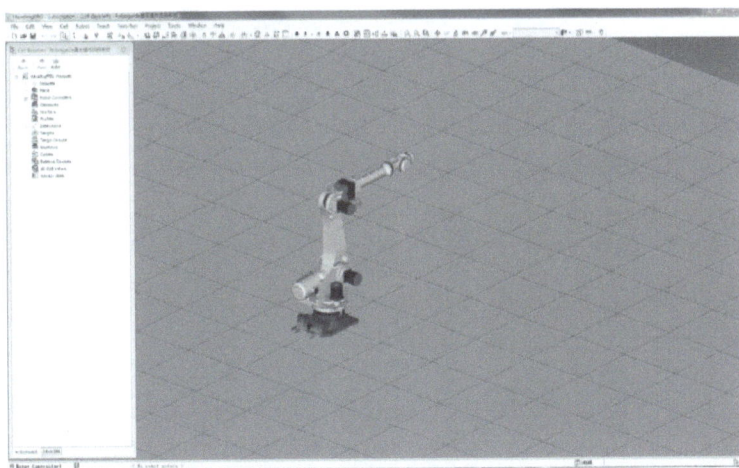

图 2-6-5 ROBOGUIDE 软件

通过模拟验证方案可行性的同时获得准确的周期时间。ROBOGUIDE 是一款核心应用软件，具体的还包括搬运、弧焊、喷涂等其他模块。它的仿真环境界面是传统的 Windows 界面，由菜单栏、工具栏、状态栏等组成。

ROBOGUIDE 软件提供了工作区多视图功能，如图 2-6-6 所示，它能够将软件工作区切割为多个视图窗口，并且每个视图窗口可以独立调整机器人的位置与角度。

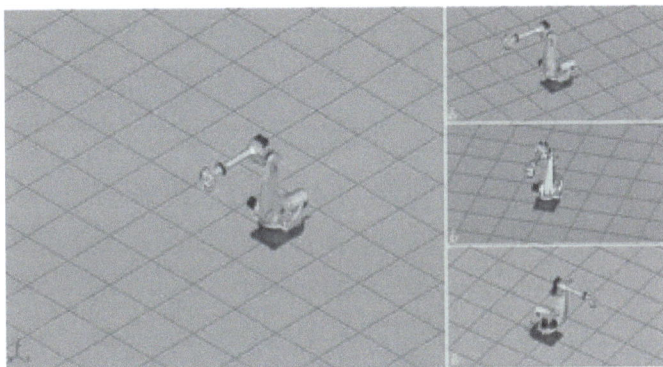

图 2-6-6 多视图工作区

RobotStudio 软件是工业机器人离线编程的领先产品，下面简单介绍一下 RobotStudio 软件的界面。

RobotStudio 软件主界面包含文件、基本、建模、仿真、控制器、RAPID 和 Add-Ins 七个功能选项卡，如图 2-6-7 所示。

图 2-6-7 功能选项卡

1）"文件"功能选项卡：包含打开已有工作站，关闭、保存工作站和新建工作站等，如图 2-6-8 所示。

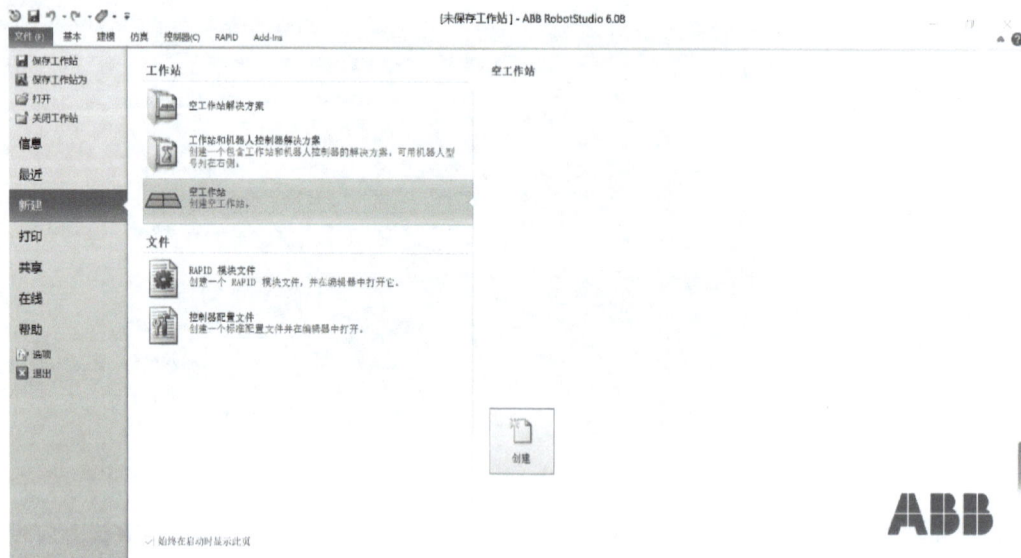

图 2-6-8　"文件"功能选项卡

2）"基本"功能选项卡：包含建立工作站、路径编程、设置、控制器、Freehand 和图形等控件，如图 2-6-9 所示。

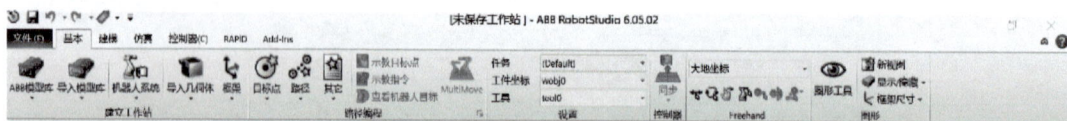

图 2-6-9　"基本"功能选项卡

3）"建模"功能选项卡：包含创建、CAD 操作、测量、Freehand 和机械等控件，如图 2-6-10 所示。

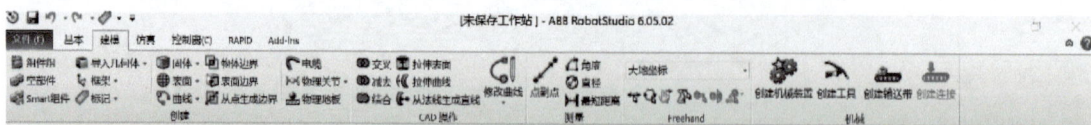

图 2-6-10　"建模"功能选项卡

4）"仿真"功能选项卡：包含碰撞监控、配置、仿真控制、监控、信号分析器和录制短片等控件，如图 2-6-11 所示。

图 2-6-11　"仿真"功能选项卡

5）"控制器"功能选项卡：包含进入、控制器工具、配置、虚拟控制器和传送等控件，如图 2-6-12 所示。

图 2-6-12　"控制器"功能选项卡

6）"RAPID"功能选项卡：包含进入、编辑、插入、查找、控制器、测试和调试等控件，如图2-6-13所示。

图 2-6-13　"RAPID"功能选项卡

7）"Add - Ins"功能选项卡：包含社区、Robot Ware 和齿轮热量预测等控件，如图2-6-14所示。

图 2-6-14　"Add-Ins"功能选项卡

2.6.2　编程语言

为了使工业机器人能够进行再现，就必须把机器人的作业过程用机器人语言编成程序。然而，目前机器人编程语言还不是通用语言，各家工业机器人公司的机器人编程语言都不相同，每家都有自己的编程语言以及自己的语法规则和语言形式。如 ABB 机器人编程用 RAPID 语言，KUKA 机器人用 KRL 语言，YASKAWA 机器人用 Moto - Plus 语言，这三家的编程语言都类似于 C 语言；FANUC 机器人用 KAREL 语言，类似于 Pascal 语言等。

各家工业机器人公司的编程语言都各不相同，但由于机器人的发明公司 Unimation 公司最开始的语言是 VAL，所以这些语言结构都有所相似，见表2-6-1。程序运行时，程序的意义和命令机器人的方式存在着许多语义上的差别。

表 2-6-1　不同机器人的运动指令

运动形式	移动方式	指令			
		ABB	YASKAWA	KUKA	FANUC
点位运动	点到点	MoveJ	MOVJ	PTP	J
连续路径运动	直线	MoveL	MOVL	LIN	L
	圆弧	MoveC	MOVC	CIRC	A/C

一般用户接触到的都是机器人公司自己开发的针对用户的语言平台，通俗易懂，在这一层面，因各机器人所具有的功能基本相同，因此不论语法规则和语言形式变化多大，其关键特性大都相似，因此，只要掌握某一品牌机器人的示教与再现方法，对于其他厂家机器人的作业编程就很容易上手了。

工业机器人轨迹运行

下面简单介绍一下 ABB 机器人的常用运动指令。

ABB 机器人常用的运动指令有关节运动指令 MoveJ、直线运动指令 MoveL 和圆弧运动指令 MoveC 三个。

1. 关节运动指令 MoveJ

关节运动指令 MoveJ 用于在路径精度要求不高的情况下，机器人的工具中心点 TCP 从起点位置移动到终点位置，两个位置之间的路径不一定是直线，只关注起点和终点的位置。关节运动指令适合机器人大范围运动，运动过程中不容易出现机械死点状态。指令如下：

MoveJ p10，v100，z50，tool01 \ wobj：= wobj01

该指令表示机器人的工具中心点 TCP 从当前位置（起点）向 p10 点（终点）运动；速度是 100mm/s；转弯区数据是 50mm，距离 p10 点还有 50mm 的时候开始转弯。转弯区数值越大，机器人的动作路径就越圆滑流畅；使用的工具坐标是 tool01，工件坐标是 wobj01。关节运动路径如图 2-6-15 所示。

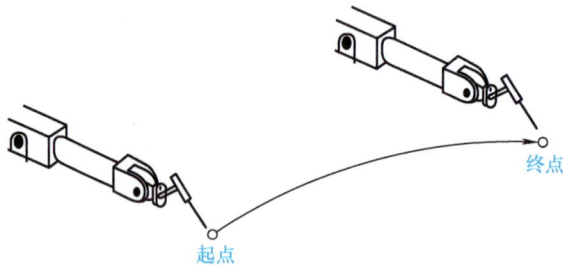

图 2-6-15　关节运动路径

2. 直线运动指令 MoveL

直线运动指令 MoveL 用于机器人的工具中心点 TCP 从起点到终点之间的路径始终保持为直线，运动路径唯一。直线运动指令适合机器人路径确定的情况下的空间运动。指令如下：

MoveL p20，v1000，fine，tool01 \ wobj：= wobj01

该指令表示机器人的工具中心点 TCP 从当前位置（起点）向 p20 点（终点）运动；速度是 1000mm/s；转弯区数据是 fine，机器人 TCP 到达终点，在终点速度降为零（机器人动作有停顿，如果是一段路径的最后一个点，转弯区数据一定要为 fine）；使用的工具坐标是 tool01，工件坐标是 wobj01。直线运动路径如图 2-6-16 所示。

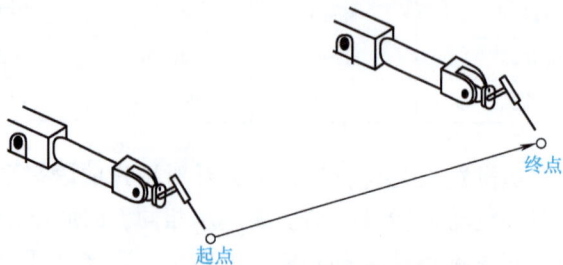

图 2-6-16　直线运动路径

3. 圆弧运动指令 MoveC

圆弧运动指令 MoveC 是在机器人可到达的空间范围内定义三个位置点，第一点是圆弧的起点；第二个点是中间点，用于圆弧的曲率计算；第三个点是圆弧的终点，运动路径唯一。圆弧运动指令 MoveC 在做圆弧运动时一般不超过 240°，所以一个完整的圆通常使用两条圆弧指令来完成。指令如下：

MoveC p10，p20，v300，z1，tool01 \ wobj：= wobj01

该指令表示机器人的工具中心点 TCP 从当前位置向 p10 点（中间点）、p20 点（终点）做圆弧运动；速度是 300mm/s；转弯区数据是 1mm，距离 p20 点还有 1mm 的时候开始转弯；使用的是工具坐标 tool01，工件坐标是 wobj01。圆弧运动路径如图 2-6-17 所示。

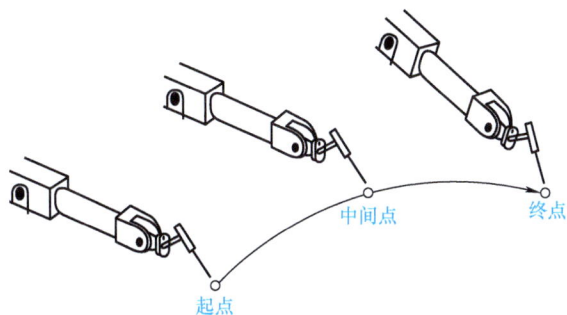

图 2-6-17 圆弧运动路径

2.6.3 创建一个简单的仿真工业机器人工作站

创建一个如图 2-6-18 所示的工业机器人工作站，并编写完整的运动轨迹模拟程序，操作步骤如下：

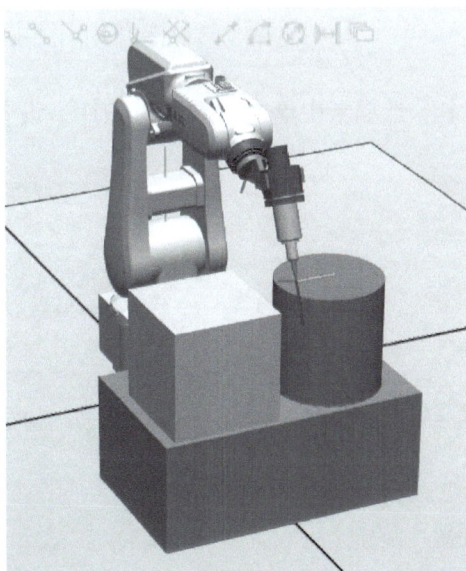

工业机器人工作站
的创建方法

图 2-6-18 工业机器人工作站

1）打开 RobotStudio，创建一个空的工作站，如图 2-6-19 所示。

图 2-6-19　创建空的工作站

2）在"基本"选项卡中单击"ABB 模型库"，选择合适的机器人模型，以"IRB120"为例，如图 2-6-20 所示。

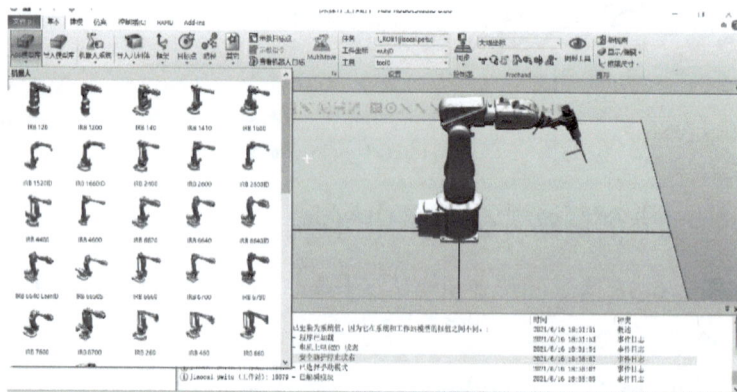

图 2-6-20　加载机器人模型

3）加载工具。在"基本"选项卡中单击"导入模型库→设备→MyTool"，如图 2-6-21 所示。

图 2-6-21　加载工具

4）在左侧"布局"中选中"MyTool"不松手拖动到"IRB120"，松开左键，在弹出的更新位置对话框中单击"是"，如图 2-6-22 所示，工具就安装到机器人的法兰盘上。如果要拆除工具，可在左侧"布局"的"MyTool"上右击，选择"拆除"，如图 2-6-23 所示。

图 2-6-22　安装工具

图 2-6-23　拆除工具

5）选择"建模→固体→矩形体"，如图 2-6-24 所示，矩形体长度设置为300mm，宽度设置为500mm，高度设置为200mm，单击"创建"，完成后关闭即可，如图 2-6-25 所示。建的矩形体模型可以用作工作台。在左侧"布局"中选中"IRB120"，右击选择"显示工业机器人工作区域"，白色区域就是机器人可达到的工作范围，尽量将工作台放置到最佳工作范围，如图 2-6-26 所示。

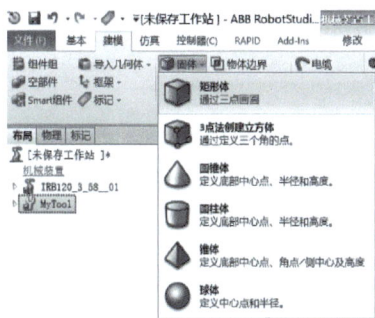

图 2-6-24　创建矩形体

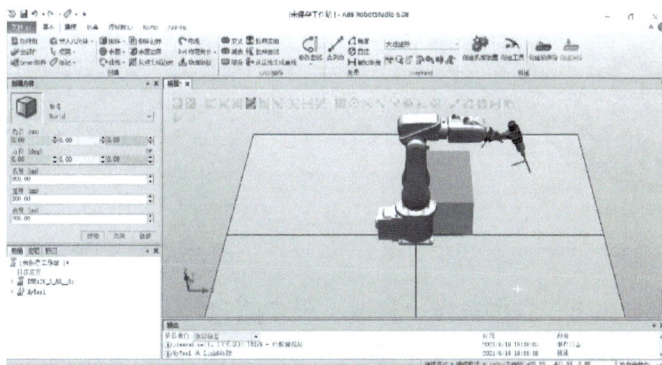

图 2-6-25　设置矩形体尺寸

工业机器人技术基础

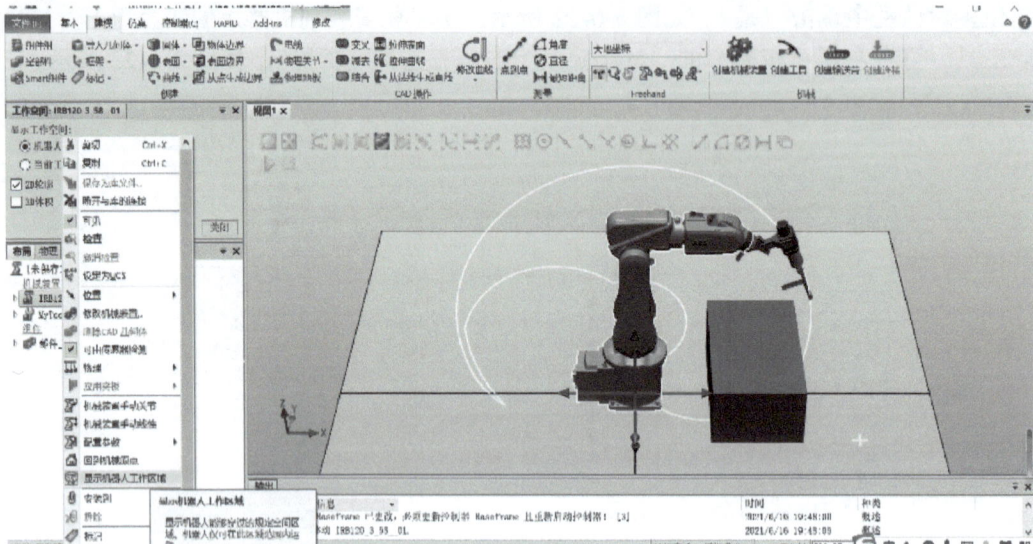

图 2-6-26　显示工业机器人工作区域

6）在矩形工作台上用步骤5）建模的方法再建一个立方体，长宽高都为200mm，一个圆柱体，半径为100mm，高度为200mm，立方体和圆柱体放在工作台合适的位置，如图2-6-27所示。在界面左侧"建模"中选择部件，右击选择"位置→设定位置"可以修改部件的坐标位置参数，如图2-6-28所示。

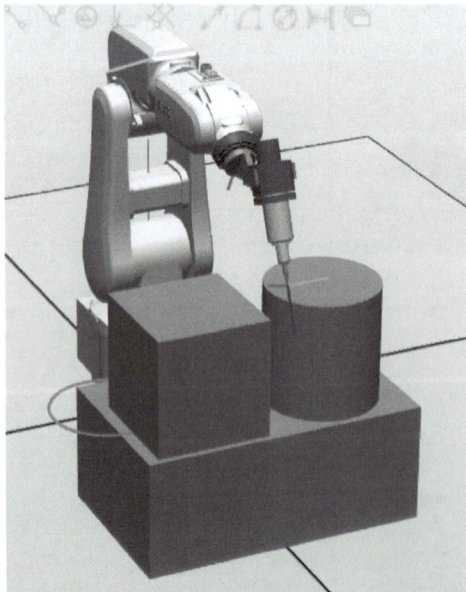

图 2-6-27　创建立方体和圆柱体

图 2-6-28　设置部件坐标位置参数

7）鼠标放在立方体上，右击选择"修改→设定颜色"，如图2-6-29所示，可以把立方体设定为蓝色，圆柱体设为红色。工业机器人工作站如图2-6-18所示。

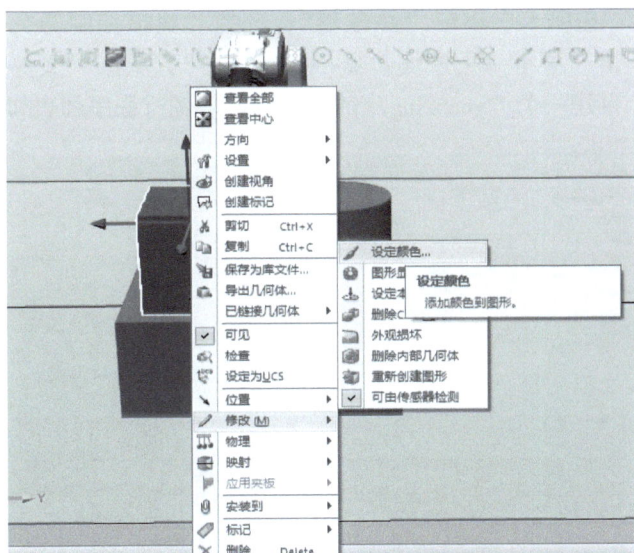

图 2-6-29　设置固体颜色

8）建立机器人系统。在"基本"选项卡中单击"机器人系统"，选择"从布局…"，如图 2-6-30 所示。设定好系统名字与保持位置后，单击"下一个"进入系统选项，单击"完成"。系统建立完成后，右下角"控制器状态"变为绿色，"控制器"选项卡的功能被激活，如图 2-6-31 所示。

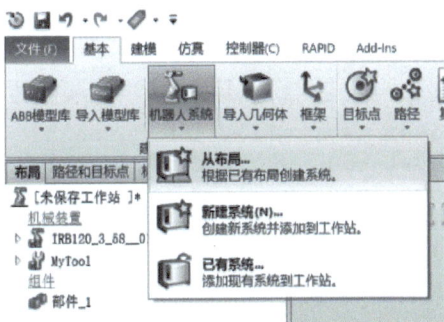

图 2-6-30　建立机器人系统

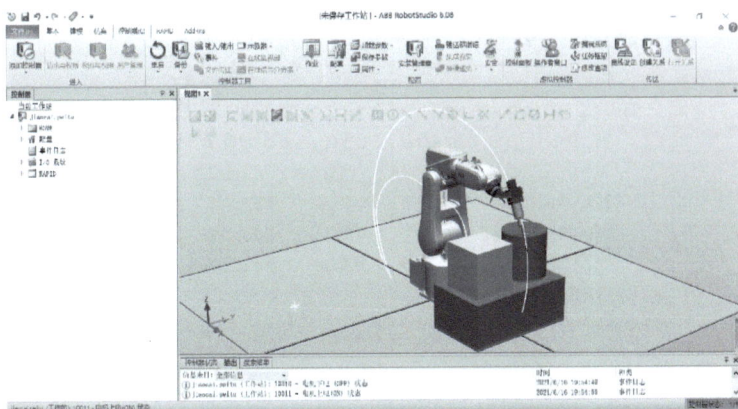

图 2-6-31　激活"控制器"选项卡

9）在"控制器"选项卡中单击"示教器"，选择"虚拟控制器"，启动虚拟示教器。在虚拟示教器中，单击"菜单→程序编辑器→例行程序"，单击"文件→新建例行程序"，名称为"fangxing"，再建一个"yuanxing"的例行程序。例行程序列表如图2-6-32所示。

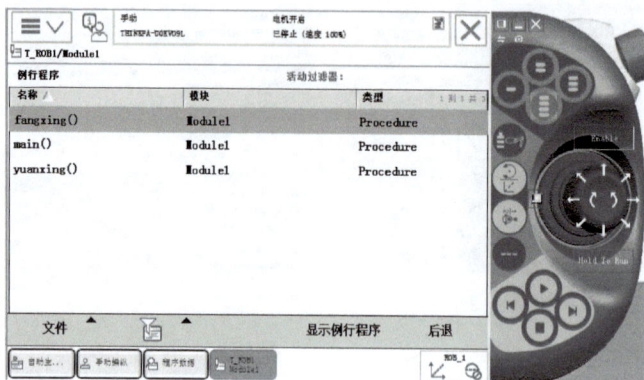

图 2-6-32　例行程序列表

10）例行程序"fangxing"要求机器人沿方形外框行走一周。其程序编写如图2-6-33所示。

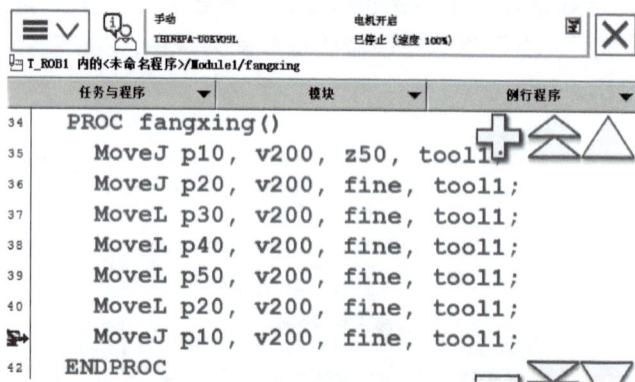

```
34    PROC fangxing()
35        MoveJ p10, v200, z50, tool1;
36        MoveJ p20, v200, fine, tool1;
37        MoveL p30, v200, fine, tool1;
38        MoveL p40, v200, fine, tool1;
39        MoveL p50, v200, fine, tool1;
40        MoveL p20, v200, fine, tool1;
41        MoveJ p10, v200, fine, tool1;
42    ENDPROC
```

图 2-6-33　"fangxing"程序编写

11）例行程序"yuanxing"要求绕圆柱体上表面绕一周。其程序编写如图2-6-34所示。

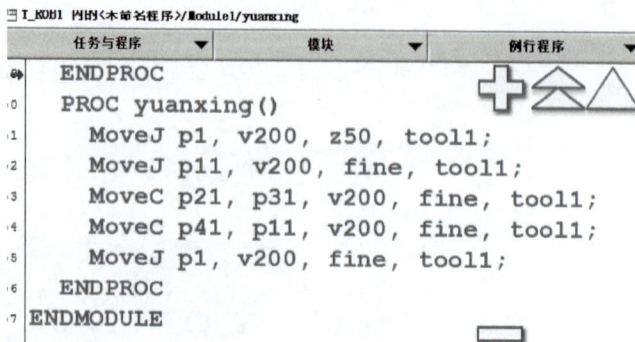

```
      ENDPROC
      PROC yuanxing()
          MoveJ p1, v200, z50, tool1;
          MoveJ p11, v200, fine, tool1;
          MoveC p21, p31, v200, fine, tool1;
          MoveC p41, p11, v200, fine, tool1;
          MoveJ p1, v200, fine, tool1;
      ENDPROC
ENDMODULE
```

图 2-6-34　"yuanxing"程序编写

2.7 工业机器人的I/O通信

本节以 ABB 机器人为例介绍工业机器人的 I/O 通信。

2.7.1 ABB工业机器人的通信介绍

I/O 是 Input/Output 的缩写，即输入/输出端口，机器人可通过 I/O 与外部设备进行交互，例如，数字量输入：各种开关信号反馈，如按钮开关、转换开关、接近开关等；传感器信号反馈，如光电传感器、光纤传感器；还有接触器、继电器触点信号反馈；另外还有触摸屏里的开关信号反馈。数字量输出：控制各种继电器线圈，如接触器、继电器、电磁阀；控制各种指示类信号，如指示灯，蜂鸣器。

ABB 机器人的标准 I/O 板的输入输出都是 PNP 类型。

ABB 机器人提供了丰富 I/O 通信接口，如 ABB 的标准通信、与 PLC 的现场总线通信、和与 PC 机的数据通信，如图 2-7-1 所示，可以轻松地实现与周边设备的通信。

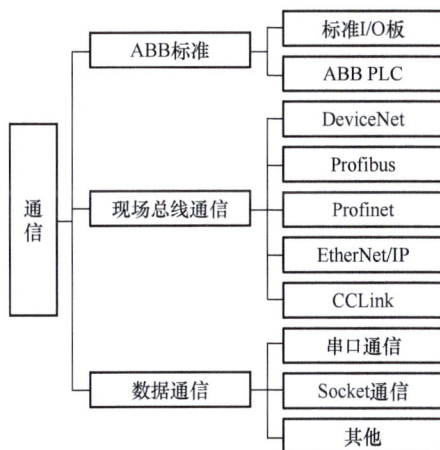

图 2-7-1 工业机器人的通信接口

ABB 的标准 I/O 板提供的常用信号处理有数字量输入、数字量输出、组输入、组输出、模拟量输入和模拟量输出。

ABB 机器人可以选配 ABB 标准的 PLC，省去了原来与外部 PLC 进行通信设置的麻烦，并且在机器人的示教器上就能实现与 PLC 的相关操作。

2.7.2 ABB标准I/O板

ABB 最常用的标准 I/O 板是 DSQC651 和 DSQC652。

1. DSQC651

DSQC651 板主要提供 8 个数字输入信号、8 个数字输出信号和 2 个模拟输出信号的处理，如图 2-7-2 所示。模拟输出范围为 0 ~ +10V。图中，A 区为数字输出信号指示灯，B 区为 X1 数字输出接口，C 区为 X6 模拟输出接口，D 区为 X5DeviceNet 接口，E 区为模块状态指示灯，F 区为 X3 数字输入接口，G 区为数字输入信号指示灯。

2. DSQC652

DSQC652 板主要提供 16 个数字输入信号和 16 个数字输出信号的处理。图 2-7-3 为 DSQC652 板接口示意图。图中 A 区为数字输出信号指示灯，B 区为 X1、X2 数字输出接口，C 区为 X5DeviceNet 接口，D 区为模块状态指示灯，E 区为 X3、X4 数字输入接口，F 区为数字输入信号指示灯。

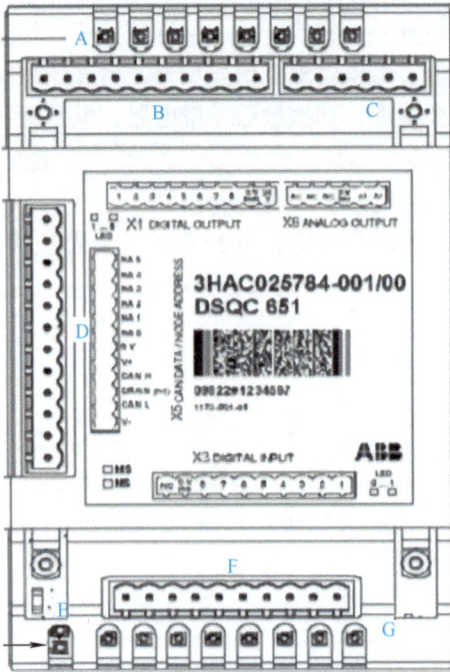

图 2-7-2　DSQC651 板接口示意图

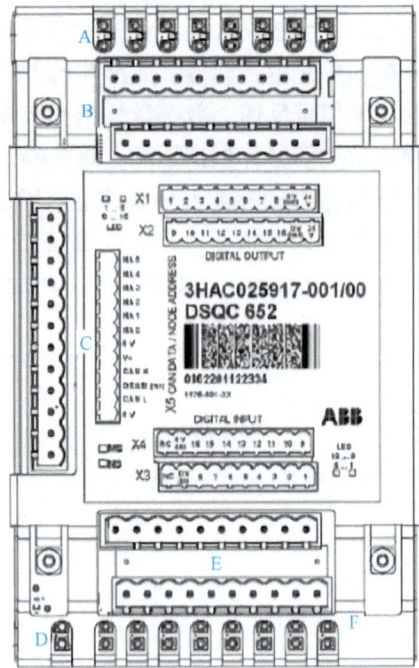

图 2-7-3　DSQC652 板接口示意图

2.7.3　ABB 标准 I/O 板 DSQC651 的配置

ABB 标准 I/O 板 DSQC651 是最为常用的模块，下面以创建数字输入信号 di1、数字输出信号 do1、组输入信号 gi1、组输出信号 go1 和模拟输出信号 ao1 为例，介绍配置的具体操作步骤。

1. 定义 DSQC651 板的总线连接

ABB 标准 I/O 板都是下挂在 DeviceNet 现场总线下的设备，通过 X5 端口与 DeviceNet 现场总线进行通信。

DSQC651 板总线连接的相关参数说明见表 2-7-1。

表 2-7-1　DSQC651 板总线连接的相关参数说明

参数名称	设定值	说　　明
Name	board10	设定 I/O 板在系统中的名字
Network	DeviceNet	设定 I/O 板连接的总线
Address	10	设定 I/O 板在总线中的地址

在系统中定义 DSQC651 板的操作步骤如下：

1）单击左上角主菜单按钮，选择"控制面板"，如图 2-7-4 所示。

图 2-7-4　选择"控制面板"

2）选择"配置"，双击"DeviceNet Device"，单击"添加"，如图 2-7-5、图 2-7-6、和图 2-7-7 所示。

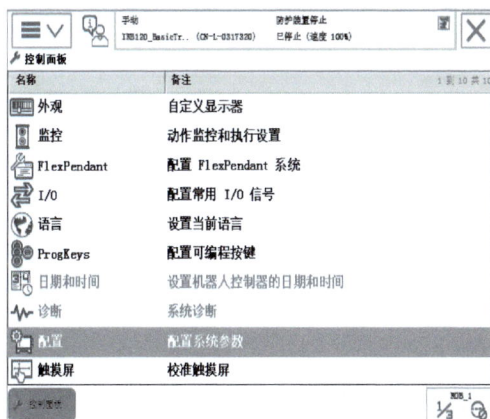

图 2-7-5　选择"配置"

图 2-7-6　选择"DeviceNet Device"

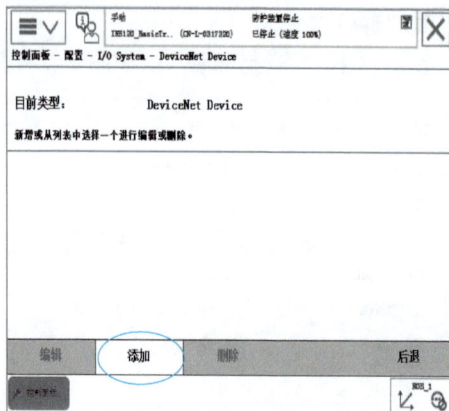

图 2-7-7　选择"添加"

3）单击"使用来自模板的值"对应的下拉箭头，选择"DSQC 651 Combi I/O Device"，如图 2-7-8 所示。

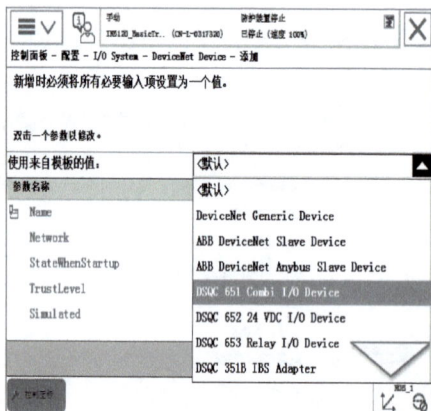

图 2-7-8　选择"DSQC 651 Combi I/O Device"

4）双击"Name"，设定 DSQC651 板在系统中名字（如果不修改，则名字是默认的 d651），如图 2-7-9 所示。

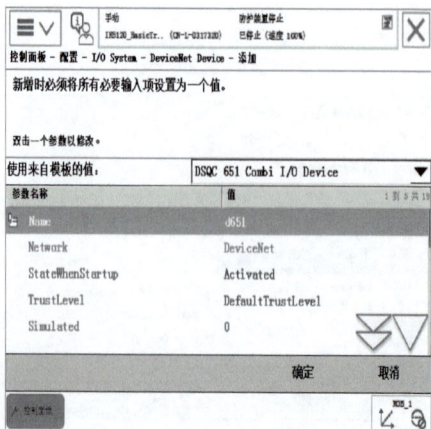

图 2-7-9　名字设定选项

5）在系统中将 DSQC651 板的名字设定为"board10"（10 代表此模块在 DeviceNet 总线中的地址，方便识别），然后单击"确定"，如图 2-7-10 所示。

图 2-7-10　修改名字为"board10"

6）单击向下翻页箭头，如图 2-7-11 所示。

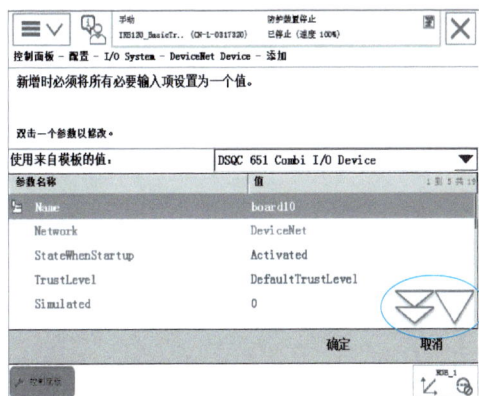

图 2-7-11　向下翻页

7）将"Address"设定为 10，然后单击"确定"，如图 2-7-12 所示。

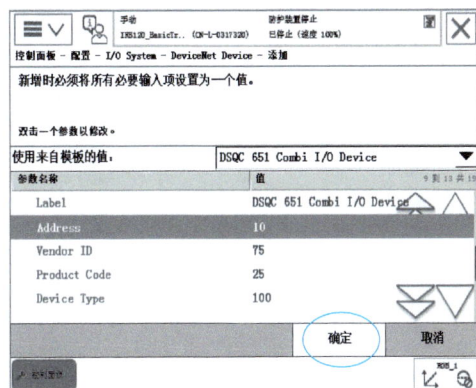

图 2-7-12　将"Address"设定为 10

8）单击"是"，这样 DSQC651 板就定义完成了，如图 2-7-13 所示。

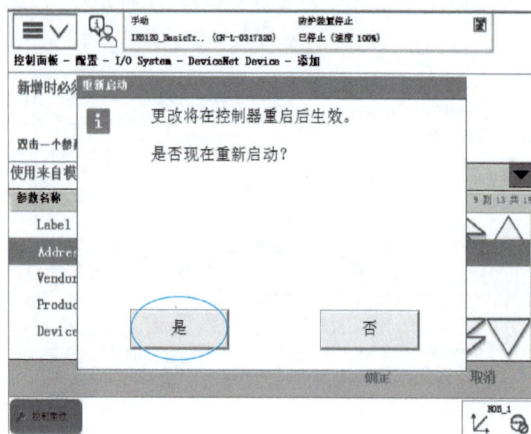

图 2-7-13　DSQC651 板定义完成

2. 定义数字输入信号 di1

数字输入信号 di1 的相关参数见表 2-7-2。

表 2-7-2　数字输入信号 di1 的相关参数

参数名称	设定值	说　　明
Name	di1	设定数字输入信号的名字
Type of Signal	Digital Input	设定信号的类型
Assigned to Device	board10	设定信号所在的 I/O 模块
Device Mapping	0	设定信号所占用的地址

操作步骤如下：

1）单击左上角主菜单按钮，选择"控制面板"，如图 2-7-14 所示。

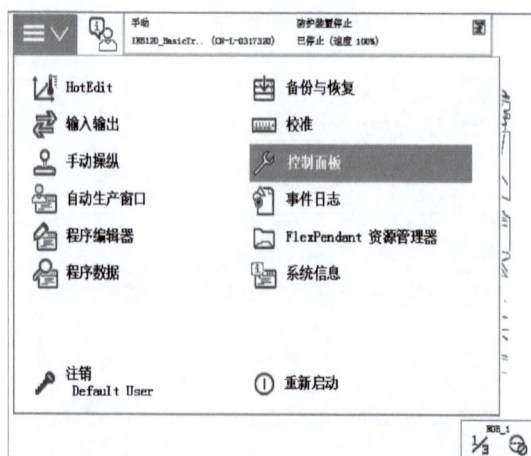

图 2-7-14　选择"控制面板"

2）选择"配置"，双击"Signal"，单击"添加"，如图 2-7-15、图 2-7-16 和图 2-7-17 所示。

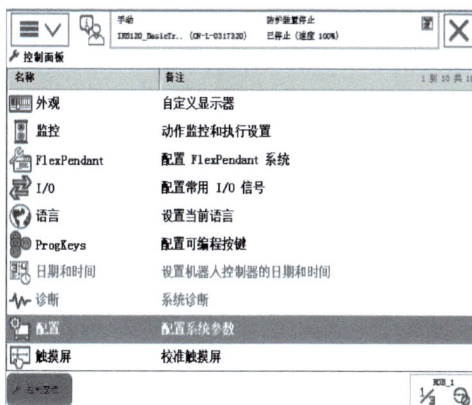

图 2-7-15　选择"配置"

图 2-7-16　选择"Signal"

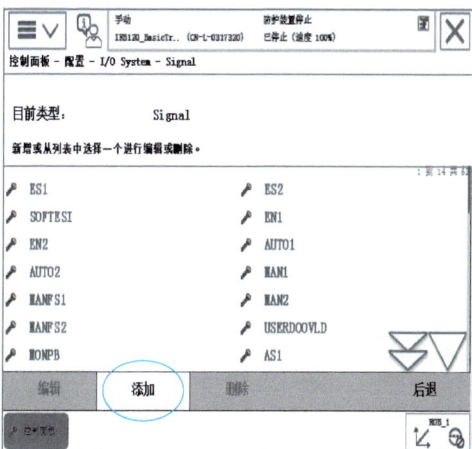

图 2-7-17　选择"添加"

3）双击"Name"，输入"di1"，然后单击"确定"，如图 2-7-18 和图 2-7-19 所示。

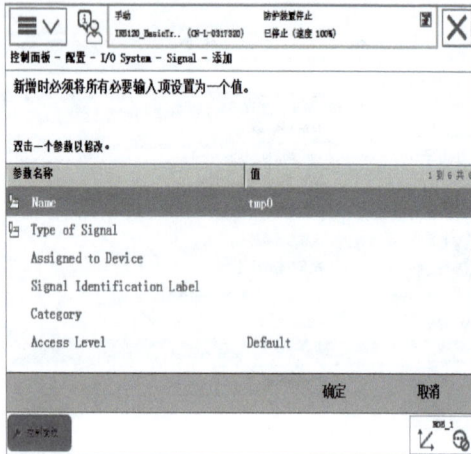

图 2-7-18　选择"Name"

图 2-7-19　设定名字为"di1"

4）双击"Type of Signal"，选择"Digital Input"，如图 2-7-20 所示。

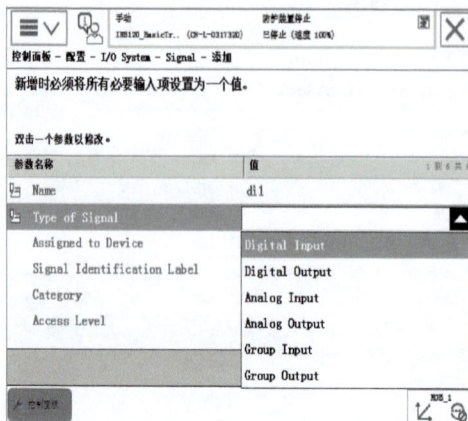

图 2-7-20　设置"Type of Signal"

5）双击"Assigned to Device"，选择"board10"，如图2-7-21所示。

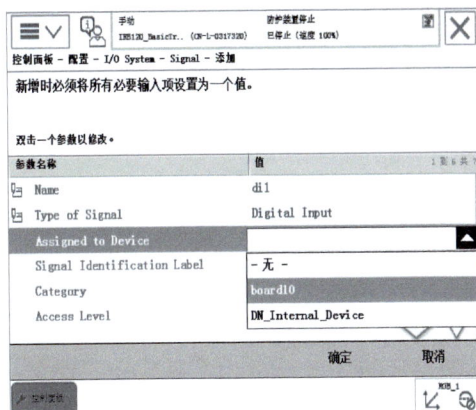

图2-7-21 设置"Assigned to Device"

6）双击"Device Mapping"，输入"0"，然后单击"确定"，如图2-7-22和图2-7-23所示。

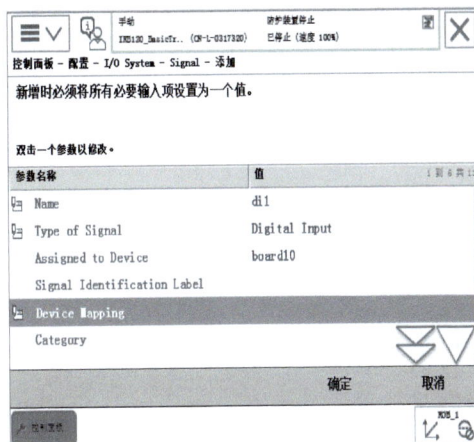

图2-7-22 选择"Device Mapping"

图2-7-23 设置"Device Mapping"为0

7）单击"确定"。单击"是"，完成设定，如图 2-7-24 和图 2-7-25 所示。

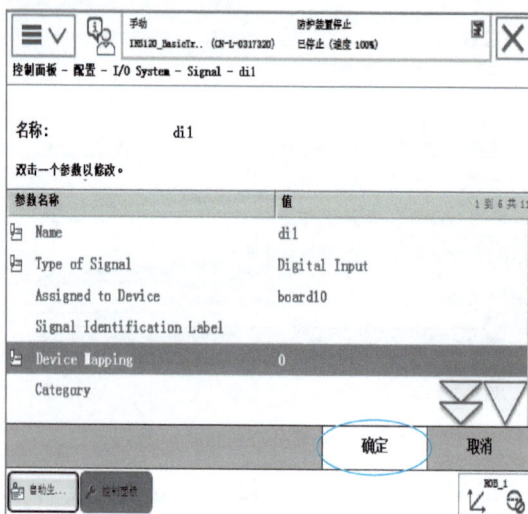

图 2-7-24　选择"确定"

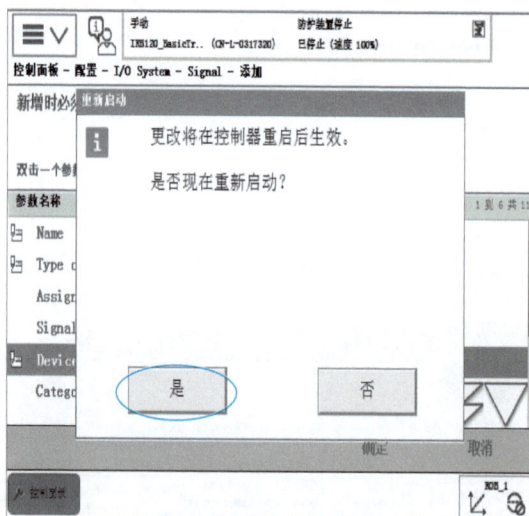

图 2-7-25　设置完成

3. 定义数字输出信号 do1

数字输出信号 do1 的相关参数见表 2-7-3。

表 2-7-3　数字输出信号 do1 的相关参数

参数名称	设定值	说明
Name	do1	设定数字输出信号的名字
Type of Signal	Digital Output	设定信号的类型
Assigned to Device	board10	设定信号所在的 I/O 模块
Device Mapping	32	设定信号所占用的地址

操作步骤如下：

步骤跟数字输入信号设置基本一样，只需更改参数。

1）单击左上角主菜单按钮，选择"控制面板"。

2）选择"配置"，双击"Signal"，单击"添加"。

3）双击"Name"，输入"do1"，然后单击"确定"。

4）双击"Type of Signal"，选择"Digital Output"。

5）双击"Assigned to Device"，选择"board10"。

6）双击"Device Mapping"，输入"32"，然后单击"确定"。

7）单击"确定"，单击"是"，完成设定。

4. 定义组输入信号 gi1

组输入信号就是将几个数字输入信号组合起来使用，用于接收外围设备输入的 BCD 编码的十进制数。

此例中，gi1 占用地址 1～4 共 4 位，可以代表十进制数 0～15。如此类推，如果占用地址 5 位的话，可以代表十进制数 0～31。

组输入信号 gi1 的相关参数及状态见表 2-7-4 和表 2-7-5。

表 2-7-4　组输入信号 gi1 的相关参数

参数名称	设定值	说明
Name	gi1	设定组输入信号的名字
Type of Signal	Group Input	设定信号的类型
Assigned to Device	board10	设定信号所在的 I/O 模块
Device Mapping	1－4	设定信号所占用的地址

表 2-7-5　组输入信号 gi1 的状态

状态	地址 1	地址 2	地址 3	地址 4	十进制数
	1	2	4	8	
状态 1	0	1	0	1	2＋8＝10
状态 2	1	0	1	1	1＋4＋8＝13

步骤跟数字输入信号设置基本一样，只需更改参数。操作步骤如下：

1）单击左上角主菜单按钮，选择"控制面板"

2）选择"配置"，双击"Signal"，单击"添加"。

3）双击"Name"，输入"gi1"，然后单击"确定"。

4）双击"Type of Signal"，选择"Group Input"。

5）双击"Assigned to Device"，选择"board10"。

6）双击"Device Mapping"，输入"1－4"，然后单击"确定"。

7）单击"确定"，单击"是"，完成设定。

5. 定义组输出信号 go1

组输出信号就是将几个数字输出信号组合起来使用，用于输出 BCD 编码的十进制数。

此例中，go1 占用地址 33 ~ 36 共 4 位，可以代表十进制数 0 ~ 15。如此类推，如果占用地址5 位的话，可以代表十进制数 0 ~ 31。

组输出信号 go1 的相关参数及状态见表 2-7-6 和表 2-7-7。

表 2-7-6 组输出信号 go1 的相关参数

参数名称	设定值	说明
Name	go1	设定组输出信号的名字
Type of Signal	Group Output	设定信号的类型
Assigned to Device	board10	设定信号所在的 I/O 模块
Device Mapping	33 – 36	设定信号所占用的地址

表 2-7-7 组输出信号 go1 的状态

状态	地址 33	地址 34	地址 35	地址 36	十进制数
	1	2	4	8	
状态 1	0	1	0	1	2 + 8 = 10
状态 2	1	0	1	1	1 + 4 + 8 = 13

步骤跟数字输入信号设置基本一样，只需更改参数。操作步骤如下：

1）单击左上角主菜单按钮，选择"控制面板"。

2）选择"配置"，双击"Signal"，单击"添加"。

3）双击"Name"，输入"go1"，然后单击"确定"。

4）双击"Type of Signal"，选择"Group Output"。

5）双击"Assigned to Device"，选择"board10"。

6）双击"Device Mapping"，输入"33 – 36"，然后单击"确定"。

7）单击"确定"，单击"是"，完成设定。

6. 定义模拟输出信号 ao1

模拟输出信号常用于控制焊接电源电压。这里以创建焊接电源电压输出与机器人输出电压呈线性关系为例，定义模拟输出信号 ao1，相关参数见表 2-7-8。

表 2-7-8 模拟输出信号 ao1 的相关参数

参数名称	设定值	说明
Name	ao1	设定模拟输出信号的名字
Type of Signal	Analog Output	设定信号的类型
Assigned to Device	board10	设定信号所在的 I/O 模块
Device Mapping	0 – 15	设定信号所占用的地址
Default Value	12	默认值，不得小于最小逻辑值
Analog Encoding Type	Unsigned	默认值，不得小于最小逻辑值
Maximum Logical Vahue	40.2	最大逻辑值，焊机最大输出电压 40.2V
Maximum Physical Value	10	最大物理值，焊机最大输出电压时所对应 I/O 板卡最大输出电压值

（续）

参数名称	设定值	说明
Maximum Physical Value Limit	10	最大物理限值，I/O 板卡端口最大输出电压值
Maximum Bit Value	65535	最大逻辑位值，16 位
Minimum Logical Value	12	最小逻辑值，焊机最小输出电压 12V
Minimum Physical Vahue	0	最小物理值。焊机最小输出电压时所对应 I/O 板卡最小输出电压值
Minimum Physical ValueI Limit	0	最小物理限值，I/O 板卡端口最小输出电压
Minimum Bit Value	0	最小逻辑位值

操作步骤如下：

1）单击左上角主菜单按钮，选择"控制面板"，如图 2-7-26 所示。

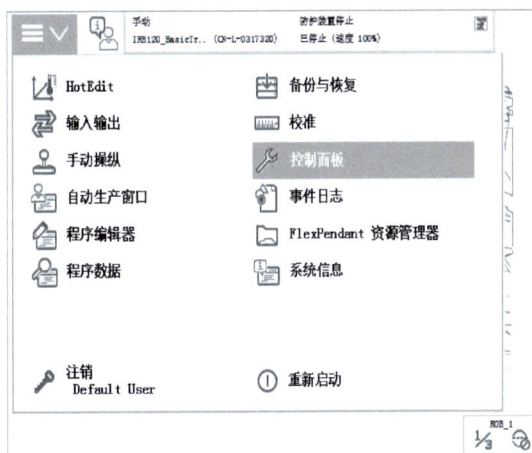

图 2-7-26　选择"控制面板"

2）选择"配置"，双击"Signal"，单击"添加"，如图 2-7-27、图 2-7-28 和图 2-7-29所示。

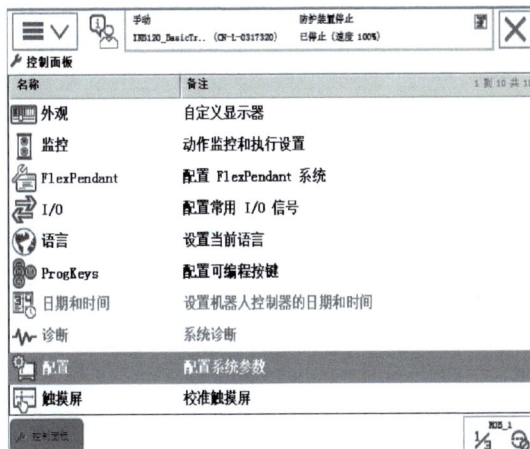

图 2-7-27　选择"配置"

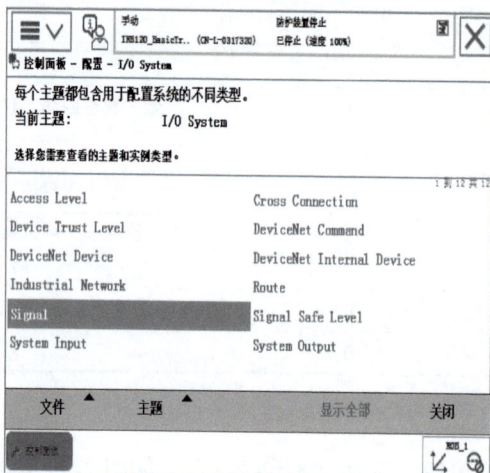

图 2-7-28　选择"Signal"

图 2-7-29　选择"添加"

3）双击"Name"，输入"ao1"，然后单击"确定"，如图 2-7-30 所示。

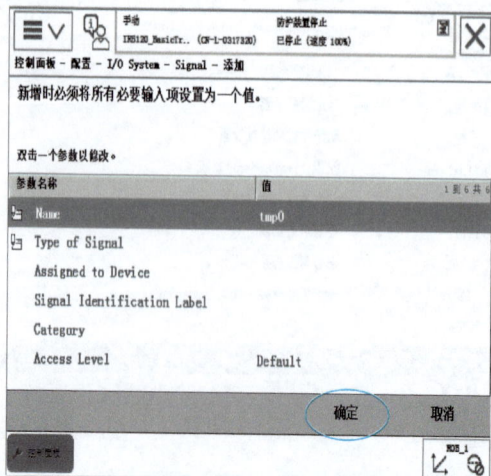

图 2-7-30　设置"Name"

4）双击"Type of Signal"，选择"Analog Output"，如图2-7-31所示。

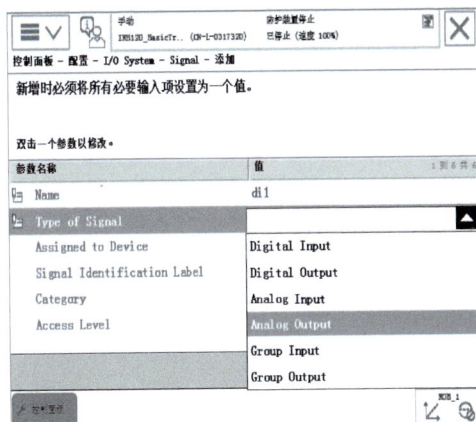

图 2-7-31 设置"Type of Signal"

5）双击"Assigned to Device"，选择"board10"，如图2-7-32所示。

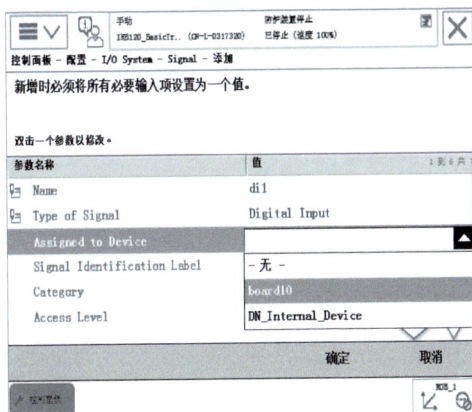

图 2-7-32 设置"Assigned to Device"

6）双击"Device Mapping"，输入"0-15"，然后单击"确定"，如图2-7-33所示。

图 2-7-33 设置"Device Mapping"

7）双击"Default Value"，然后输入"12"，如图 2-7-34 所示。

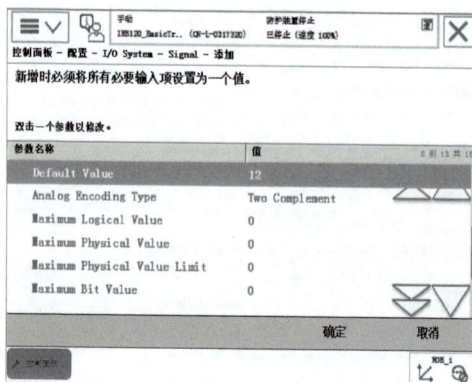

图 2-7-34　设置"Default Value"

8）双击"Analog Encoding Type"，然后选择"Unsigned"，如图 2-7-35 所示。

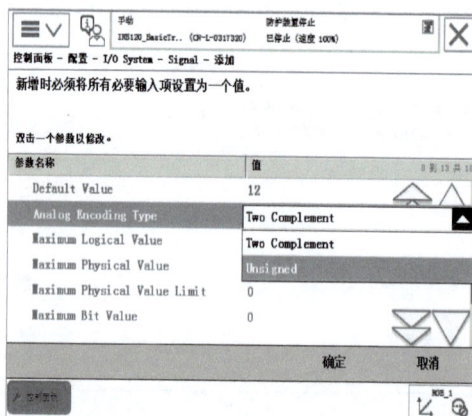

图 2-7-35　设置"Analog Encoding Type"

9）双击"Maximum Logical Value"，然后输入"40.2"，如图 2-7-36 所示。

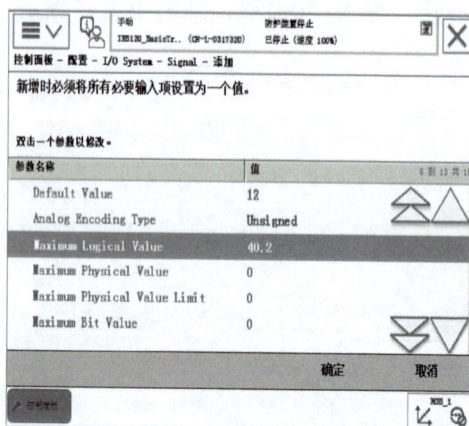

图 2-7-36　设置"Maximum Logical Value"

10）双击"Maximum Physical Value"，然后输入"10"，如图 2-7-37 所示。

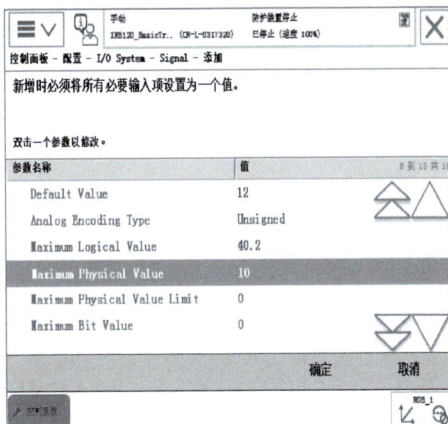

图 2-7-37　设置"Maximum Physical Value"

11）双击"Maximum Physical Value Limit"，然后输入"10"，如图 2-7-38 所示。

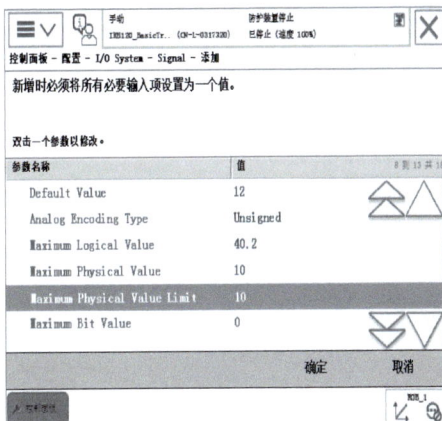

图 2-7-38　设置"Maximum Physical Value Limit"

12）双击"Maximum Bit Value"，然后输入"65535"，如图 2-7-39 所示。

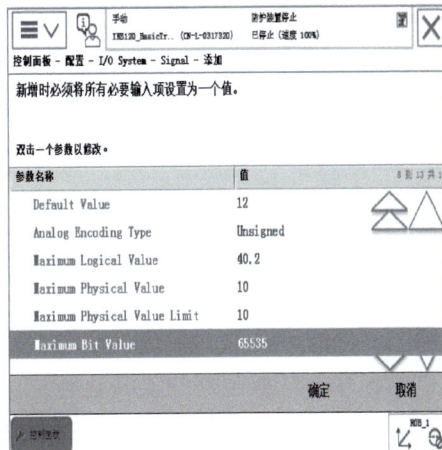

图 2-7-39　设置"Maximum Bit Value"

13）双击"Minimum Logical Value"，然后输入"12"，如图 2-7-40 所示。

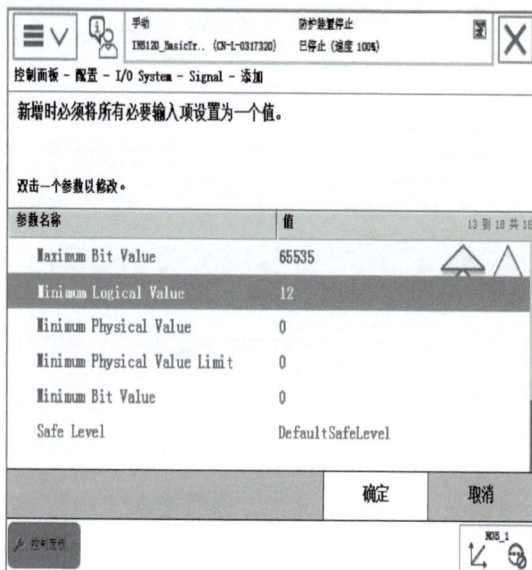

图 2-7-40　设置"Minimum Logical Value"

14）单击"是"，完成设定，如图 2-7-41 所示。

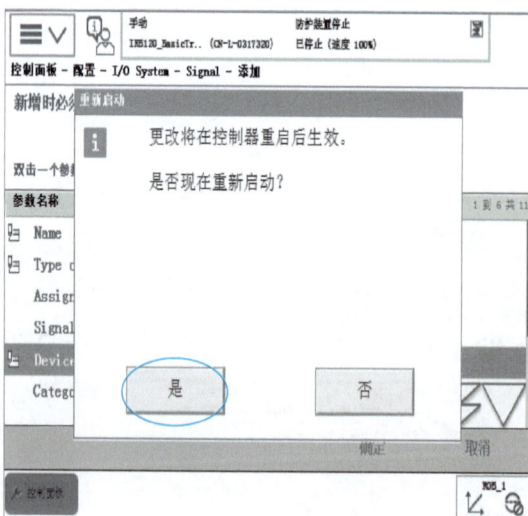

图 2-7-41　设置完成

2.7.4　适配器的连接

1. Profibus 适配器的连接

除了通过 ABB 机器人提供的标准 I/O 板与外围设备进行通信外，ABB 机器人还可以使用 DSQC667 模块通过 Profibus 与 PLC 进行快捷和大数据量的通信。图 2-7-42 为 Profibus 与 PLC 的通信组成，其中 A 为 PLC 主站，B 为总线上的从站，C 为机器人 Profibus 适配器

DSQC667，D 为机器人控制柜。

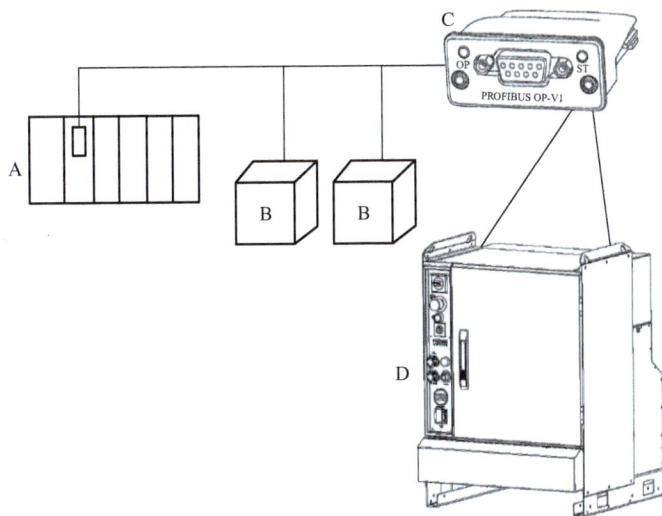

图 2-7-42　Profibus 与 PLC 的通信组成

设置的机器人端 Profibus 地址，需要与 PLC 端添加机器人站点时设置的 Profibus 地址保持一致。

1）从站机器人端 Profibus 地址参数设置见表 2-7-9。

表 2-7-9　从站机器人端 Profibus 地址参数设置

参数名称	设定值	说　明
Name	PROFIBUS_ Anybus	总线网络（不可编辑）
Identification Label	PROFIBUS Anybus Network	识别标签
Address	8	总线地址
Simulated	No	模拟状态

2）从站机器人端 Profibus 输入/输出字节大小设置见表 2-7-10。

表 2-7-10　从站机器人端 Profibus 输入/输出字节大小设置

参数名称	设定值	说　明
Name	PB_ Internal_ Anybus	板卡名称
Network	PROFIBUS_ Anybus	总线网络
VendorName	ABB Robotics	供应商名称
ProductName	PROFIBUS Internal Anybus Device	产品名称
Label	—	标签
Input Size（bytes）	4	输入大小（字节）
Output Size（bytes）	4	输出大小（字节）

Input Size（bytes）和 Output Size（bytes）设置为 4，表示机器人与 PLC 通信支持 32 个数字输入和 32 个数字输出。该参数允许设置的最大值为 64，意味着最多支持 512 个数字输

入和512个数字输出。

具体设置步骤如下：

1）单击左上角主菜单按钮，选择"控制面板"。

2）选择"配置"，双击"Industrial Network"。

3）双击"PROFIBUS_ Anybus"。（如果没有，需要在控制器下找到修改选项，如图2-7-43所示；单击"Anybus Adapters"，选择"PROFIBUS Anybus Device"，如图2-7-44所示；重启控制器，此时就可以找到"PROFIBUS_Anybus"，如图2-7-45所示。）

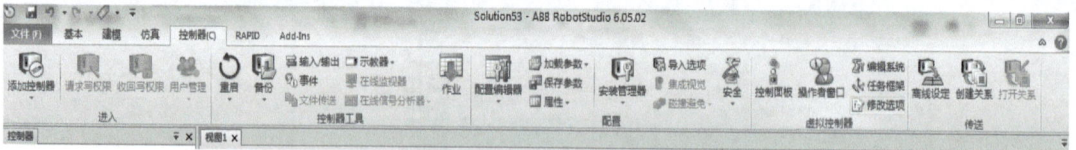

图2-7-43　修改选项

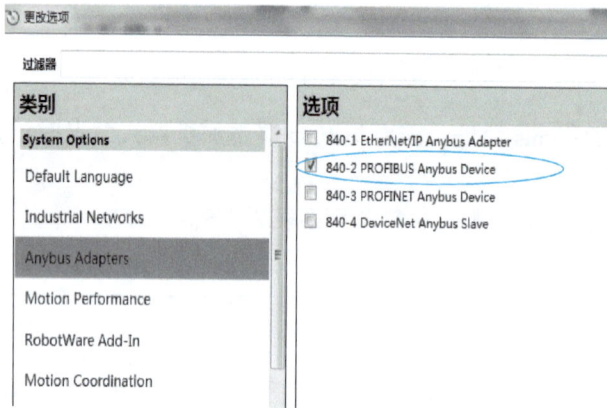

图2-7-44　选择"Anybus Adapters"

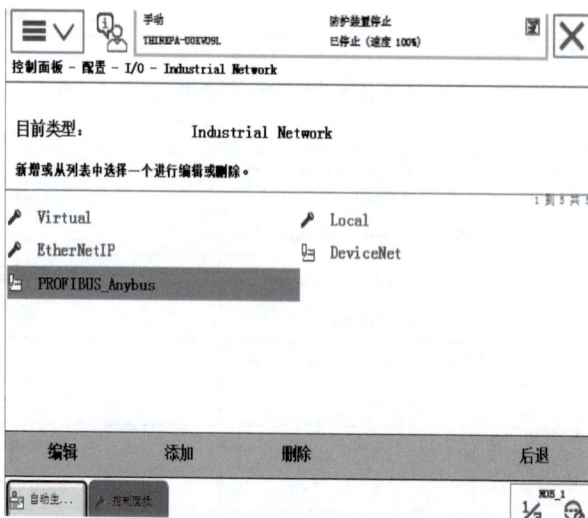

图2-7-45　选中"PROFIBUS_Anybus"

4）双击"Address"，输入"8"，然后单击"确定"。

5）出现是否重启的界面，单击"否"，待所有参数设定完毕再重启。

6）单击"后退"，双击"PROFIBUS Internal Anybus Device"。

7）双击"PB_ Internal_ Anybus"，将"Input Size（bytes）"和"Output Size（bytes）"设定为"4"。这样，该 Profibus 通信支持 32 个数字输入信号和 32 个数字输出信号。

8）单击"确定"，出现是否重启的界面，单击"是"。

基于 Profibus 设定信号的方法和 ABB 标准 I/O 板上设定信号的方法基本一样。要注意的区别就是在"Assigned to Device"中选择"PB_ Internal_ Anybus"，如图 2-7-46 所示。

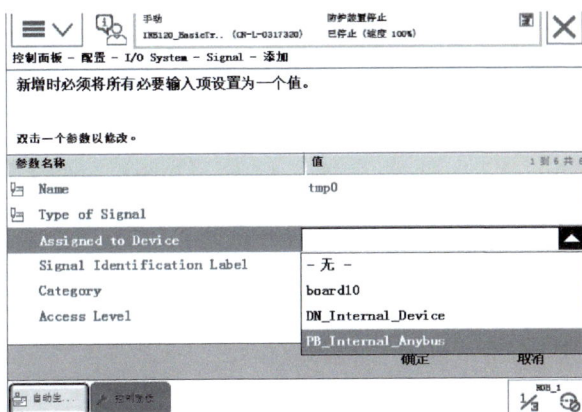

图 2-7-46　设置"Assigned to Device"

2. Profinet 适配器的连接

ABB 机器人还可以使用 DSQC688 模块通过 Profinet 与 PLC 进行快捷和大数据量的通信。如图 2-7-47 所示，A 为工业以太网交换机，B 为机器人 Profinet 适配器 DSQC688，C 为 PLC 主站，D 为机器人控制柜。

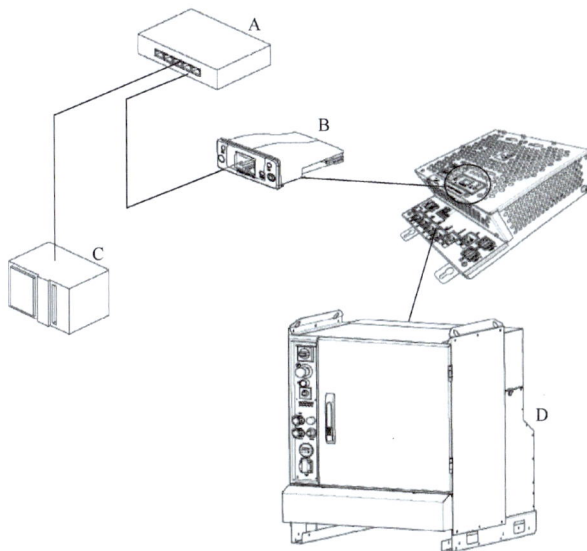

图 2-7-47　Profinet 与 PLC 的通信组成

从站机器人端 Profinet 地址参数设置见表 2-7-11。

表 2-7-11　从站机器人端 Profinet 地址参数设置

参数名称	设定值	说明
Name	PN_ Internal_ Anybus	板卡名称
Network	PROFINET_ Anybus	总线网络
VendorName	ABB Robotics	供应商名称
ProductName	PROFINET Internal Anybus Device	产品名称
Label	—	标签
Input Size（bytes）	4	输入大小（字节）
Output Size（bytes）	4	输出大小（字节）

Input Size（bytes）和 Output Size（bytes）设置为4，表示机器人与 PLC 通信支持32个数字输入和32个数字输出。该参数允许设置的最大值为128，意味着最多支持1024个数字输入和1024个数字输出。

具体设置步骤如下：

1）单击左上角主菜单按钮，选择"控制面板"。

2）选择"配置"，双击"Industrial Network"。

3）双击"PROFINET Internal Anybus Device"。（如果没有，需要在控制器下找到修改选项，单击"Anybus Adapters"，选中"PROFINET Internal Anybus Device"，重启控制器，此时就可以找到"PROFINET Internal Anybus Device"）。

4）双击"PN_ Internal_ Anybus"，将"Input Size（bytes）"和"Output Size（bytes）"设定为"4"。这样，该 Profibus 通信支持32个数字输入信号和32个数字输出信号。单击"确定"。出现是否重启的界面，单击"是"。

基于 Profibus 设定信号的方法和 ABB 标准 I/O 板上设定信号的方法基本一样。要注意的区别就是在"Assigned to Device"中选择"PN_ Internal_ Anybus"。

2.7.5　系统输入/输出与 I/O 信号的关联

将数字输入信号与系统的控制信号关联起来，就可以对系统进行控制（例如电动机开启、程序启动等）。系统的状态信号也可以与数字输出信号关联起来，将系统的状态输出给外围设备，以作控制之用。

1）建立系统输入"电动机开启"与数字输入信号 di1 的关联，操作步骤如下：

① 单击左上角主菜单按钮，选择"控制面板"。

② 选择"配置"，双击"System Input"。

③ 双击"添加"，双击"Signal Name"。

④ 选择"di1"，单击"确定"，如图 2-7-48 所示。

⑤ 双击"Action"，选择"Motors On"，单击"确定"，如图 2-7-49 所示。

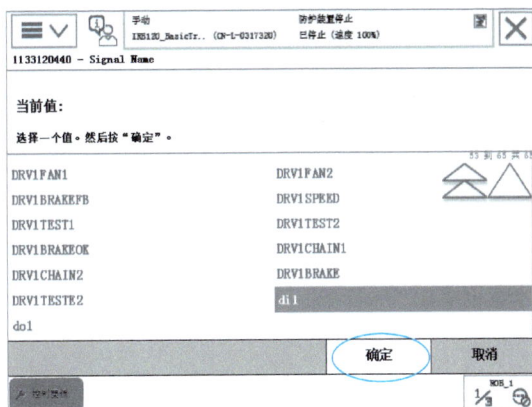

图 2-7-48　选择"di1"

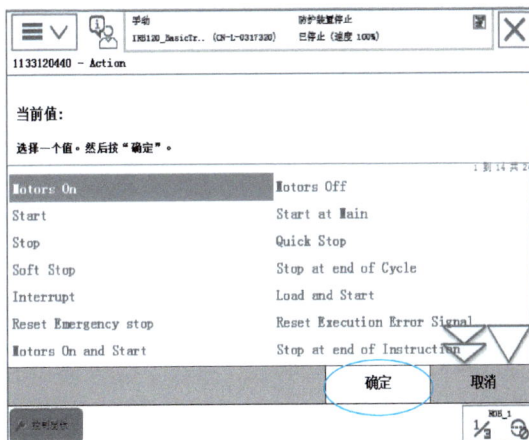

图 2-7-49　选择"Motors On"

⑥ 单击"确定"，出现是否重启的界面，单击"是"，关联完成。

2）建立系统输出"电动机开启"状态与数字输出信号 do1 的关联，操作步骤如下：

① 单击左上角主菜单按钮，选择"控制面板"。

② 选择"配置"，双击"System Output"，如图 2-7-50 所示。

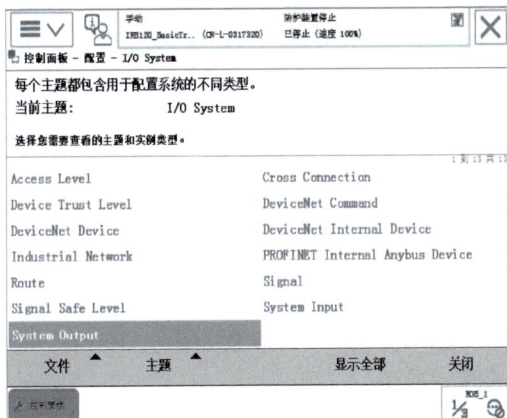

图 2-7-50　选择"System Output"

③ 双击"添加"，双击"Signal Name"。

④ 选择"do1"，单击"确定"。

⑤ 双击"Status"，选择"Motors On State"，单击"确定"，如图 2-7-51 所示。

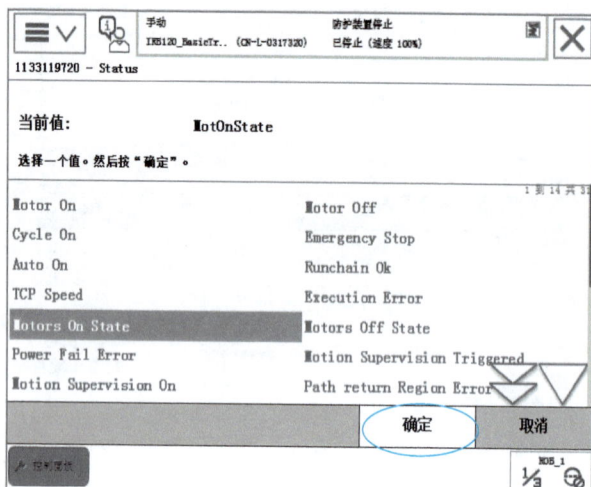

图 2-7-51　选择"Motors On State"

⑥ 单击"确定"，出现是否重启的界面，单击"是"。

2.7.6　示教器可编程按键的使用

示教器可以为可编程按键分配快捷控制的 I/O 信号，以方便对 I/O 信号进行强制和仿真操作。图 2-7-52 为示教器上的可编程按键。

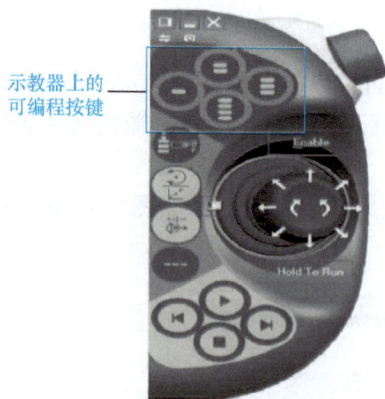

图 2-7-52　示教器上的可编程按键

定义 do1 到可编程按键 1 的步骤如下：

1）单击左上角主菜单按钮，选择"控制面板"。

2）选择"配置可编程按键"，如图 2-7-53 所示。

3）在"类型"中，选择"输出"。

4）选中"do1"。

5）在"按下按键"中选择"按下/松开"功能，如图2-7-54所示。也可以根据实际需要选择按键的动作特性。

6）单击"确定"键，完成设定。就可以通过可编程按键1在手动状态下对do1进行强制操作。

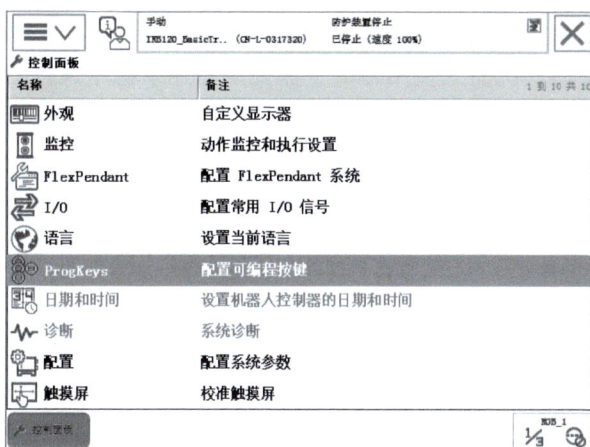

图 2-7-53　选择"配置可编程按键"

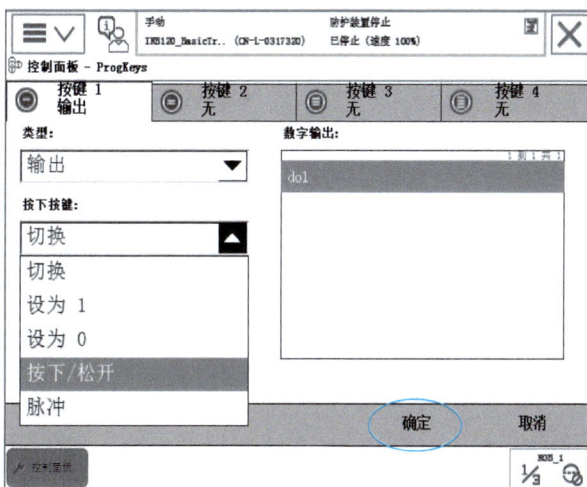

图 2-7-54　选择"按下/松开"功能

2.8　工业机器人的维护保养

工业机器人由许多各种各样的零件组成。正常运行的情况下，零件的性能由于老化、磨损、腐蚀等因素都会逐渐降低。机器人的运行情况是不可能完全相同的，每个零件都会有不同程度的老化和磨损。因此，机器人生产厂家都规定了机器人的保养周期，针对那些可以预料到的，随着时间或使用会产生变化的零件进行调整与更换，目的就是保持机器人的性能一直处于最佳状态，防止小问题变成大故障，确保机器人连续稳定地运行，得到较佳的经济性与较长的使用寿命。因此，必须对机器人进行维护保养。

机器人在全寿命使用过程中应做到经常检查、定期保养、早发现问题、早解决问题，实现以保代修，乃至终身不大修的目的。

表2-8-1对比了定期按照使用说明对机器人进行标准保养与非标准保养对企业造成的不同影响。从表里可以看出，及时正确的保养会使机器人的使用寿命延长，生产效率提高，既能省钱又能免去许多维修带来的麻烦。因为缺乏保养或保养不当引起的机器人故障时有发生，所以正确的保养是延长机器人使用寿命、保证设备连续稳定运行的重要环节。

表2-8-1　标准保养和非标准保养的影响对比

机器人保养主要内容	定期标准保养	非标准保养
齿轮箱润滑油	达到设计寿命，甚至超出设计寿命	寿命缩短，一旦齿轮箱损坏，不但会遭受经济损失，还会停产数日
电池	保证机器人正常生产	每次重启机器人，损失10~15分钟生产时间
机器人本体电缆	及时发现小问题，机器人正常生产	一旦不得不更换电缆，不但会遭受经济损失，还会停产数日
密封与漏油	及时发现，及时解决，保证正常生产	可能造成更多零件损坏，不但会遭受经济损失，还会停产数日
冷却风扇	保证机器人正常生产	电路板损坏原因之一，一旦造成电路板损坏，会遭受经济损失
系统备份	保证机器人正常生产	影响生产，极端情况下不得不停产数日，甚至更多
电流电压	保证机器人正常生产	电路板损坏原因之一，一旦造成电路板损坏，会遭受经济损失
接地线检查	保证机器人正常生产	电路板损坏原因之一，一旦造成电路板损坏，会遭受经济损失

不同厂家生产的机器人，保养周期和保养内容也是不一样的，具体情况要仔细查阅机器人的使用说明书，按照说明书进行维护保养。

2.8.1　ABB机器人的保养

1. 保养周期

表2-8-2给出了不同环境下，ABB机器人的不同保养周期。

表2-8-2　保养周期

环境类型	Ⅰ类环境	Ⅱ类环境
保养周期	每4000小时或1年	每3000小时或1年

注：Ⅰ类环境是指应用在搬运、装配、堆垛、抓取等工作环境。
　　Ⅱ类环境是指应用在弧焊、点焊、铸造、切割、冲压、清洗、喷涂等较为恶劣的工作环境。

保养的时间间隔和机器人所处的工作环境相关，需要根据实际情况缩短或延长时间间隔。

2. 保养备件

为了缩短机器人保养的停工时间，在仓库中经常保存一定数量的常用零部件，叫作备件。机器人的保养备件有以下几种：

1）润滑油脂。

2）电池。

3）冷却风扇。

4）防尘过滤网。

5）接触器触点。

6）其他附件，如电指示灯、保险丝等。

3. 保养内容

工业机器人的保养分为机器人的本体保养和控制柜的保养两大部分。

（1）本体保养

本体保养分为常规检查、功能测量和保养件更换。

1）常规检查包括以下几项内容：

① 本体清洁。具体内容包括根据现场工作对机器人本体进行除尘、清洁。

② 本体和6轴工具端固定检查。具体内容包括检查本体及工具是否固定良好。

③ 各轴限位挡块检查。

④ 电缆状态检查。具体内容包括检查机器人信号电缆、动力电缆、用户电缆、本体电缆的使用状况与磨损情况。

⑤ 密封状态检查。具体内容包括检查本体齿轮箱、手腕等是否有漏油、渗油现象。

2）功能测量包括以下几项内容：

① 机械零位测量。具体内容包括检测机器人的当前零位位置与标准标定位置是否一致。

② 电动机抱闸状态检查。具体内容包括检测打开电动机抱闸电压值，测试各轴电动机抱闸功能。

3）保养件更换包括以下几项内容：

① 本体油品更换。具体内容包括机器人齿轮箱、平衡缸或连杆油品更换。

② 机器人SMB板（机械手内存）的检查及电池更换。具体内容包括检查SMB板的固定连接是否正常，并更换电池。

（2）控制柜保养

控制柜保养分为常规检查、控制柜测量和保养件更换。

1）常规检查。常规检查包括以下几项内容：

① 控制柜清洁。具体内容包括对机器人控制柜外观清洁，控制柜内部进行除尘。

② 控制柜各部件牢固性检查。具体内容包括检查控制柜内所有部件的紧固状态。

③ 示教器清洁。具体内容包括示教器及电缆的清洁与整理。

④ 电路板指示灯状态。具体内容包括检查控制柜内各电路板的状态灯，确认电路板的状态。

⑤ 控制柜内部电缆检查。具体内容包括控制柜内所有电缆插头连接稳固状态，电缆

整洁。

2）控制柜测量。控制柜测量包括以下几项内容：

① 电源电压测量。具体内容包括测量机器人进线电压、驱动电压、电源模块电压，进行整体评估。

② 安全回路检测。具体内容包括检查安全回路（AS，GS，ES）的运行状态是否正常。

③ 示教器功能检测。具体内容包括检测所有按键的有效性，急停回路是否正常，测试触摸屏和显示屏功能。

④ 系统标定补偿值检测。具体内容包括检测机器人标定补偿值参数与出厂配置值是否一致。

⑤ 系统备份和导入检测。具体内容包括检查机器人是否可以正常完成程序备份和重新导入功能。

⑥ 硬盘空间检测。具体内容包括优化机器人控制柜硬盘空间，确保运转空间正常。

3）保养件更换。保养件更换包括以下几项内容：

① 驱动风扇单元更换。具体内容包括驱动单元冷却风扇的更换。

② 保险丝更换。具体内容包括控制柜保险丝的更换。

③ 电动机上电指示灯更换。具体内容包括控制柜操作面板电动机上电按钮内指示灯的更换。

（3）控制柜的保养举例

下面以 IRC5 控制器为例具体介绍控制柜的保养。

表 2-8-3 列出了 IRC5 控制柜常规保养内容。

表 2-8-3　IRC5 控制柜常规保养内容

设备	维护等级	维护间隔	注意事项
所有控制器模块	检查	12 个月	—
滤尘网	清洁	根据需要	只针对个别型号
	更换	24 个月	
冷却风扇	检查	6 个月	—
	更换	12 个月	
示教器	清洁	根据需要	—
接地线/断路器	测试	6 个月	—

1）检查控制柜。

① 检查所有接头处，看密封是否完好，防止灰尘和污垢进入控制器。

② 检查连接器和电缆固定是否完好，确保没有破裂或损坏。

③ 拆下上盖，检查主机冷却风扇，如有损坏则立即更换。

④ 拆下下盖，检查驱动模块冷却风扇。

2）更换滤尘网。

① 如图 2-8-1 所示将滤尘网向上拉。

② 如图 2-8-2 所示将滤尘网朝箭头方向拉出。

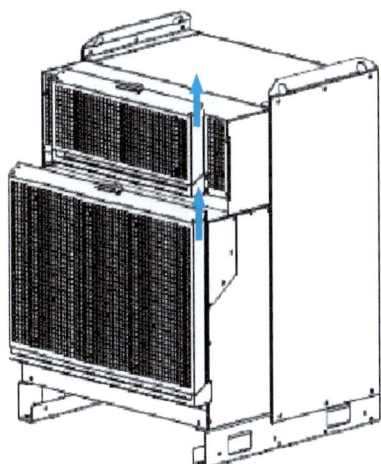

图2-8-1　上拉滤尘网

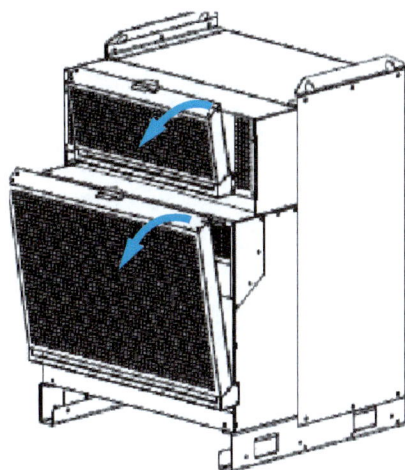

图2-8-2　拉出滤尘网

③ 如图 2-8-3 所示解开锁钩。

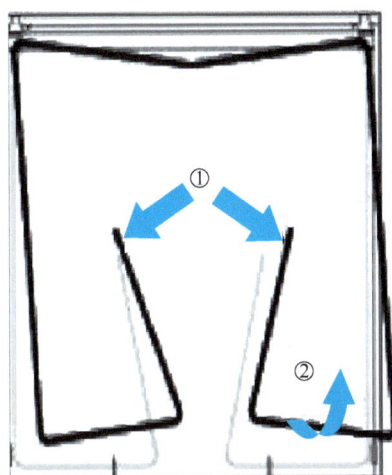

图2-8-3　解开锁钩

④ 使用 30~40 ℃ 的水和少量清洁剂清洗 3~4 次。

⑤ 平放晾干或者用压缩空气吹干，不得用手拧干。

⑥ 将清洁干净的或者新的滤尘网放入并挂上锁口。注意将滤尘网紧密的一面朝向控制器内部。

⑦ 如图 2-8-4 所示将滤尘网朝箭头方向推。

⑧ 如图 2-8-5 所示将滤尘网朝箭头方向推直至推不动。

3）清洁控制柜。清洁前确认所有防护罩已经装好。清洁时使用静电放电保护，清洗外部的时候不能打开控制器的门，不能使用高压喷雾清洁。

① 根据需要用吸尘器清洁控制器内部，可以配合酒精和抹布进行清洁。其他清洁剂可能导致油漆或标签等损坏。

② 拆下驱动模块风扇，使用压缩空气清洁通道。

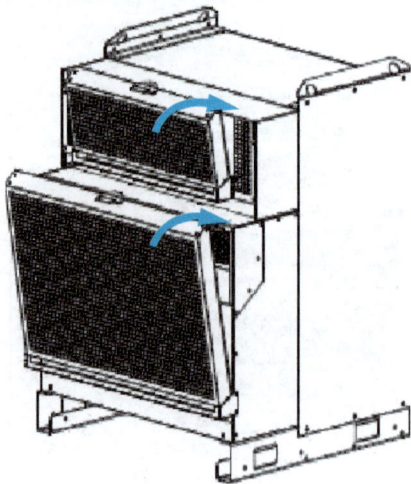

图 2-8-4　推入滤尘网

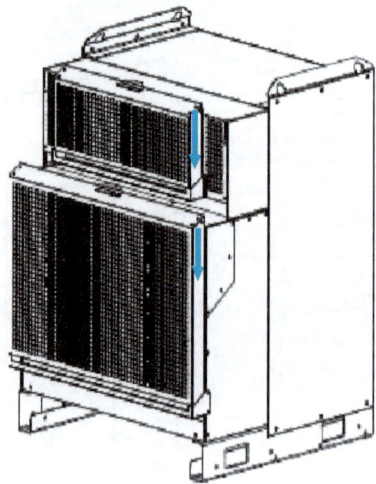

图 2-8-5　下推滤尘网

③ 如果工作环境恶劣，驱动器冷却风扇必须定期清洁，以保证其正常工作。

4）清洁示教器。

① 清洁示教器屏幕前使用锁屏功能将示教器屏幕锁住，使用静电放电保护。

② 使用软布、温水、中性清洁剂清洁示教器屏幕和按键。

2.8.2　FANUC 机器人保养

1. 保养周期

FANUC 机器人的保养周期可以分为日常三个月、六个月、一年、两年、三年。具体保养周期的时间间隔可以根据机器人使用的环境、频率、强度和温度进行适当调整。

2. 保养内容

表 2-8-4 列出了 FANUC 机器人的保养内容。

表 2-8-4　FANUC 机器人的保养内容

保养周期	检查和保养内容
日常	1. 不正常的噪声、振动及电动机温度 2. 周边设备是否可以正常工作 3. 每根轴的抱闸是否正常
三个月	1. 控制部分的电缆 2. 控制器的通风 3. 连接机械本体的电缆 4. 接插件的固定状况是否良好 5. 拧紧机器上的盖板和各种附加件 6. 清除机器上的灰尘和杂物
六个月	更换平衡块轴承的润滑油，其他参见三个月保养内容
一年	更换机器人本体上的电池，其他参见六个月保养内容
三年	更换机器人减速器的润滑油，其他参见一年保养内容

（1）更换电池

FANUC 机器人系统在保养当中需要更换控制柜主板上的电池和机器人本体上的电池。

1）更换控制柜主板上的电池。程序、系统变量等数据被存储在主板内的 SRAM（静态随机存取存储器）中。SRAM 存储器是靠安装在主板的电池盒中的锂电池提供电源的，因此，即使主电池失效，上述数据也不会丢失。新电池可以在 2～3 年内保持存储器的内容。当电池的电压下降时，示教器上会显示出电池电压下降的报警（SYST-035）。

一般说来，从报警信号第一次显示起，电池应在 1～2 周之内更换。1～2 周只是一个大致标准，实际能够使用多久因系统的不同有所差异。如果电池的电压进一步下降，将不能备份 SRAM 存储器的内容。在此状态下接通机器人控制柜的电源，由于 SRAM 存储器的内容将会消失，系统不会起动，这时需要更换旧电池，并将原先备份的数据重新加载。因此，平时注意用 Memory Card 定期备份数据。控制柜主板上的电池每两年换一次。

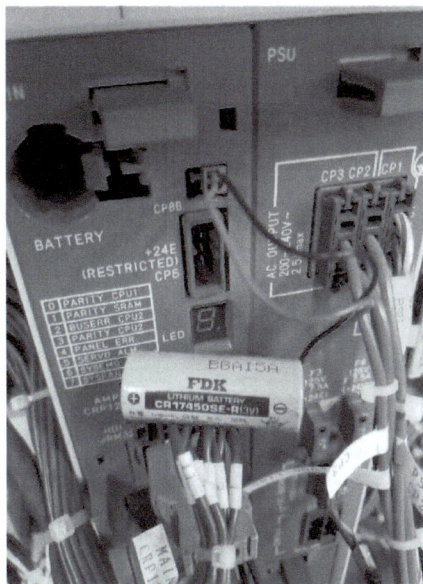

图 2-8-6　取下主板上的旧电池

更换存储器的备用电池时，应断开机器人控制柜的外部电源。具体步骤如下：

① 准备一节新的锂电池（推荐使用 FANUC 原装电池）。

② 机器人通电开机正常后，等待 30s。

③ 机器人断电，打开控制柜，拔下接头，取下主板上的旧电池，如图 2-8-6 所示。

④ 装上新电池，插好接头。

2）更换机器人本体上的电池。机器人本体上的电池用来保存每根轴编码器的数据，因此电池需要每年都更换。在电池电压下降报警 "SRVO‐065 BLAL alarm（Group：%d Axis：%d）" 出现时，允许用户更换电池。若不及时更换，则会出现报警 " SRVO‐062 BZAL alarm（Group：%d Axis：%d），SHANGHAI-FANUC47"，此时机器人将不能动作。遇到这种情况再更换电池，还需要做零点复位，才能使机器人正常运行。

具体步骤如下：

① 保持机器人电源开启，按下机器人急停按钮，不要断电。

② 打开电池盒的盖子，拿出旧电池。

③ 换上新电池（推荐使用 FANUC 原装电池），注意不要装错正负极（电池盒的盖子上有标识），如图 2-8-7 所示。

④ 盖好电池盒的盖子，上好螺钉。

图 2-8-7　换上新电池

（2）更换润滑油

FANUC 机器人每工作三年或工作 10000 小时，需要更换 J1、J2、J3、J4、J5、J6 轴减速器润滑油和 J4 轴齿轮盒的润滑油。某些型号机器人如 S－430、R－2000 等每半年或工作 1920 小时还需更换平衡块轴承的润滑油。

1）更换减速器和齿轮盒润滑油。具体步骤如下：

① 机器人断电。

② 拔掉出油口塞子。

③ 从进油口处加入润滑油，直到出油口处有新的润滑油流出时，停止加油。进油口如图 2-8-8 所示，出油口如图 2-8-9 所示。

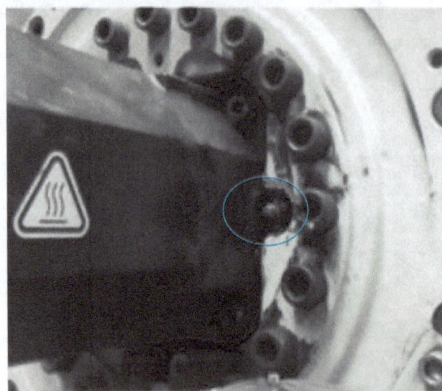

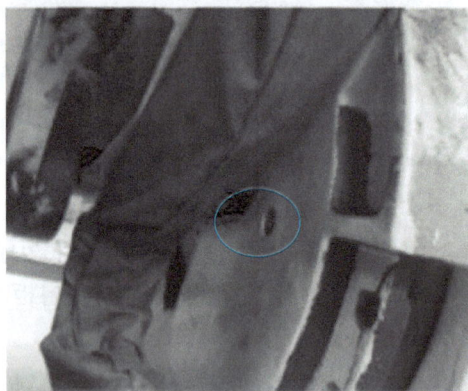

图 2-8-8　进油口　　　　　　　　　　　图 2-8-9　出油口

④ 让机器人被加油的轴进行反复转动，动作一段时间，直到没有油从出油口处流出。

⑤ 把出油口的塞子重新装好。

注意：错误的操作将会导致密封圈损坏，为避免发生错误，保养操作人员应考虑以下几点：

① 更换润滑油之前，要将出油口塞子拔掉。

② 使用手动油枪缓慢加入。

③ 避免使用工厂提供的压缩空气作为油枪的动力源。

④ 必须使用规定的润滑油，其他润滑油会损坏减速器。

⑤ 更换完成后，确认没有润滑油从出油口流出，将出油口塞子装好。

⑥ 为了防止滑倒事故的发生，将机器人和地板上的油污彻底清除干净。

2）更换平衡块轴承润滑油。具体操作如下：

直接从加油嘴处加入润滑油，每次不需要太多，大约 10mL 即可。

知 识 拓 展

2020 年中国国际工业博览会上的工业机器人

以"智能、互联——赋能产业新发展"为主题的第 22 届中国国际工业博览会于 2020

年9月15日上午在上海的国家会展中心正式开幕。很多工业机器人生产厂家在博览会上推出了新型的工业机器人。

ABB推出小型六轴工业机器人IRB 1300，以满足市场对更快速、更紧凑的机器人的需求。该机器人能够快速举起重型或形状复杂、不规则的物料。IRB 1300承袭了IRB 1600高达10kg的有效负载，节拍时间缩短了27%，重量减轻60%，占地面积缩小83%。IRB 1300占地面积仅为220mm×220mm，专为狭小空间作业设计，使更多机器人可以部署在有限空间内，如图2-9-1所示。

FANUC在中国首次展出CRX－10iA全新一代协作机器人，如图2-9-2。CRX－10iA具备高安全性、高可靠性、便捷使用三大特点。作为一款小型协作机器人，CRX－10iA最大负载为10kg，可达半径1249mm，其长臂型机型为CRX－10iA/L，动作可达半径达1418mm。CRX针对小型部件的搬运、装配等应用需求，为用户提供精准、灵活、安全的人机协作解决方案。

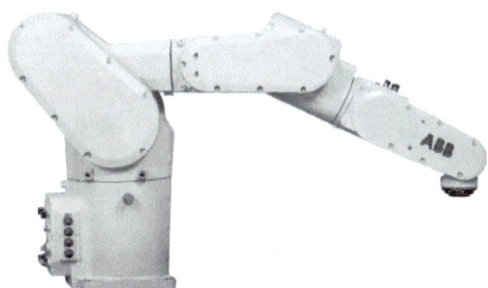

图2-9-1　ABB公司工业机器人IRB 1300

图2-9-2　FANUC公司工业机器人CRX－10iA

除了全新协作机器人外，FANUC还重磅推出两款新型SCARA机器人，帮助不同行业的用户更好地提高生产效率和生产过程的灵活性。SR－12iA负载12kg，臂展900mm，SR－20iA负载20kg，臂展1100mm，如图2-9-3。两款机器人在继承FANUC SCARA系列高紧凑性和高动作性能的同时，兼备高负载的特性。

图2-9-3　FANUC公司工业机器人SR－12iA（左）和SR-20iA（右）

当今，在物联网和大数据等技术下，智能制造被赋予了新的内涵，企业需要数字化转型，这在业内已是共识。为此 FANUC 重点带来了可网络下单、个性定制、直达工厂的定制化生产远程下单示范，结合物联网、大数据技术的 FANUC 云端服务系统 ZDT，以及生产车间数字化管理解决方案 Smart LINK SCADA，利用自动化与信息化共同打造全新数字化工厂。

机器人模型和双色杯的远程下单定制化生产，用户在展台通过微信远程下单后，可凭借远程监控查看实时生产画面并能获取订单的生产进度信息，如图 2-9-4。

图 2-9-4　远程下单云端服务系统 ZDT

思考与练习

1. 填空题

1）（　　）是连接基座和手腕的部分，它由（　　）和（　　）等构成。

2）工业机器人的臂部按结构形式分可分为（　　）、（　　）及（　　）。常见的形式是（　　）和（　　）。

3）为防止手臂在直线运动中，沿运动轴线发生相对转动，应设置（　　）。

4）（　　）决定了机器人的手臂所能到达的角度位置。

5）直角坐标机器人通常把（　　）轴水平移动的自由度归为臂部部分。

6）机器人基座是连接、支撑（　　）及（　　）的部件，用于安装臂部的（　　）或（　　）。

7）行走机构通常由（　　）、（　　）、（　　）、（　　）、电缆和管路等构成。

8）无固定轨迹机器人主要有（　　）、（　　）和（　　）等。

9）履带式行走机构的形状主要有（　　）、（　　）等。

2. 简述机器人机械系统的组成。

3. 简述机器人手部的作用及分类。

4. 机器人夹持式手部有哪些典型传动机构？

5. 机器人吸附式手部分为哪两种？各有何特点？

6. 机器人腕部的作用是什么？

7. 简述工业机器人臂部的特点。

8. 简述机器人基座的作用。

9. 简述履带式行走机构的优缺点。

10. 工业机器人驱动系统常用的三种驱动方式是什么？

11. 工业机器人的传动装置有哪几种？

12. 简述工业机器人内部传感器和外部传感器的区别。

13. 列举两种工业机器人传感器的应用。

14. 工业机器人的坐标系有哪几种？各在什么情况下使用？

15. 示教器使能按钮的作用是什么？

第3篇

应用篇 工业机器人技术应用

工业机器人是在工业生产中通过自身动力和控制能力来执行工作任务的自动化机械装备，具有可自动控制、再编程及柔性运行等特点，在工业发展中，工业机器人自动化生产线已经成为自动化装备的主流和未来的发展方向。目前，在汽车、电子电器、工程机械、建筑、煤业、化工等行业已经大量装备工业机器人自动化生产线，来保证产品质量，提高生产效率。

学习目标

1. 了解工业机器人搬运、焊接和装配的定义。
2. 掌握工业机器人搬运、焊接和装配的工作特点。
3. 了解工业机器人搬运、焊接和装配的应用。

3.1 工业机器人搬运

3.1.1 工业机器人搬运简介

1. 工业机器人搬运的定义

工业机器人搬运是指通过在搬运机器人上安装一种专用设备来握持工件，将输送线上的工件从一个位置移到另一个位置的操作，是近代自动控制领域出现的一项高新技术，它涉及到力学、机械学、电气技术、液压与气压技术、自动控制技术、传感器技术、单片机技术和计算机技术等学科领域，现已成为现代机械制造生产体系中的一项重要组成部分。搬运机器

工业机器人搬运

人广泛应用于冲压机自动化生产线、自动装配流水线、物料码垛、集装箱等的自动搬运，并且通过安装不同的末端执行器或夹具来完成各种不同形状和状态的工件的搬运工作，大大减轻了人类繁重的体力劳动。工业机器人搬运的主要特点是通过编程完成各种预期的工作任务，在自身结构和性能上体现了人工智能和工作环境适应性的优势。世界上最早的搬运机器人出现在 1960 年的美国，Versatran 和 Unimate 两种机器人首次用于搬运作业。图 3-1-1 为搬运作业中的工业机器人。

2. 机器人搬运的特征

随着各种工业机器人智能搬运的发展和应用，它的积极作用正日益为人们所认识，首先，它能部分的代替人工操作；其次，它能按照生产工艺的要求，遵循一定的程序、时间和位置来完成工件的传送和装卸；再次，它能操作必要的机具进行物料搬运，从而大大地改善了工人的劳动条件，显著地提高了劳动生产率，加快实现工业生产机械化和自动化的步伐。

图 3-1-1 搬运作业中的工业机器人

3.1.2 搬运机器人的分类

1. 按用途来分类

（1）机床上下料搬运机器人

目前在机床加工行业中，为提高生产效率，满足加工精度高、批量加工速度快这一要求，必须配置自动化生产线，针对机床方面进行全方位自动化处理，使工人从繁重的体力劳动中解放出来。根据加工零件的形状及加工工艺的不同，采用不同的机械手搬运系统，同时根据具体加工工件的几何形状、重量、加工工艺和工作节拍，采用不同形状及结构类型的手爪及机器人的型号。工业机器人搬运这一功能的应用尤为重要，在各类搬运机器人中，直角坐标机器人是在机床行业内使用最多的一类工业机器人，包括数控车床上下料机器人、数控冲床上下料机器人、数控加工中心上下料机器人等。机床上下料搬运机器人采用一个水平运动轴（X 轴）和上下运动轴（Z 轴）运动来完成工件抓取、搬运和取走运动。

在操作过程中可以用单台机器人对多台机床进行上下料，也可以用多台机器人联机上下料实现自动化生产过程控制。无论多台机器人同步工作，还是单台机器人独立工作，从其本质上来说是相近的，直角坐标机器人非常适合各种机床上下料应用，它不仅比其他机器人成本低，而且效率更高，因此在机床加工上下料搬运方面广泛应用。

（2）物料搬运机器人

物料搬运机器人在实际工作中就是一个机械手，在一定程度上改善了工人的劳动条件，显著地提高了劳动生产率，加快实现工业生产机械化和自动化的步伐，因而受到很多国家的重视，投入大量的人力物力来研究和应用，尤其是在高温、高压、粉尘、噪声以及带有放射性和污染的场合，应用的更为广泛。近几年我国的物料搬运机器人也有较快的发展，并且取得一定的效果，受到业界的重视。物料搬运机器人机械手的结构形式比较简单，专用性较强。随着工业技术的发展，已研制出能够独立的按程序控制实现重复操作、适用范围比较广的"程序控制通用机械手"，简称通用机械手。由于通用机械手能很快地改变工作程序，适应性较强，所以它在不断变换生产品种的中小批量生产中获得广泛的应用。

（3）AGV 智能搬运机器人

AGV 智能搬运机器人即无人搬运车（Automated Guided Vehicle，AGV），指装备有电磁或光学等自动导引装置，能够沿规定的导引路径行驶，具有安全保护以及各种移载功能，不需驾驶员操作的运输车，一般采用蓄电池作为其动力来源。AGV 在工厂里面的主要任务就是搬运物料，在工作过程中可通过计算机或中央控制系统来控制其行进路线以及行为，也可以利用电磁轨道来设计其行进路线，电磁轨道粘贴在地板上，无人搬运车则依循电磁轨道所带来的信息进行移动与动作。在小车运行的过程中，由于它配备了自动避障系统，当检测到前方有障碍物时，会分段减速，直至停止。AGV 采用超声波检测系统，实现锥形探测，提高了检测结果的精确度，因此也提高了运行效率。图 3-1-2 为 AGV 智能搬运机器人。

图 3-1-2　AGV 智能搬运机器人

2. 按结构来分类

（1）龙门式搬运机器人

龙门式搬运机器人一般为直角坐标机器人，其坐标系主要由 X 轴、Y 轴和 Z 轴组成。多采用模块化结构，可依据负重吨位搬运，编程方便快捷，广泛应用于生产线转运及机床上下料等大批量生产过程。图 3-1-3 为龙门式搬运机器人。

（2）悬臂式搬运机器人

其坐标系主要由 X 轴、Y 轴和 Z 轴组成，也可随不同的应用采取相应的结构形式。广泛应用于卧式机床、立式机床及特定机床内部和冲压机热处理机床自动上下料。图 3-1-4 为悬臂式搬运机器人。

图 3-1-3　龙门式搬运机器人

图 3-1-4　悬臂式搬运机器人

（3）侧臂式搬运机器人

其坐标系主要由 X 轴、Y 轴和 Z 轴组成，可随不同的应用采取相应的结构形式。主要应用于立体库类，如档案自动存取、全自动银行保管箱存取系统等。

（4）摆臂式搬运机器人

其坐标系主要由 X 轴、Y 轴和 Z 轴组成。Z 轴主要进行升降，也称为主轴；Y 轴的移动主要通过外加滑轨来完成；X 轴末端连接控制器，其绕 X 轴的转动实现 4 个轴联动。广泛应用于国内外生产厂家，是关节机器人的理想替代品，但其负载程度比关节机器人小。

（5）关节式搬运机器人

关节式搬运机器人是当今工业产业中常见的机型之一，一般为 5～6 个轴，行为动作类似于人的手臂，具有结构紧凑、占地空间小、相对工作空间大、自由度高等特点，适用于几乎任何轨迹或角度的工作场合。

3.1.3　搬运机器人的典型行业应用

近年来随着工业自动化水平的不断提高，企业用工成本不断上涨，各种节省人力的工业机器人正逐步被广泛应用，搬运机器人代替人工搬运是工业发展的必然趋势，被广泛应用于各个行业。

1. 仓储业

仓储业是最早应用工业机器人的领域。2017 年，由菜鸟网络打造的我国最大的机器人仓库在广东惠阳投入使用。目前菜鸟网络智慧仓内单个 AGV 搬运机器人形同"扫地机器人"。在这里，有超过百台机器人既能相互协作执行同一个订单拣货任务，也能独自执行不同的拣货任务，并且可以做到运行井然有序，能相互识别，并根据任务优先级来相互礼让。

2. 制造业

搬运机器人在制造业的生产线中大显身手，高效、准确、灵活地完成物料的搬运任务，并且可由多台搬运机器人组成柔性的物流搬运系统，搬运路线可以随着生产工艺流程的调整而及时调整，使一条生产线上能够制造出十几种产品，大大提高了生产的柔性和企业的竞争力。2013 年，广东锻压机床厂内出现了一条由嘉腾的 AGV 搬运机器人、鼎峰的摇臂式机械手、广东锻压机床厂的新型伺服液压冲床和利迅达机械臂四个机械化智能设备组成的生产线。整个生产过程无需任何人参与，只要保持电力输送即可。原本需要 10 个人完成的这道生产线工序，现在只需要两个人分别在一头一尾监控生产器件的上下即可，省下了 8 个人的劳动力。目前，搬运机器人在世界上主要汽车制造厂，如通用、丰田、克莱斯勒、大众等的制造和装配线上得到了普遍应用。

3. 邮局、图书馆、港口码头和机场等场合

在邮局、图书馆、码头和机场等场合，物品的运送存在着作业量变化大、动态性强、作业流程经常调整以及搬运作业过程单一等特点，AGV 的并行作业、自动化、智能化和柔性化的特性能够很好地满足上述场合的搬运要求。2017 年，亚洲首个真正意义上的全自动化集装箱新码头在青岛港正式启用。整个码头作业现场"空无一人"，机器人来回穿梭，集装箱全自动装卸。这个码头的设计作业效率达每小时 40 个通用自然箱，比传统码头提升 30%，同时节省工作人员 70%，是当今世界自动化程度最高、装卸效率最快的集装箱码头。

4. 烟草、医药、食品、化工等行业

对于搬运作业有清洁、安全、无排放污染等特殊要求的烟草、医药、食品、化工等行业中，AGV 的应用也受到重视。在国内的许多卷烟企业，如青岛颐中集团、玉溪红塔集团、红河卷烟厂、淮阴卷烟厂都应用了激光引导式 AGV 完成托盘货物的搬运工作。

3.1.4 实际举例

选取搬运机器人中的物料码垛功能，完成图 3-1-5 所示的工作任务，以某品牌的搬运码垛机器人为例，进行简单介绍。

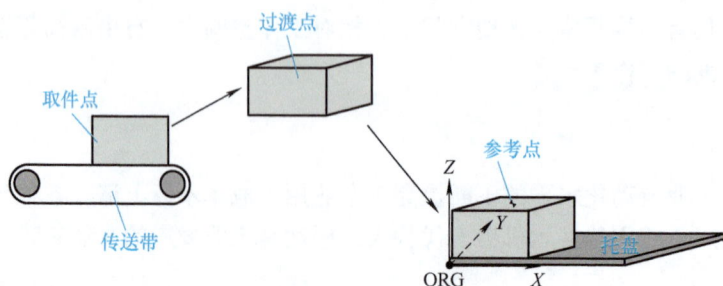

图 3-1-5　物料码垛案例

托盘：用于放置码垛的物品（区域）。本例中托盘尺寸为 1000mm × 1000mm × 10mm。

码垛工艺指令数量：共 50 个，即最多能支持 50 个托盘。

排样数：摆放方式，范围 1～99，即最多可实现 99 种不同的排放方式，通常 1 层 1 种排样。本例中排样数为 2，按奇偶层摆放。

取件点：传送带运送至实际抓取工件的位置。

参考点：即第一个垛的摆放位置，以后每个垛的坐标以其为基准进行偏移、计算。对于六轴机型，该参考点不记录位置姿态，以后示教其他垛位时，不能变化大地坐标或用户坐标的 A、B 轴（C 轴可以任意变化）。

过渡点：当前码垛工艺中，用于机器人从外部机构（如传送带）上抓取物体后向托盘移动过程中的中间点。

垛位点：该垛的坐标数据，其中包含 X、Y、Z 和角度。

辅助点-准备点：主要是当前垛位点高度方向的偏移。需要斜进时，可设置 X、Y 方向的偏移，方向为用户坐标方向；需要设置为手动时，抓住工件后，高度要高于已经摆好的工件的高度。

辅助点-离开点：主要是当前垛位点高度方向的偏移。一般只要手爪离开工件即可。

本例中工件尺寸为 600mm × 380mm × 200mm。

1. 准备工作

（1）编辑 PLC 控制工件夹具，方便后面程序的编辑

在示教器面板上 M160～M169 的 10 个辅助继电器，可通过直接操作键盘（安全开关必须有效时）实现对 M 辅助继电器状态的控制，通过对 PLC 的编辑即可实现对夹具的控制，夹取工件。

为实现对夹具的控制，通常需编辑 PLC。PLC 梯形图如图 3-1-6 所示。

图 3-1-6　PLC 梯形图

说明：

① Yxx 代表控制夹具电磁阀的输出口。

② 编辑数量根据控制对象决定，但最多不能超出 10 个。

（2）建立用户坐标系

说明：用户坐标系的建立参照右手法则。在建立托盘坐标时，Z 的正方向通常远离托盘，为此需要在建立托盘坐标时考虑坐标系的建立方向。

在"运行准备"的"用户坐标设置"界面设置用户坐标系（如图 3-1-7 所示），每一个托盘设置一个（也可叫托盘坐标系）。

进入"用户坐标设置"界面（如图 3-1-8 所示），选择好用户坐标号后单击"校验"键，进入"用户坐标校验"界面，首先选择"ORG 值"，确定原点，如图 3-1-9 所示。

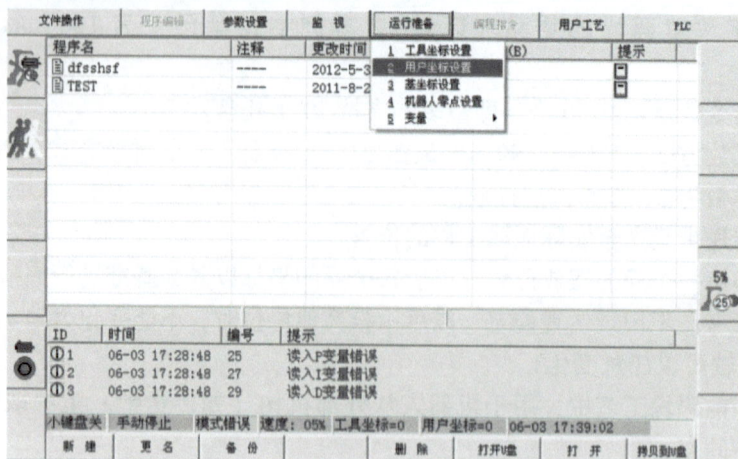

图 3-1-7　"用户坐标设置"界面

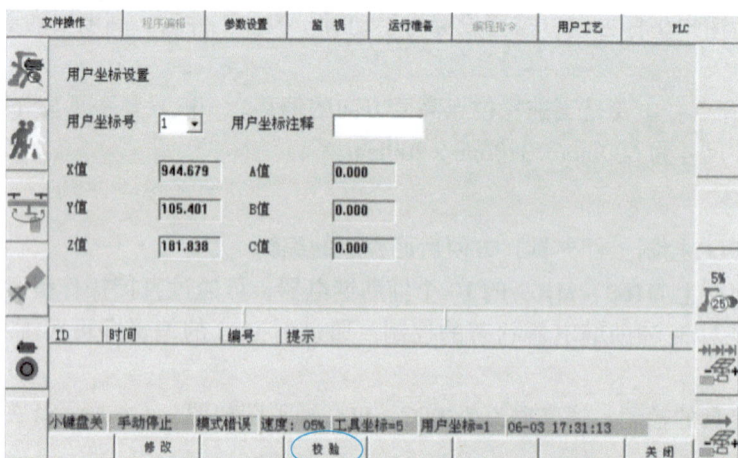

图 3-1-8　进入"用户坐标设置"界面

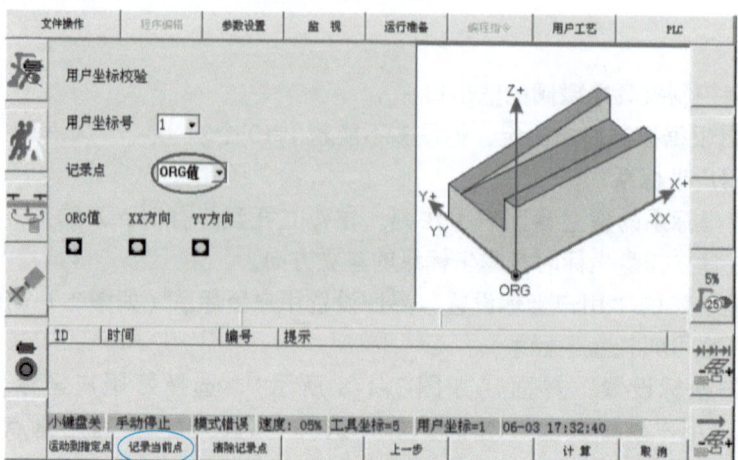

图 3-1-9　进入"用户坐标校验"界面

将机器人末端尖点（最好在机器人末端固定一个尖状物，方便观察）移动到托盘的一个角的端点上。之后单击"记录当前点"键，记录用户（托盘）坐标系的原点。

选择"XX方向"确定 X 边，如图 3-1-10 所示。

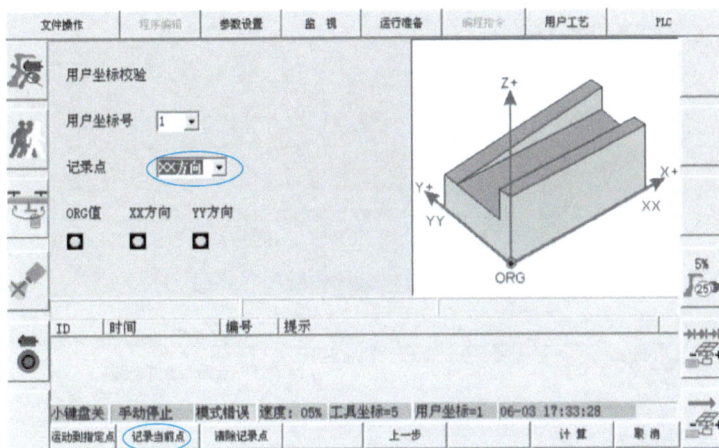

图 3-1-10 设置"XX方向"

设置用户（托盘）坐标系的 X 方向，即将机器人末端尖点移动到托盘的一边的边沿。之后单击"记录当前点"键，记录用户（托盘）坐标系的 XX 方向。

选择"YY方向"确定 Y 边，如图 3-1-11 所示。

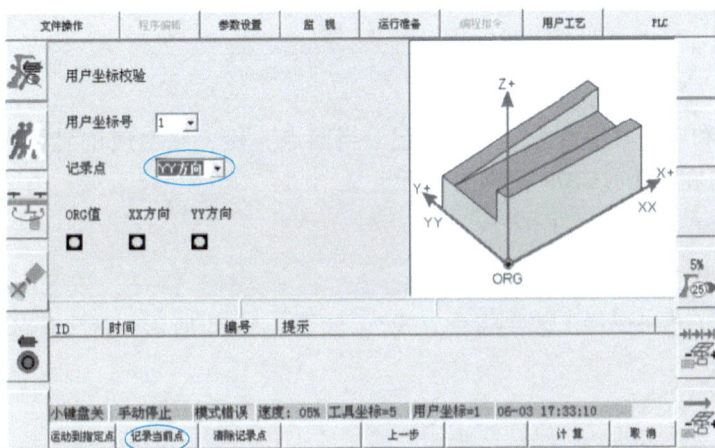

图 3-1-11 设置"YY方向"

设置用户（托盘）坐标系的 Y 方向，即将机器人末端尖点走到托盘的另一边的边沿。之后单击"记录当前点"键，记录用户（托盘）坐标系的 YY 方向。

在确定好原点、XX 方向、YY 方向后，单击"计算"键，系统自动完成当前用户（托盘）坐标系的计算，确定了托盘的坐标系及方向，方便码垛时的坐标设置。

（3）设置辅助点

选择"运行准备→变量→全局 P 变量"，如图 3-1-12 所示，进入全局变量设置界面（如图 3-1-13 所示），设置传送带上的取件点和准备取件点。

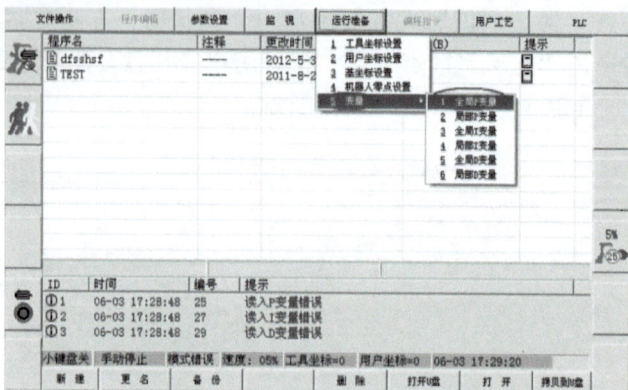

图 3-1-12　进入全局变量设置界面

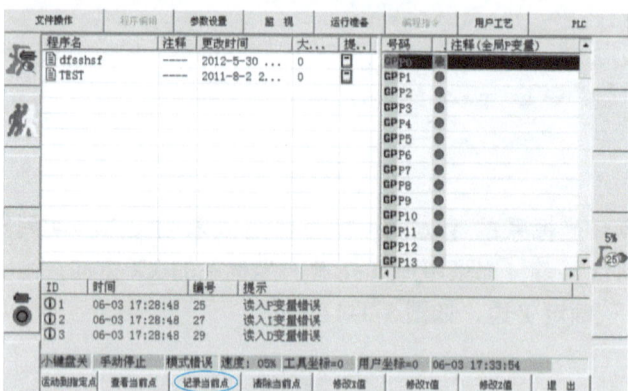

图 3-1-13　全局变量设置界面

找好取件点和准备取件点后，单击"记录当前点"键，将对应的坐标存在 GP 变量中，GP 变量的编号可在 GP0 ~ GP79 范围内自行定义。

2. 码垛工艺设置

（1）建立码垛工艺号

选择"用户工艺→码垛工艺—指令方式"，如图 3-1-14 所示，进入码垛工艺设置界面，如图 3-1-15 所示。

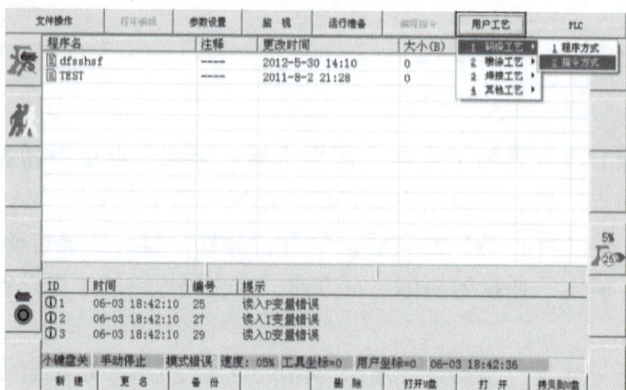

图 3-1-14　进入码垛工艺设置界面

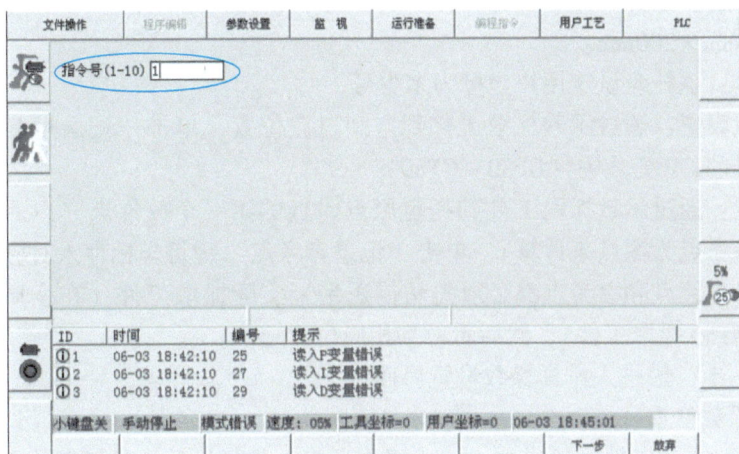

图 3-1-15 码垛工艺设置界面

输入码垛工艺编号（范围 0~9），一个号对应一个托盘。

单击"下一步"键，进入基本参数设置界面。

（2）基本参数设置

图 3-1-16 为码垛基本参数设置界面。

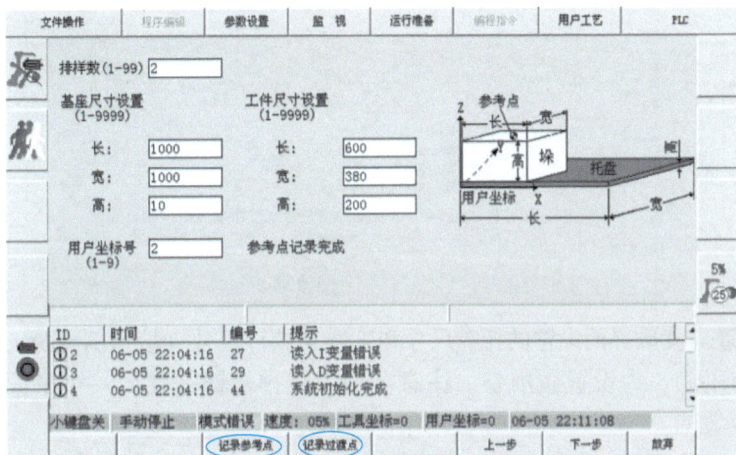

图 3-1-16 码垛基本参数设置界面

对排样数、基座尺寸、工件（垛）尺寸、用户（托盘）坐标号、参考点、空间过渡点进行设置。

排样数：在整个托盘中有多少种排样方式。本例中排样数为 2，按奇偶层摆放。

说明：

① 如果每层都是一样的摆放，那就只有一种排样。

② 如果只分奇偶方式摆放，那就是两种排样，即奇数层一种，偶数层一种。

③ 如果每一层的摆放都不一样的话，那有多少层就会有多少种排样。

基座尺寸设置：按界面图示设置托盘的长、宽、高，单位 mm。本例中托盘尺寸为 1000mm × 1000mm × 10mm。

工件尺寸设置：按界面图示设置工件（垛）的长、宽、高，单位 mm。本例中工件尺寸为 600mm×380mm×200mm。

用户坐标号：该托盘设定用户坐标为多少号。

空间过渡点设置：通过示教抓取工件到空间过渡位置，单击"记录过渡点"键将坐标存入对应工艺号的 GP 变量中（GP80～GP89）。

参考点设置：通过示教抓取工件到托盘原点附近的第一个放件点（以后每一个垛的坐标都是以这个参考点为零点来计算），单击"记录参考点"键将坐标存入对应工艺程序中。

说明：记录过渡点和参考点都必须先从传送带上实际抓取工件（在全局变量中，运行到取件点，按 M160 抓取工件），然后示教到相应位置记录。

单击"下一步"键进入排样垛数设置界面。

（3）排样垛数设置

根据托盘的大小和工件（垛）的大小，规划出每种排样垛的数量及摆放方式。图 3-1-17 为排样垛数设置界面。

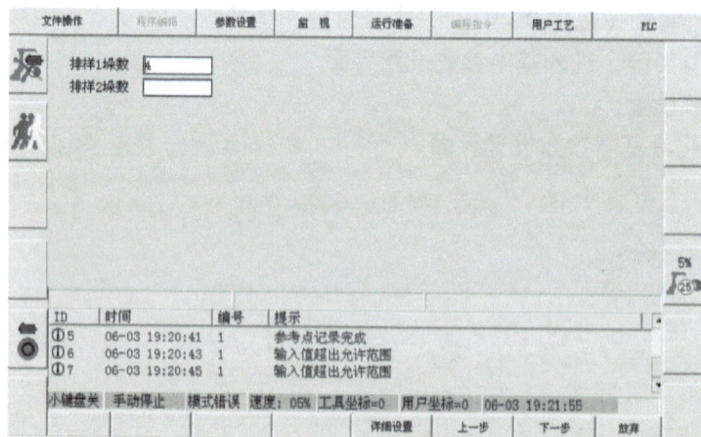

图 3-1-17　排样垛数设置界面

根据在码垛基本参数界面设置的托盘尺寸和工件（垛）尺寸（按举例说明），确定图 3-1-18 所示布局（忽略间隙），为设置做准备。注意：每一组排样都是在同一个平面（都是基于托盘的第一层）设置的。

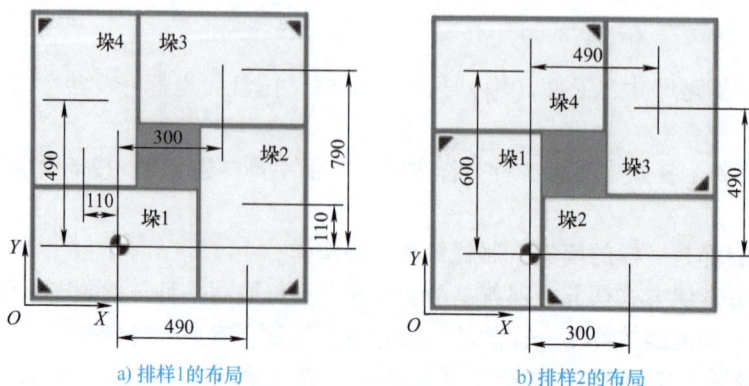

a) 排样1的布局　　　　　　b) 排样2的布局

图 3-1-18　排样布局

在排样垛数设置界面中，在"排样1垛数"框内输入"4"后，单击"详细设置"键，进入排样1详细设置界面，如图3-1-19所示。

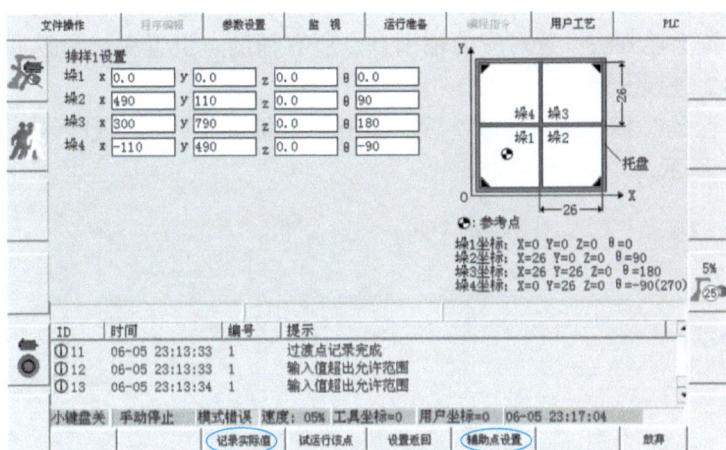

图 3-1-19　排样 1 详细设置界面

垛1与参考点是一致的，垛2~4都是以垛1的中心点（参考点）为零点，在用户（托盘）坐标系里偏移，θ角以右手螺旋法则来确定。垛2~4的坐标值可以直接输入，也可以抓取工件到实际位置后单击"记录实际值"键记录，记录完成后其对应的坐标会显示在界面。也可通过单击"试运行该点"键验证设置是否正确。

每个垛的摆放位置设置完成后，需要进行辅助点设置，即设置准备放件点和离开点，光标选中一个垛，按"辅助点设置"，进入对应垛的辅助点设置界面，如图3-1-20所示。

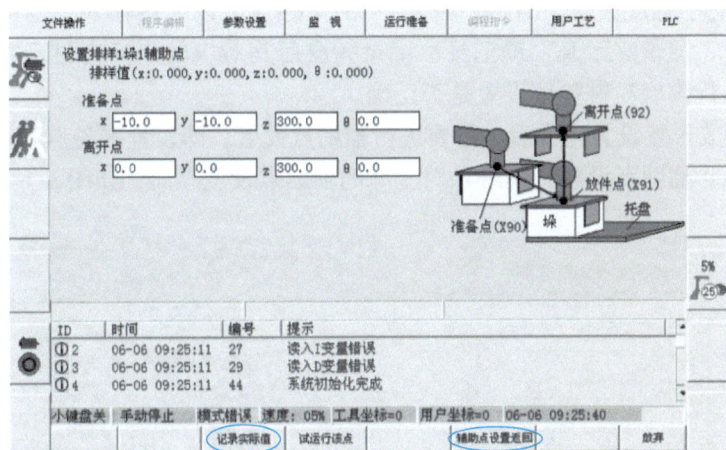

图 3-1-20　排样 1 辅助点设置界面

辅助点分准备点和离开点，它们都是在用户（托盘）坐标系里参照放件点进行偏移，坐标值可以直接输入，也可以抓取工件到实际位置后单击"记录实际值"键记录，记录完成后其对应的坐标会显示在界面中。也可通过单击"试运行该点"键验证设置是否正确。

垛1的准备点在X、Y方向坐标为-10mm，Z向偏移坐标为300mm，说明工件是在高处和X、Y负方向斜着放到放件点位置的；离开点Z向偏移坐标为300mm，说明当放完工件后，手爪是垂直向上提高 300mm。准备点的坐标是记录在 GP90 中，离开点的坐标是记录在 GP92 中。

排样 1 垛 1 辅助点设置完成后单击"辅助点设置返回"键，到排样 1 详细设置界面，分别选择其他垛，按上述方法设置对应的辅助点。所有辅助点设置完成后返回到图 3-1-17 所示界面，对排样 2 进行设置。

在"排样 2 垛数"框内输入"4"后，单击"详细设置"键，进入排样 2 详细设置界面，如图 3-1-21 所示。

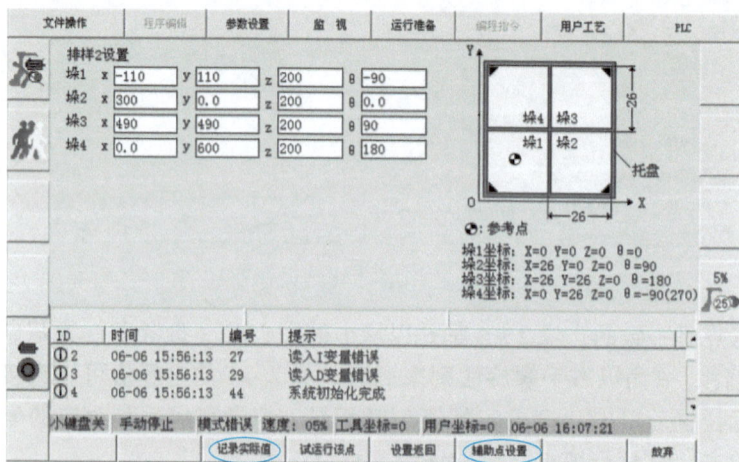

图 3-1-21　排样 2 详细设置界面

排样 2 的垛 1~4 都是以排样 1 垛 1 的中心点（参考点）为零点在用户（托盘）坐标系里偏移，θ 角以右手螺旋法则来确定。垛 1~4 的坐标值可以直接输入，也可以抓取工件到实际位置后单击"记录实际值"键记录，记录完成后其对应的坐标会显示在界面中。也可通过单击"试运行该点"键验证设置是否正确。

每个垛的摆放位置设置完成后，需要进行辅助点设置，即设置准备点和离开点，光标选中一个垛，单击"辅助点设置"键进入对应垛的辅助点设置界面，如图 3-1-22 所示。

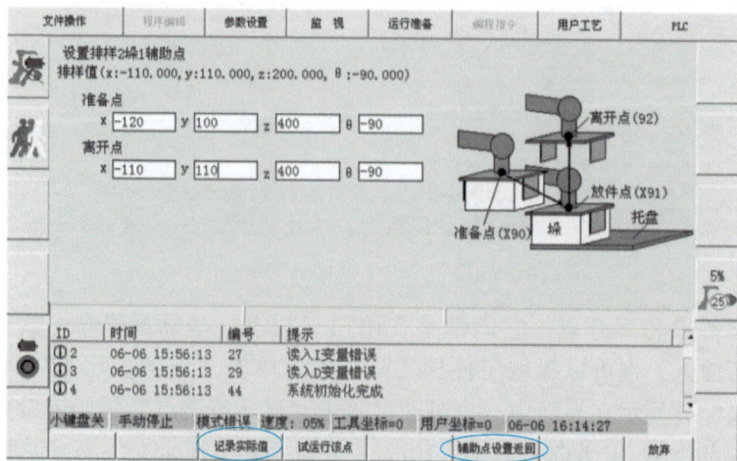

图 3-1-22　排样 2 辅助点设置界面

辅助点分准备点和离开点，它们都是在用户（托盘）坐标系里参照放件点进行偏移，坐标值可以直接输入，也可以抓取工件到实际位置后单击"记录实际值"键记录，记录完成后其对应的坐标会显示在界面中。也可通过单击"试运行该点"键验证设置是否正确。

垛1的准备点在X、Y方向坐标为 $-120mm$ 和 $100mm$，Z向偏移坐标为 $400mm$，说明工件是在高处和X、Y负方向斜着放到放件点位置的；离开点Z向偏移坐标为 $400mm$，说明当放完工件后，手爪是直着提高 $400mm$。准备点的坐标是记录在GP90中，离开点的坐标是记录在GP92中。

排样2垛1辅助点设置完成后单击"辅助点设置返回"键，回到排样2详细设置界面，分别选择其他垛按上述方法设置对应的辅助点。

排样1和排样2的所有点设置完成后返回到排样垛数设置界面，如图3-1-17所示。

单击"下一步"键进入层参数设置界面。

（4）层参数设置

在图3-1-23所示界面设置总层数和每层的摆放方式。

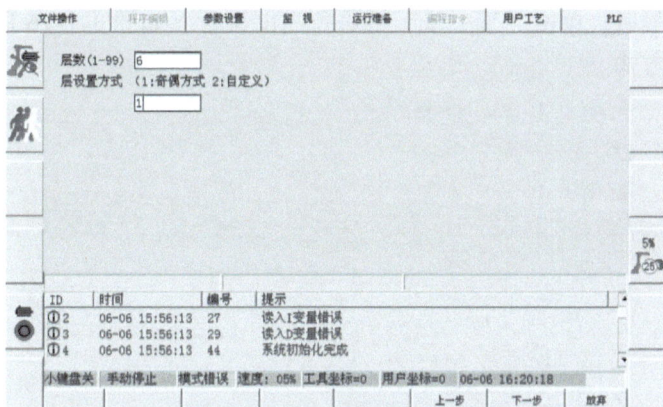

图 3-1-23 层参数设置界面

层数表示总的码垛层数，设置范围为1~99，本次举例为摆放6层，因此该数值设置为"6"。层设置方式表示每层的摆放方式，本次举例为奇偶摆放方式，因此该数值设置"1"。

单击"下一步"键，进入奇偶数层排样号设置界面，如图3-1-24所示。

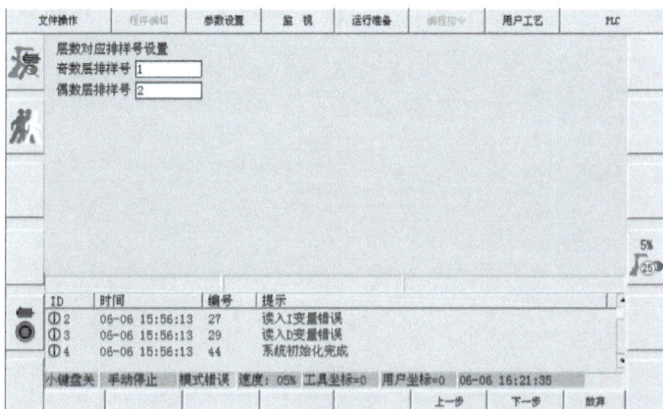

图 3-1-24 奇偶数层排样号设置界面

设置奇数层采用排样号为1，偶数层采用排样号为2。单击"下一步"键设置层高。层设置方式也可每层自定义，在图 3-1-23 所示界面，"层设置方式"栏设置为"2"。

单击"下一步"键去设置每层的排样号，如图 3-1-25 所示。

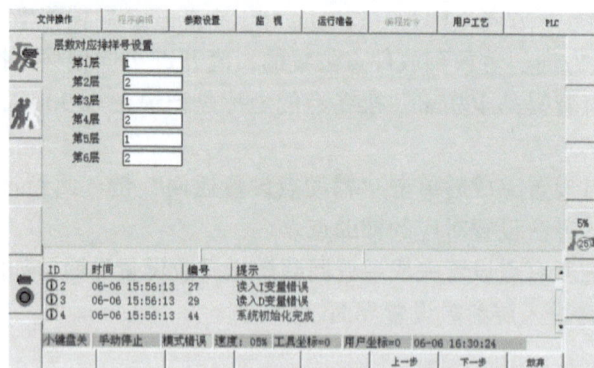

图 3-1-25　每一层排样号设置界面

逐层设置排样号后，单击"下一步"键进行高度设置，如图 3-1-26 所示。层高分平均高度和自定义两种方式。

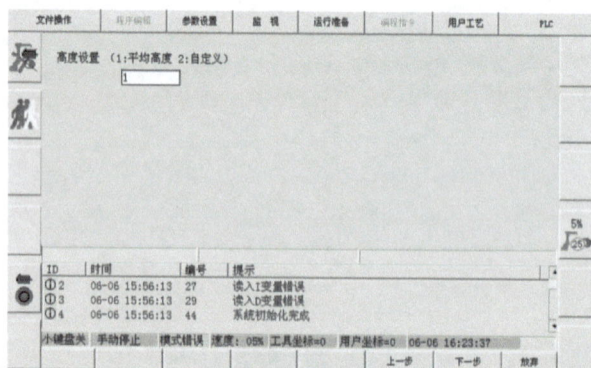

图 3-1-26　高度设置界面

平均高度根据总高和层数平均计算得出，自定义指用户可自行设置每层的高度。这个与所搬运物品有关。

输入"1"选择平均方式后，单击"下一步"键设置总高度，界面如图 3-1-27 所示。

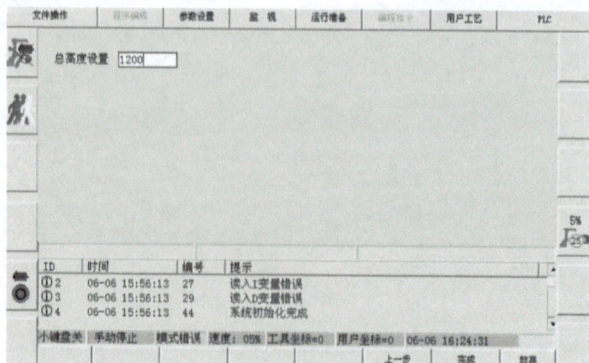

图 3-1-27　总高度设置界面

输入总高度后，单击"完成"键，码垛工艺参数设置完成。

设置高度时也可自定义高度。在图 3-1-26 中输入"2"选择自定义方式后，单击"下一步"设置每层高度，界面如图 3-1-28 所示。

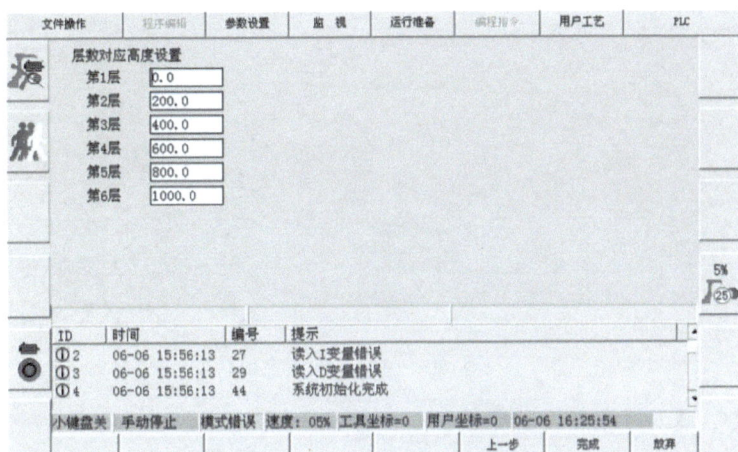

图 3-1-28　每层高度设置界面

输入每层高度（每层的高度值为相对于参考点的绝对高度值）后，单击"完成"键，码垛工艺参数设置完成。

（5）过渡点设置

若有使用过渡点，并且过渡点随层数变化需要单独设置时，可按如下操作步骤进行设置。若不按如下步骤设置，过渡点每层的变化高度与托盘上每层垛变化的高度一致。

当托盘层高设置好后，单击"过渡点自定义"键，进入图 3-1-29 所示界面。

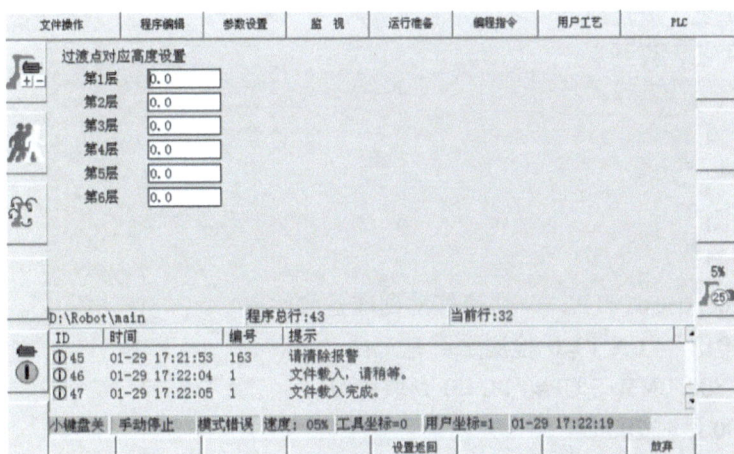

图 3-1-29　每层过渡点偏移量设置界面

分别设置每层过渡点相对于初始过渡的偏移量，单击"设置返回"键，进入图 3-1-30 所示界面。

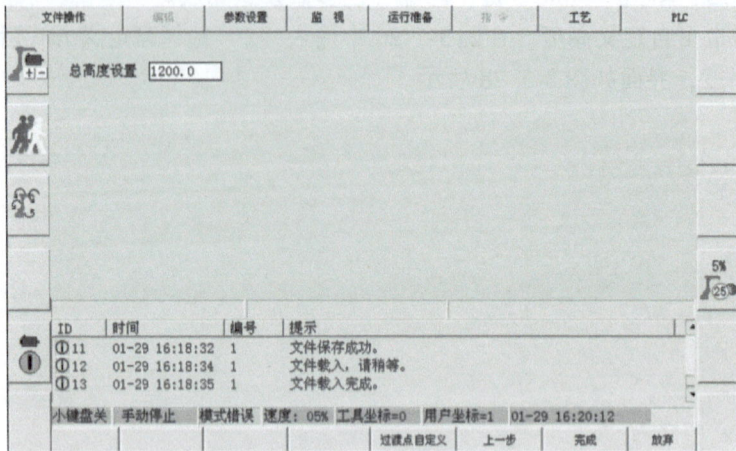

图 3-1-30　过渡点设置完成

单击"完成"键，过渡点设置完成。

3. 编程举例

托盘 1 采用工艺 0

共码 16 件物品

GP 定义：

GP0 取件点

GP1 准备取件点

GP80 码垛工艺号 0，过渡点

GP90 码垛工艺，准备放件点

GP91 码垛工艺，放件点

GP92 码垛工艺，离开点

输入输出口：

X00 托盘检测

X01 来料检测

X02 夹紧检测

Y08 夹具控制

MOVJVJ = 100.0% GP#1PL = 9 快速移动到准备取件点

WAIT X#（01）= ON T = 0 检测是否有工件

MOVL VL = 300.0MM/S GP#0 PL = 0 到取件点

TIME T = 200 延时 200ms

DOUT Y#（08）= ON 抓取

PALLET#（0）执行码垛工艺 0 号

WAIT X#（02）= ON T = 0 等待夹紧

MOVL VL = 1000MM/S GP#1 PL = 9 直线提起来

WAIT X#（00）= ON T = 0 检测是否有托盘

MOVJ VJ = 100% GP#80 PL = 9 运行到过工艺 0 的过渡点

MOVL VL＝1500MM/S GP#90 PL＝9 运行到准备放件点

MOVL VL＝500MM/S GP#91 PL＝0 运行到放件点

TIME T＝200 延时200ms

DOUT Y#（08）＝OFF 松开工件

INC GI#90 放完一个工件，自动加1

WAIT X#（02）＝OFF T＝0 等待松开到位

IF GI#（90）＜17 判断是否放完

MOVL VL＝1000MM/S GP#92 PL＝9 没有放完提起来

MOVJ VJ＝100% GP#80 PL＝9 运行到过工艺0的过渡点

ELSE 如果已经放完

MOVL VL＝1000MM/S GP#92 PL＝9 提起来

MOVJ VJ＝100% GP#80 PL＝9 运行到过工艺0的过渡点，到程序头运行

SET GI#（90）1 从第一件开始

WAIT X#（00）＝OFF T＝0 检测托盘是否拿开

TIME T＝5000 托盘拿开后延时5s

END IF 程序从头运行

3.2　工业机器人焊接

3.2.1　工业机器人焊接简介

1. 工业机器人焊接的定义

工业机器人焊接是指通过机器人来自动进行焊接（包括切割与喷涂）的操作。焊接机器人的基本工作原理是示教再现，即由用户导引机器人，按实际工作任务一步步完成操作，机器人在导引过程中自动记忆示教的每个动作的位置、姿态、运动参数、焊接参数等，并自动生成一个连续执行全部操作的程序，完成示教后，只需给机器人一个起动命令，机器人将精确地按示教动作，一步步完成全部操作，实现示教与再现。图3-2-1为焊接作业中的工业机器人。

图3-2-1　焊接作业中的工业机器人

2. 焊接机器人的结构

焊接机器人的结构主要包括机器人和焊接设备两部分。

焊接机器人由机器人本体和控制柜（硬件及软件）组成，智能机器人还有传感系统，如激光或摄像传感器及其控制装置等。机器人本体通常由机器人基座、关节、末端执行器等部分组成。传感系统又称为感知系统，机器人所用传感器又分为内部传感器和外部传感器两类。前者用来检测自身状态信息，主要是位置、速度、加速度等，并且作为反馈信号构成伺服控制；后者用来检测机器人作业对象和作业环境信息。常用的关节驱动装置有电力驱动装置、液压驱动装置和气动驱动装置等。焊接工作轨迹控制和参数的设定则由示教器来完成，

包括所有人机交互操作，并且拥有自己独立的 CPU 以及存储单元，与主计算机之间以串行通信方式实现信息交互。

焊接装备，以弧焊及点焊为例，由焊接电源（包括其控制系统）、送丝机（弧焊）、焊枪（钳）等部分组成。

具体来说，一套完整的焊接机器人系统应包括机器人机械本体部分、控制系统、焊接装置、焊件夹持装置以及可以轮番进入机器人工作范围的旋转工作台等。

3. 工业机器人焊接的优点

焊接操作是一种劳动条件差、烟尘多、热辐射大、危险性高的工作，同时焊接操作要求焊工具有熟练的操作技能、丰富的实践经验、稳定的焊接水平，焊接工业机器人的出现可代替人类的手工焊接，减轻焊工的劳动强度，同时也可以保证焊接质量，提高焊接效率。随着电子技术、计算机技术、数控及机器人技术的发展，自动焊接机器人从 20 世纪 60 年代开始用于生产以来，其技术已日益成熟，主要有以下优点：

（1）机器人焊接可以提高生产效率

焊接机器人响应时间短、动作迅速、焊接速度远远高于手工焊接，机器人在运转过程中不停顿也不休息，只要保证外部水电气等条件，就可以持续工作，提高了焊接的生产效率。

（2）机器人焊接可以提高产品质量

焊接机器人在焊接过程中，只要给出焊接参数和运动轨迹，机器人就会精确重复地动作，焊接参数如焊接电流、电压、焊接速度及焊接焊丝长度等对焊接结果起决定作用。采用机器人焊接时每条焊缝的焊接参数都是恒定的，焊缝质量受人的因素影响较小，降低了对工人操作技术的要求，因此焊接质量是稳定的，从而保证了产品的质量。而人工焊接时，焊接速度、焊丝伸长等都是变化的，因此很难做到质量的均一性。

（3）机器人焊接可以降低企业成本

焊接机器人降低企业成本主要体现在规模化生产中，一台焊接机器人可以替代 2～4 名焊接工人，可实现 24 小时连续生产，另外随着高速高效焊接技术的应用，使用机器人焊接成本降低的更加明显。

（4）机器人焊接容易安排生产计划

由于机器人可重复性高，只要给定参数，就会永远按照指令去动作，因此机器人焊接产品周期明确，容易控制产品产量。机器人的生产节拍是固定的，因此安排生产计划十分明确。准确的生产计划可应使企业的生产效率、资源的综合利用做到最大化。

（5）机器人焊接可缩短产品改型换代的周期

机器人焊接可缩短产品改型换代的周期，减小相应的设备投资，可实现小批量产品的焊接自动化，可以通过修改程序以适应不同工件的生产。在产品更新换代时只需要重新根据更新产品设计相应工装夹具，而不需要对机器人本体做任何改动，只要更改调用相应的程序命令，就可以做到产品和设备更新。

3.2.2　焊接机器人的分类

根据用途来分类，焊接机器人可分为点焊机器人、弧焊机器人和激光焊接机器人。

1. 点焊机器人

点焊机器人是用于点焊自动作业的工业机器人，其末端握持的作业工具为焊钳。工业机器人在焊接领域的应用最早是从汽车装配生产线上的电阻点焊开始的。最初，点焊机器人只用于增强点焊作业，即往已拼接好的工件上增加焊点。后来，为保证拼接精度，又让机器人完成定位焊作业。点焊机器人逐渐被要求有更全的作业性能，点焊机器人不仅要有足够的负载能力，而且在点与点之间移位时速度要快捷，动作要平稳，定位要准确，以减少移位的时间，提高工作效率。具体要求如下：安装面积小，工作空间大；快速完成小节距的多点定位；定位精度高，可达到 ±0.25mm，以确保焊接质量；持重大，可安装 50~150kg 的负载，以便携带内装变压器的焊钳；内存容量大，示教简单，节省工时；点焊速度与生产线速度相匹配，同时安全可靠性好。

点焊机器人由机器人本体、计算机控制系统、示教盒和点焊焊接系统几部分组成，为了适应灵活动作的工作要求，通常点焊机器人选用关节式工业机器人的基本设计，一般具有六个自由度，包括腰转、大臂转、小臂转、腕转、腕摆及腕捻。其驱动方式有液压驱动和电气驱动两种，其中电气驱动具有保养维修简便、能耗低、速度高、精度高、安全性好等优点，因此应用较为广泛。点焊机器人按照示教程序规定的动作、顺序和参数进行点焊作业，其过程是完全自动化的，并且具有与外部设备通信的接口，可以通过这一接口接受上一级主控与管理计算机的控制命令进行工作。图 3-2-2 为点焊机器人。

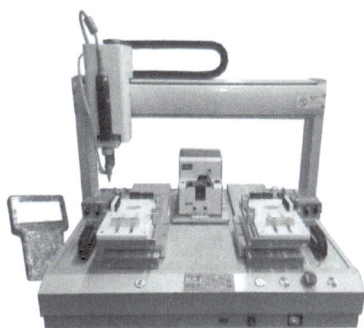

图 3-2-2　点焊机器人

2. 弧焊机器人

弧焊机器人是一种仿人操作、自动控制、可重复编程的机电一体化的自动化生产设备，是用于弧焊自动作业的工业机器人，主要包括熔化极气体保护焊和非熔化极气体保护焊，其末端握持的工具为焊枪。

弧焊机器人可以应用在所有电弧焊、切割技术及类似的工业方法中。最常用的范围是结构钢和铬镍钢的熔化极活性气体保护焊（CO_2 焊、MAG 焊）、铝及特殊合金熔化极惰性气体保护焊（MIC 焊）、铬镍钢和铝的惰性气体保护焊以及埋弧焊。为了适应不同的用途，机器人最后一个轴的机械接口，通常是一个连接法兰，可接装不同工具或末端执行器。弧焊机器人就是在工业机器人的末轴法兰装接焊钳或焊（割）枪，使之能进行焊接、切割或热喷涂。

弧焊过程中由于被焊工件局部加热熔化和冷却产生变形，导致焊缝轨迹会发生变化，因此弧焊过程比点焊过程要复杂很多，伴随焊接传感器的开发及其在焊接机器人中的应用，机器人弧焊作业的焊缝跟踪与控制问题得到有效解决，使得弧焊工艺在诸多行业中得到普及，弧焊机器人在通用机械、金属结构等许多行业中得到广泛运用。图 3-2-3 为弧焊机器人。

3. 激光焊接机器人

激光焊接机器人是把机器人技术和激光技术结合在一起，是更为先进的一项技术，可以用于产品的表

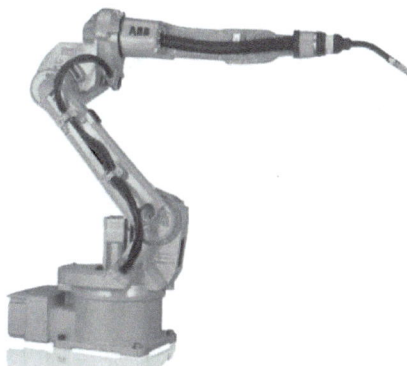

图 3-2-3　弧焊机器人

面加工、打孔，焊接和模具修复等工作。通过高精度的工业机器人可实现更加柔性的激光加工作业，其末端执行器握持的工具是激光加工头。图3-2-4为激光焊接机器人。

图 3-2-4　激光焊接机器人

（1）激光焊接原理

激光焊接可以采用连续或脉冲激光束加以实现，激光焊接的原理可分为热传导型焊接和激光深熔型焊接。

1）热传导型焊接通过激光辐射加热待加工表面，表面热量通过热传导向内部扩散，通过控制激光脉冲的宽度、能量、峰功率和重复频率等激光参数，使工件熔化，形成特定的熔池，此种焊接熔深浅、焊接速度慢。

2）激光深熔型焊接一般采用连续激光光束完成材料的连接，其冶金物理过程与电子束焊接极为相似，即能量转换机制是通过"小孔"结构来完成的。在足够高功率密度的激光照射下，金属材料表面受热产生蒸发并形成小孔，并几乎吸收全部的入射光束能量，孔腔内平衡温度达2500℃左右，热量从这个高温孔腔外壁传递出来，使包围着这个孔腔四周的金属熔化。小孔内充满在光束照射下本体材料连续蒸发产生的高温蒸汽，小孔四壁包围着熔融金属，熔融金属四周包围着固体材料，孔壁外液体流动和壁层表面张力与孔腔内连续产生的蒸汽压力形成动态平衡。由于光束不断进入小孔，使小孔外的材料产生连续流动，随着光束移动，小孔始终处于流动的稳定状态。小孔和围着孔壁的熔融金属随着前导光束不断向前移动，熔融金属充填小孔，光束移开后留下空隙并使其内液态金属随之冷凝而形成焊缝。因激光束释放的能量比较集中，金属融化过程非常快，此种焊接速度比热传导型激光焊接快得多，每分钟可达到数米。

（2）激光焊接的特点

1）焊接时间短，激光光束斑点小，形成的点径最小可以到0.1mm，只有局部加热，对基板与周边零件的热影响很小，焊缝质量高，不易产生收缩、变形、脆化及热裂等热副作用，激光焊接熔池净化效应能净化焊缝金属，焊缝机械性能相当于或优于母材。

2）具有非接触性，送锡装置最小可以到0.2mm，可实现微间距封装（贴装）元件的焊接。

3）可以实现激光焦点的功率和大小按加工要求动态地进行调节，同时对加工过程进行实时监控，实现各种各样的应用可能。

4）采用光纤输送激光，可以把能量源和加工设备从空间上分隔。激光器产生的光能可通过直径很小的光纤传输到距离很远的工位，通过机器人实现对工件的焊接。

　　激光焊接机器人系统已越来越广泛地被应用于手机、笔记本计算机等电子设备的摄像头、LCD 及微型电动机、微型变压器等零部件的焊接，还可用于液晶电视、高端数码照相机、航空航天军工制造、高端汽车零件制造等领域。

3.2.3　焊接机器人的应用与发展

　　焊接机器人根据不同的应用场合可采取不同的结构形式，目前常用的焊接用机器人基本上都属于关节机器人，模仿人类的手臂功能可以使焊枪的空间位置和姿态调至任意状态，以满足焊接需要。绝大多数焊接机器人都有六个轴，其中，前三轴可将末端工具送到不同的空间位置，而后三轴解决工具姿态的不同要求。焊接机器人本体的机械结构主要有两种形式，一种为平行四边形结构，一种为侧置式（摆式）结构。平行四边形机器人其上臂是通过一根拉杆驱动的，拉杆与下臂组成一个平行四边形的两条边。早期开发的平行四边形机器人工作空间比较小（局限于机器人的前部），难以倒挂工作。80 年代后期以来开发的新型平行四边形机器人（平行机器人），已能把工作空间扩大到机器人的顶部、背部及底部，从而得到普遍应用，这种结构不仅适合于轻型机器人，也适合于重型机器人。近年来点焊用机器人（负载 100～150kg）大多选用平行四边形结构形式的机器人。侧置式（摆式）机器人的主要优点是上、下臂的活动范围大，机器人的工作空间几乎能达一个球体范围。因此，这种机器人可倒挂在机架上工作，以节省占地面积，方便地面物件的流动。但是这种侧置式机器人存在悬臂结构，降低了机器人的刚度，一般适用于负载较小的机器人，用于电弧焊、切割或喷涂。

　　焊接与其他工业加工过程不一样，焊接过程中，被焊工件由于局部加热熔化和冷却产生变形，焊缝的轨迹会因此而发生变化。手工焊时，有经验的焊工可以根据眼睛所观察到的实际焊缝位置适时地调整焊枪的位置、姿态和行走的速度，以适应焊缝轨迹的变化。然而机器人要适应这种变化，必须首先像人一样要"看"到这种变化，然后采取相应的措施调整焊枪的位置和状态，实现对焊缝的实时跟踪。由于电弧焊过程中有强烈弧光、电弧噪声、烟尘、熔滴过渡不稳定引起的焊丝短路、大电流强磁场等复杂环境因素的存在，机器人要检测和识别焊缝所需要的信号特征的提取并不像工业制造中其他加工过程的检测那么容易，因此，焊接机器人的应用并不是一开始就用于电弧焊过程的。实际上，工业机器人在焊接领域的应用最早是从汽车装配生产线上的电阻点焊开始的。原因在于电阻点焊的过程相对比较简单，控制方便，且不需要焊缝轨迹跟踪，对机器人的精度和重复精度的控制要求比较低。点焊机器人在汽车装配生产线上的大量应用大大提高了汽车装配焊接的生产率和焊接质量，同时又具有柔性焊接的特点，即只要改变程序，就可在同一条生产线上对不同的车型进行装配焊接。

　　一般来讲，具有六个关节的机器人基本上能满足焊枪的位置和空间姿态的控制要求，其中三个自由度用于控制焊枪端部的空间位置，另外三个自由度用于控制焊枪的空间姿态。因此，目前的焊接机器人多数为六关节式的。

　　对于有些焊接场合，由于工件过大或空间几何形状过于复杂，焊接机器人的焊枪无法到达指定的焊缝位置或焊枪姿态，这时必须通过增加 1～3 个外部轴的办法增加机器人的自由度。通常有两种做法，一是把机器人装于可以移动的轨道小车或龙门架上，扩大机器人本身的作业空间；二是让工件移动或转动，使工件上的焊接部位进入机器人的作业空间。也可以同时采用上述两种办法，让工件的焊接部位和机器人都处于最佳焊接位置。

由于机器人控制速度和精度的提高，尤其是电弧传感器的开发并在机器人焊接中得到应用，使机器人电弧焊的焊缝轨迹跟踪和控制问题在一定程度上得到很好解决，机器人焊接在汽车制造中的应用从原来比较单一的汽车装配点焊很快发展为汽车零部件和装配过程中的电弧焊。机器人电弧焊的最大的特点是柔性，即可通过编程随时改变焊接轨迹和焊接顺序，因此最适用于被焊工件品种变化大、焊缝短而多、形状复杂的产品。这正好又符合汽车制造的特点，尤其是现代社会汽车款式的更新速度非常快，采用机器人装备的汽车生产线能够很好地适应这种变化。另外，机器人电弧焊不仅用于汽车制造业，更可以用于涉及电弧焊的其他制造业，如造船、机车车辆、锅炉、重型机械等。因此，机器人电弧焊的应用范围日趋广泛，弧焊机器人的应用数量上多于点焊机器人。

3.2.4 实际举例

完成一段如图 3-2-5 所示的简单弧焊工作任务，以某品牌的弧焊机器人为例，进行简单介绍。本任务采用的是奥泰焊机。

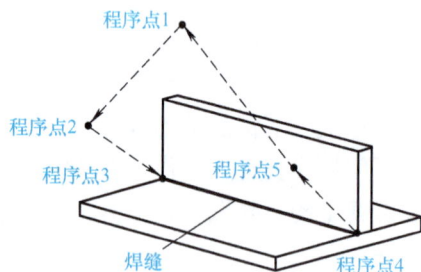

图 3-2-5　简单弧焊工作任务

1. 准备工作

（1）建立用户坐标系

建立方法与 2.5.3 节相同，本节不再赘述。

（2）建立工件坐标系

建立方法与 2.5.3 节相同，本节不再赘述。

（3）焊机参数设置

该步骤用于设置与焊机控制相关的参数。

选择用户工艺→焊接工艺→焊接主要的设定→装置设置，进入焊机控制相关参数设置界面，如图 3-2-6 所示。

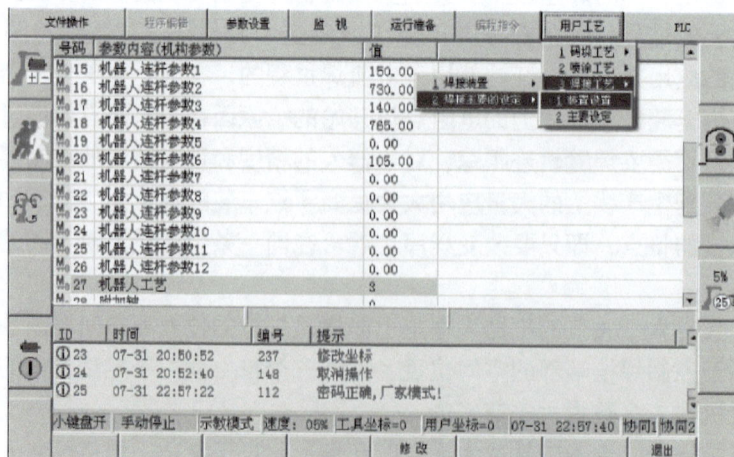

图 3-2-6　进入焊机控制相关参数设置界面

焊机参数设置界面如图 3-2-7 所示。

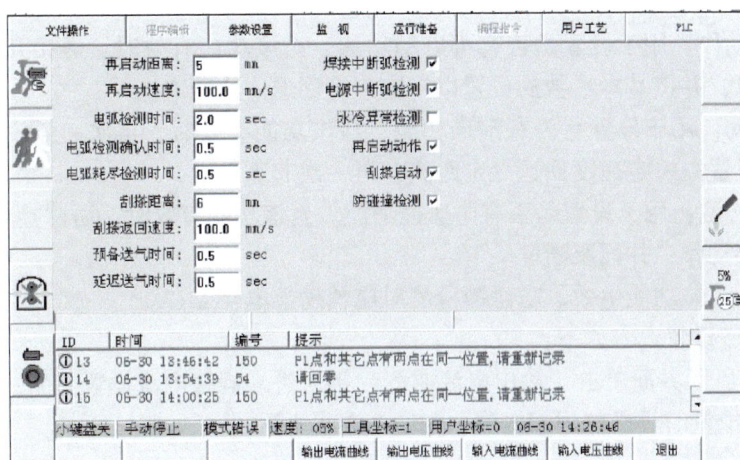

图 3-2-7　焊机参数设置界面

在焊机参数设置的主界面有基本参数、功能选项、焊接电流和焊接电压等参数需要设置。

1) 基本参数设置内容如下：

① 再启动距离：用于设置当首次起弧没成功或中途断弧后，再次起弧的回退距离。

② 再启动速度：用于设置当首次起弧没成功或中途断弧后，再次起弧回退时的速度。

③ 电弧检测时间：用于设置系统发出起弧信号后延时多长时间去检测。

④ 电弧检测确认时间：用于设置系统检测到起弧成功信号的连续时间，即系统要连续检测到起弧成功信号持续该参数时间才认为起弧成功。

⑤ 电弧耗尽检测时间：用于设置系统检测到熄弧信号（起弧成功撤销）的连续时间，即系统要连续检测到熄弧信号持续该参数时间才认为熄弧成功。

⑥ 刮搽距离：用于设置当再起弧没成功后，再一次起弧向前移动的距离。

⑦ 刮搽返回速度：用于设置当再起弧没成功后，再一次起弧成功后回退到断弧点时的运行速度。

⑧ 预备送气时间：用于设置系统准备起弧时提前多长时间送保护气体。

⑨ 延迟送气时间：用于设置系统准备熄弧时延迟多长时间关闭保护气体。

2) 功能选项设置内容如下：

① 焊接中断弧检测：用于设置是否有断弧检测功能。当该功能有效时，焊接中途断弧，系统会停止焊接动作，并保存断弧点；下次再启动时，机器人返回断弧点再起弧后运行。

如需要撤销断弧点，切换到示教模式，按"焊接复位"键复位断弧点。对应辅助继电器 M180。

② 电源中断弧检测：用于设置是否有检测焊接电源故障功能。当该功能有效时，焊接中途焊接电源故障，系统会停止焊接动作；当该功能无效时，则焊接过程中不检测焊接电源是否异常。

系统开机后，勾选该选项，运行起弧指令后，该功能生效。对应辅助继电器 M181。

③ 水冷异常检测：用于设置是否有水冷状态异常功能。当该功能有效时，焊接中途出现水冷异常时，系统会停止焊接动作。

系统开机后，勾选该选项，运行起弧指令后，该功能生效。对应辅助继电器 M1820。

④ 再启动动作：用于设置是否有再启动功能。当该功能有效时，焊接开始或中途熄弧后系统再次起弧，并按基本参数的设置以一定速度回退一定距离。

⑤ 刮搽启动：用于设置是否有刮搽功能。当该功能有效时，再次起弧没成功时，系统按基本参数的设置以一定速度回退一定距离，再一次起弧。

⑥ 防碰撞检测：用于设置是否有防碰撞功能。当该功能有效时，防碰撞传感器动作时，系统会停止焊接动作，并伺服断电。

系统上电后，该功能生效。防碰撞检测对应辅助继电器 M13。

3）焊接电流设置内容如下：

在图 3-2-7 所示界面单击"输出电流曲线"键，进入焊接电流设置界面，用于设置系统输出 0～10V 模拟量时焊机的焊接电流，如图 3-2-8 所示。

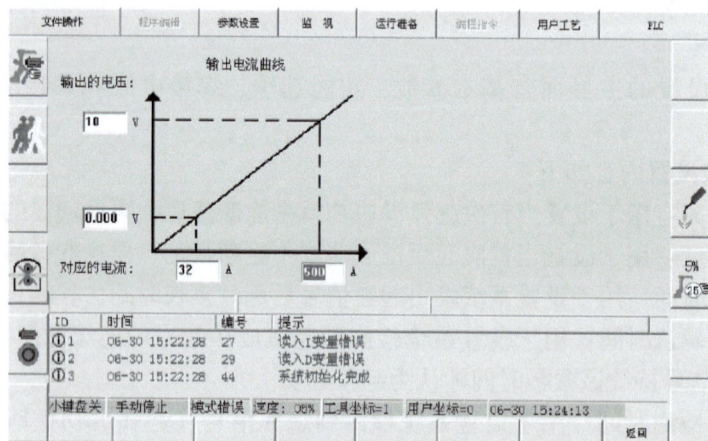

图 3-2-8　焊接电流设置界面

4）焊接电压设置内容如下：

在图 3-2-7 所示界面单击"输出电压曲线"键，进入焊接电压设置界面，用于设置系统输出 0～10V 模拟量时焊机的焊接电压，如图 3-2-9 所示。

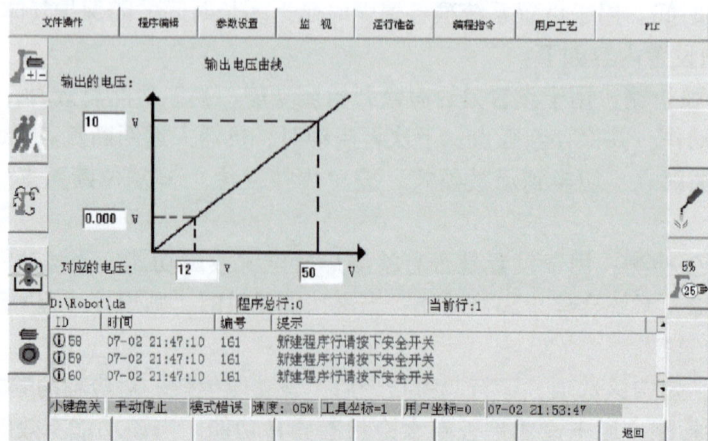

图 3-2-9　焊接电压设置界面

2. 焊接工艺设置

(1) 焊接基本参数设置

选择用户工艺→焊接工艺→焊接装置→参数设置，进入焊接基本参数设置界面，如图 3-2-10 所示。

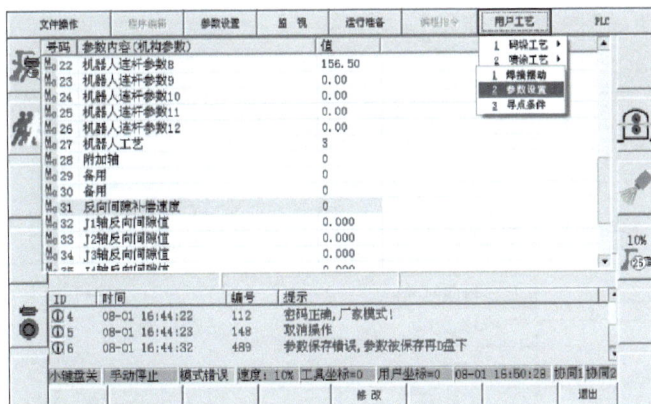

图 3-2-10 进入焊接基本参数设置界面

焊接基本参数设置界面如图 3-2-11 所示。

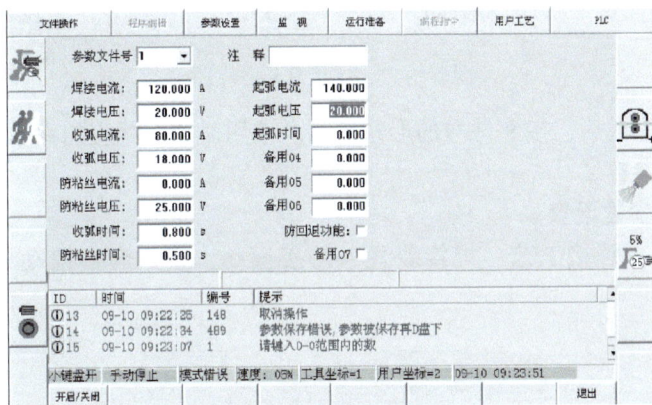

图 3-2-11 焊接基本参数设置界面

具体各项参数介绍如下：

① 参数文件号：文件号选择范围为 0~7，一个号对应一组焊接参数。注释栏可以直接输入针对该组参数的一些说明，方便操作人员直观了解焊接的基本情况。

② 焊接电流、焊接电压：正常焊接时设置的值，这个值根据现场工艺设定。

③ 收弧电流、收弧电压：当收弧不饱满时使用，通常收弧电流、收弧电压会比焊接时的值要小。

④ 防粘丝电流、防粘丝电压：在收弧点有焊丝粘连的情况下使用，通常电流值为 0，电压值会比焊接时稍高一些。

⑤ 收弧时间：设置收弧电压、收弧电流的保持时间，该值设置过大会使焊缝结束部位出现堆焊，过小会使焊缝结束部位出现焊坑，该值需根据实际情况设置。

⑥防粘丝时间：设置防粘丝电压、防粘丝电流的保持时间。

⑦起弧电流、起弧电压：在起弧困难时使用，使用时为了方便起弧，可适当调高电压、电流值。

⑧起弧时间：设置起弧电压、起弧电流保持的时间，该值设置过大会使焊缝起始部位出现堆焊。

焊接控制时序图如图3-2-12所示。

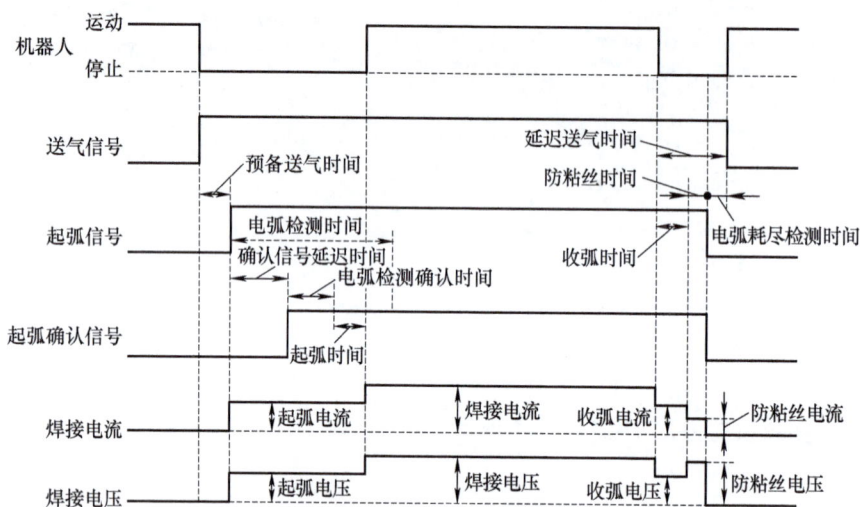

图3-2-12　焊接控制时序图

焊接参数设置完成后，按文件号的形式储存。使用时调用相应的参数号即可，一个程序中可使用多组焊接参数。

（2）焊接摆动参数设置

选择用户工艺→焊接工艺→焊接装置→焊接摆动，进入焊接摆动参数设置界面，如图3-2-13所示。

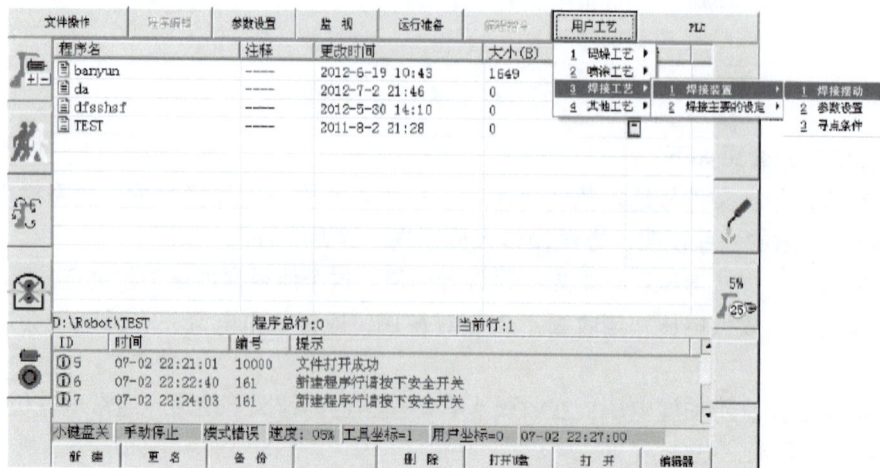

图3-2-13　进入焊接摆动参数设置界面

焊接摆动参数设置界面如图3-2-14所示，该界面主要设置焊接较宽焊缝时需要摆弧的参数。

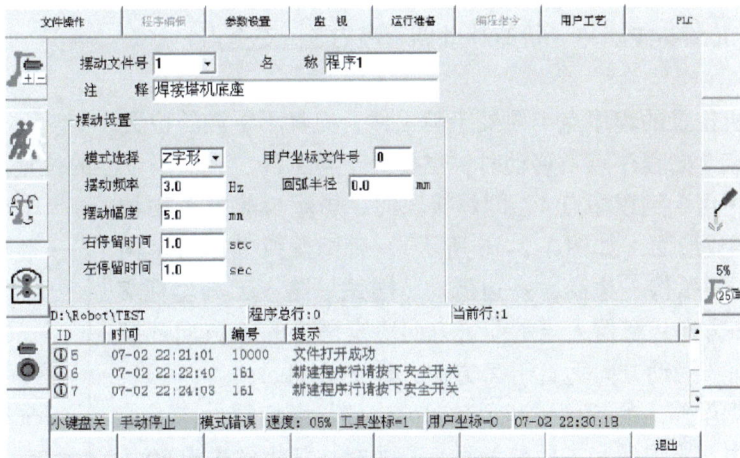

图3-2-14 焊接摆动参数设置界面

具体各项参数介绍如下：

① 摆动文件号：文件号选择范围为0～9，一个号对应一组焊接参数。名称和注释栏可以直接输入针对该组参数的一些说明，方便操作人员直观了解焊接的摆动情况。

② 模式选择：用于设置摆动的模式，如Z字摆、圆弧摆。

③ 摆动频率：设置每秒钟摆动的次数，单位Hz。

④ 摆动幅度：设置单边摆动的距离，单位mm。

⑤ 右停留时间：设置摆动到右边顶点时的停留时间，单位s。

⑥ 左停留时间：设置摆动到左边顶点时的停留时间，单位s。

各项参数对应的摆弧说明如图3-2-15所示。

该摆动参数设置完成后，按文件号的形式储存。使用时调用相应的参数号即可，一个程序中可使用多组焊接摆动参数。

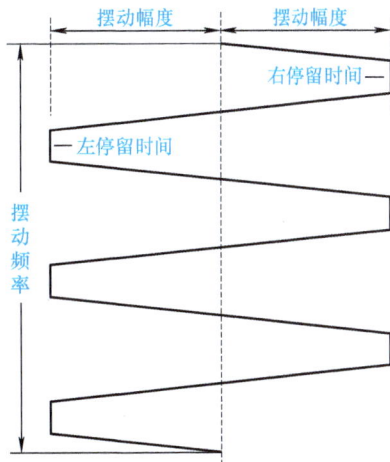

图3-2-15 摆弧说明

3. 编程举例

（1）程序举例

在完成上述设置后即可进行焊接编程，以图3-2-5所示焊接工件为例，编写程序如下：

MOVJ VJ=50.0% PL=5 快速移动到程序点1，待机点

MOVJ VJ=50.0% PL=5 快速移动到程序点2，焊接准备点

MOVL VL=200 MM/S PL=0 移动到程序点3，焊接开始点

ARCSTART #1 调用1号焊接参数，起弧

WEAVESINE #1 调用1号摆动参数

MOVL VL = 50MM/S PL = 0 走焊接轨迹，直线移动到程序点 4

WEAVEEND 摆动结束

ARCEND #1 1 号焊接工艺结束

MOVJ VJ = 50.0% PL = 3 快速移动到程序点 5，安全点

说明：

① 处于待机位置的程序点 1 要处于与工件、夹具不干涉的位置。

② 从程序点 5 向程序点 1 移动时，也要处于与工件、夹具不干涉的位置。

③ 示教程序点 3 到程序点 4，即焊接段时，焊丝与前进 X 向构成面需垂直焊接成形面（如图 3-2-16 所示），否则摆弧坐标的 Y 向成形面不平行，摆弧将一边高，一边低。（摆弧思路：工具坐标 Z 方向决定摆弧 Z 方向；机器人末端前进方向决定摆弧的 X 方向；摆弧面垂直于 Z 向；摆动方向垂直于 X 方向，即 Y 方向。）

④ 再现时焊丝伸出的长度要和示教时伸出的长度相同。

⑤ 在示教中，当焊丝和工件接触发生弯曲时，把焊丝送出 50 ~ 100mm，剪取适当的长度，继续示教。

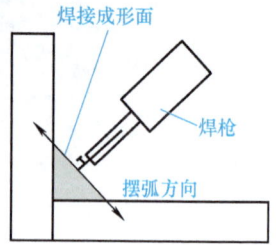

图 3-2-16 焊丝方向

（2）程序试运行验证

程序编辑完成后需要在示教模式下试运行程序，以检验程序轨迹是否正确，操作方法如下：

① 在示教模式下，打开编程好的程序。

② 将光标移动到对应的程序行。

③ 按住安全开关，同时一直按住 ⟳ 键，程序将以试运行的速度低速运行。

④ 起弧、灭弧、摆弧、停止摆弧指令可试运行，但不会执行摆弧动作。

⑤ 中途要停止程序可以按 ⬡ 键。

⑥ 在中途停止程序后，若需从头开始执行程序，需进行程序复位（如图 3-2-17 所示），否则将从停止处继续运行焊接程序。

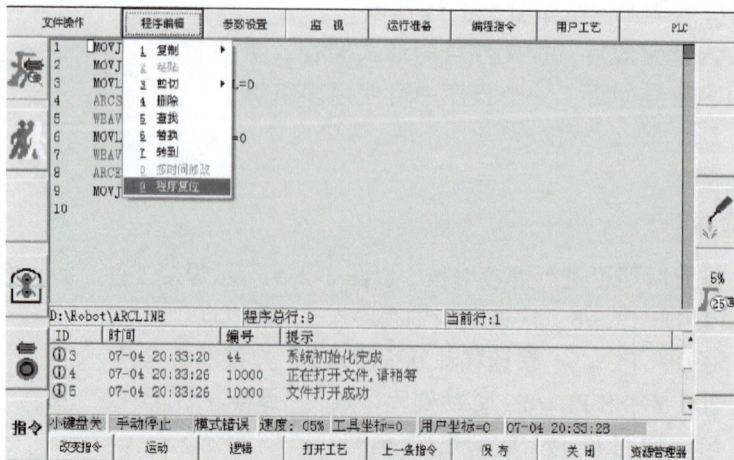

图 3-2-17 程序复位

（3）不起弧空运行

在轨迹运行验证完成后，需在不起弧的情况下自动执行一遍程序，以验证焊接的实际速度和摆弧的情况是否正确。操作方法如下：

① 在示教模式下打开程序，将光标移动到首行。

② 切换到再现模式。

③ 调整好运行速度和运行方式。

④ 将起弧状态切换到不起弧模式。单击图标 ，将图标切换为 即可。

⑤ 按 键启动程序。

（4）起弧运行

焊接的实际速度和摆弧的情况验证完成后，即可以实际焊接运行。操作方法如下：

① 在示教模式下打开程序，将光标移动到首行。

② 切换到再现模式。

③ 调整好运行速度和运行方式。

④ 将起弧状态切换到起弧模式。将图标切换为 即可。

⑤ 按 键启动程序。

（5）焊接效果调整

进行实际焊接后可以根据焊接效果调整焊接参数。

焊接电流、焊接电压的调整在对应的参数文件里调整，如图3-2-11所示。

焊接摆弧频率和幅度的调整在对应的文件号里调整，如图3-2-14所示。

焊接速度的调整需要通过修改程序实现，操作方法如下：

① 在程序界面，将光标移动到对应的程序行，然后单击"改变指令"键进入如图3-2-18所示的界面。

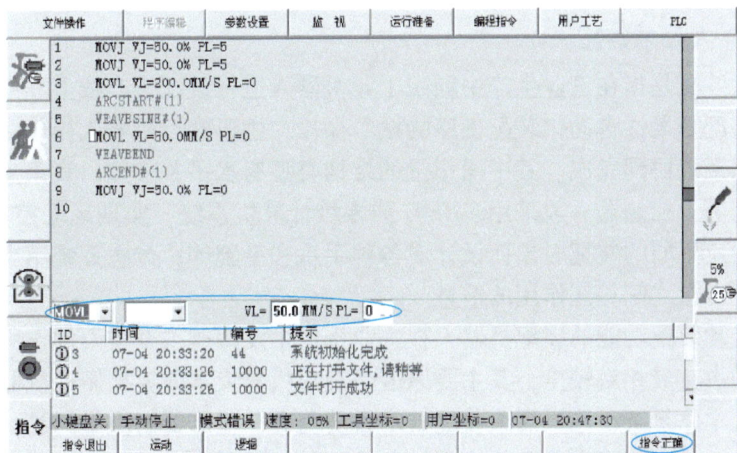

图3-2-18 改变指令界面

② 输入相应的速度后，单击"指令正确"键完成焊接速度的修改。

③ 修改的过程中，不能按住安全开关，否则程序点坐标也会发生改变。

④ 调整完成后，单击 $\circlearrowright$ 键启动程序，测试运行效果。

3.3 工业机器人装配

工业机器人装配

随着制造业转型升级加速以及智能制造的推进，我国制造业自动化、智能化变革趋势日益凸显。一般来说，制造企业在生产过程中的最后一项重要工序为装配工序，装配作业不仅需要耗费大量人力、物力，而且对于时间效率和质量也有要求。为了克服传统装配作业的不足，从提升装配工作自动化水平出发，科技人员研发了具有装配功能的工业机器人，并逐渐普及应用。这样不仅提高了装配的质量和装配的安全性，还节约了劳动成本，随着装配机器人功能的不断发展和完善，未来将在更多的领域发挥更加重要的作用。图 3-3-1 为装配作业中的工业机器人。

图 3-3-1　装配作业中的工业机器人

3.3.1　工业机器人装配简介

1. 工业机器人装配的定义

工业机器人装配是指在工业生产中利用工业机器人进行装配生产线上零件或部件装配的操作。机器人装配是柔性自动化装配工序的核心操作，主要通过机器人操作机、控制器、末端执行器和传感系统协同完成。其中操作机的结构类型有水平关节型、直角坐标型、多关节型和圆柱坐标型等；控制器一般采用多 CPU 或多级计算机系统，实现运动控制和运动编程；末端执行器为适应不同的装配对象而设计成各种手爪和手腕等；传感系统用来获取装配机器人与环境和装配对象之间相互作用的信息。

目前具有自动装配功能的装配机器人在工业生产中发挥越来越重要的作用，但在工业装配应用领域中的占有量相对较少，其主要原因是装配机器人本体要比搬运机器人、涂装机器人、焊接机器人本体复杂，且机器人装配技术目前仍有一些需要解决的问题，如缺乏感知和自适应控制能力，难以完成变化环境中的复杂装配等。尽管装配机器人存在一定的局限性，但是其对装配具有重要的意义。装配领域成为机器人技术发展的难点，也成为未来机器人技术发展的方向之一。

2. 装配机器人的优点

装配机器人作业时需与作业对象直接接触，并进行相应动作；码垛、焊接机器人在移动时运动轨迹多为开放性，而装配作业是一种约束运动类操作，即装配机器人精度要高于搬运、码垛、焊接和涂装机器人。尽管装配机器人在本体上较其他类型机器人有所区别，但在实际运用中无论是直角式装配机器人还是关节式装配机器人都有如下特性：①能够实时调节生产节拍和末端执行器动作状态；②可更换不同末端执行器以适应装配任务的变化，方便、快捷；③能够与零件供给器、输送装置等辅助设备集成，实现柔性化生产；④多带有传感器，如视觉传感器、触觉传感器、力传感器等，以保证装配任务的精准性。

装配机器人作为生产线上柔性自动化装配的核心设备，与一般工业机器人相比，装配机器人常用于各种电器制造（包括家用电器，如电视机、洗衣机、电冰箱、吸尘器等）、小型电动机、汽车及其部件、计算机、玩具、机电产品及其组件的装配等方面，具有常规装配无法比拟的优点。

1）操作速度快，加速性能好，缩短工作循环时间。

2）精度高，具有极高的重复定位精度，保证装配精度。

3）提高生产率，使劳动者摆脱单一、繁重的体力劳动。

4）改善工人劳动条件，摆脱有毒、有辐射的装配环境。

5）可靠性好，适应性强，稳定性高。

6）柔顺性好，工作范围小，能与其他系统配套使用。

3.3.2 装配机器人的分类

装配机器人在不同装配生产线上发挥着强大的装配作用，装配机器人大多由4～6轴组成，目前市场上常见的装配机器人按臂部运动形式可分为直角式装配机器人和关节式装配机器人，关节式装配机器人又分为水平串联关节式、垂直串联关节式和并联关节式。图3-3-2为装配机器人的分类。

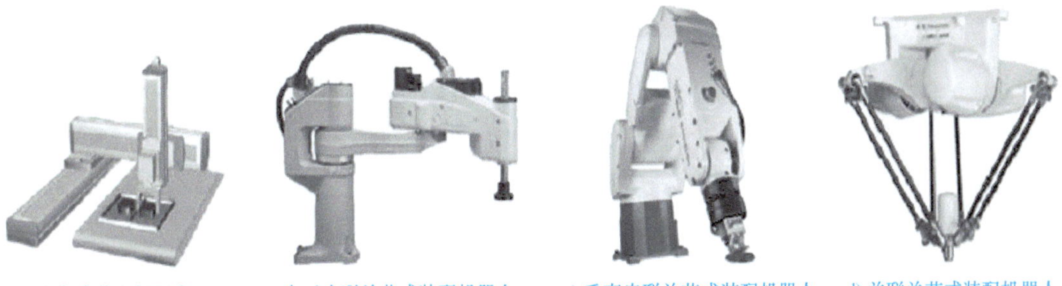

a) 直角式装配机器人　　b) 水平串联关节式装配机器人　　c) 垂直串联关节式装配机器人　　d) 并联关节式装配机器人

图3-3-2 装配机器人的分类

1. 直角式装配机器人

直角式装配机器人又称单轴机械手，以 X、Y、Z 直角坐标系为基本教学模型，整体结构为模块化设计。直角式装配机器人是目前工业机器人中最简单的一类，它具有操作方便、编程简单等优点，可用于零部件移送、简单插入、旋拧等作业，机构上多装备球形螺钉和伺服电动机，具有速度快、精度高等特点。

直角式装配机器人多为龙门式和悬臂式结构（可参考搬运机器人相应部分），现已广泛应用于节能灯、液晶屏等电子类产品的装配。

2. 关节式装配机器人

关节式装配机器人是目前装配生产线上应用最广泛的一类机器人，它具有结构紧凑、占地面积小、相对工作空间大、自由度高，适合几乎任何轨迹或角度的工作，编程自由，动作灵活，易实现自动化生产等特点。

（1）水平串联关节式装配机器人

水平串联关节式装配机器人也称为平面多关节装配机器人或 SCARA 机器人，是目前装配生产线上应用数量最多的一类装配机器人，它属于精密型装配机器人，具有速度快、精度高、柔性好等特点，多为交流伺服电动机驱动，保证其较高的重复定位精度，可广泛应用于电子、机械和轻工业等产品的装配，适合于工厂柔性化生产需求。

（2）垂直串联关节式装配机器人

垂直串联关节式装配机器人多为六个自由度，可在空间任意位置确定任意位姿，面向三维空间的任意位置和姿势的作业。

（3）并联关节式装配机器人

并联关节式装配机器人也称拳头机器人、蜘蛛机器人或 Delta 机器人，是一种轻型、结构紧凑的高速装配机器人，可安装在任意倾斜角度上，其独特的并联机构可实现快速、敏捷的动作，且减少了非积累定位误差。

3.3.3 装配机器人的系统组成

装配机器人的装配系统主要由操作机、控制系统（控制柜）、装配系统（包括气动手爪、气体发生装置、真空发生装置或电动装置）、传感系统（视觉传感器）和安全保护装置等组成。操作者可通过示教器和操作面板进行装配机器人运动位置和动作程序的示教，设定运动速度、装配动作及参数等。图 3-3-3 为装配机器人的系统组成。

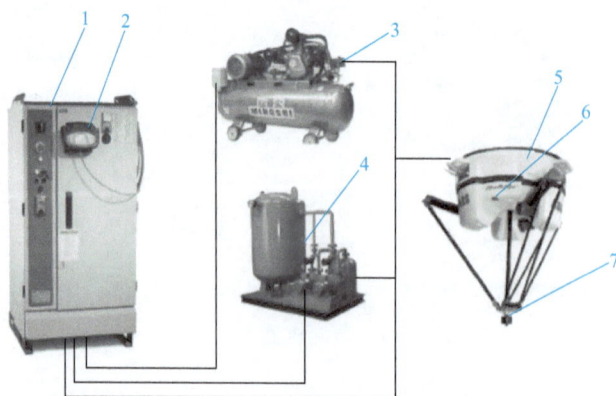

图 3-3-3　装配机器人的系统组成

1—控制柜　2—示教器　3—气体发生装置　4—真空发生装置
5—操作机　6—视觉传感器　7—气动手爪

1. 装配机器人末端执行器

装配机器人的末端执行器是夹持工件移动的一种夹具，类似于搬运机器人、码垛机器人的末端执行器，常见的装配机器人末端执行器有吸附式、夹钳式、专用式和组合式四种结构。

（1）吸附式末端执行器

吸附式末端执行器在装配中仅占一小部分，广泛应用于电视机、录音机、鼠标等轻小工件的装配场合。

（2）夹钳式手爪

夹钳式手爪是装配过程中最常用的一类手爪，多采用气动或伺服电动机驱动，采用闭环控制，配备传感器后可实现手爪起动、停止及其转速的准确控制，并对外部信号做出准确反应。夹钳式手爪具有重量轻、出力大、速度高、惯性小、灵敏度高、转动平滑、力矩稳定等特点，其结构类似于搬运作业的夹钳式手爪，但又比搬运作业夹钳式手爪精度高、柔性高。

（3）专用式手爪

专用式手爪是在装配中针对某一类装配场合单独设计的末端执行器，且部分带有磁力。常见的主要是用于螺钉、螺栓装配的专用式手爪，同样也多采用气动或伺服电动机驱动。

（4）组合式手爪

组合式手爪是通过组合获得各单组手爪优势的一类手爪，其灵活性较大，多用于需要机器人相互配合的装配场合，可节约时间、提高效率。

2. 装配机器人传感系统

带有传感系统的装配机器人可更好地完成销、轴、螺钉、螺栓等柔性化装配作业，这些作业中常用到的传感系统有视觉传感系统和触觉传感系统。

（1）视觉传感系统

配备视觉传感系统的装配机器人可依据需要选择合适的装配零件，并进行粗定位和位置补偿，完成零件平面测量、形状识别等检测。

（2）触觉传感系统

装配机器人的触觉传感系统主要是实时检测机器人与被装配物件之间的配合。机器人触觉传感器有接触觉传感器、接近觉传感器、压觉传感器、滑觉传感器和力觉传感器等五种。在装配机器人进行简单的工作过程中，常用到的有接触觉传感器、接近觉传感器和力觉传感器等。

1）接触觉传感器。接触觉传感器一般固定在末端执行器的顶端，只有末端执行器与被装配物件相互接触时才起作用。是用以判断机器人末端执行器是否接触到外界物体或测量被接触物体的特征的传感器。接触觉传感器有微动开关、导电橡胶、含碳海绵、碳素纤维、气动复位式装置等类型。

2）接近觉传感器。接近觉传感器是一种非接触传感器，机器人利用它可以感觉到近距离的对象或障碍物，能检测出物体的距离、相对倾角甚至对象表面的特性，可用来防止碰撞，实现无冲击接近和抓取操作，应用也比较广泛。

3）力觉传感器。力觉传感器普遍用于各类机器人中，在装配机器人中力觉传感器不仅用于测量末端执行器与环境作用过程中的力，而且用于测量装配机器人自身运动控制和末端执行器夹持物体的夹持力等。

4）滑觉传感器。用于判断和测量机器人抓握或搬运物体时物体所产生的滑移，它实际上是一种位移传感器。按有无滑动方向检测功能可分为无方向性、单方向性和全方向性三类。

① 无方向性传感器有探针耳机式，它由蓝宝石探针、金属缓冲器、压电罗谢尔盐晶体和橡胶缓冲器组成。滑动时探针产生振动，由罗谢尔盐转换为相应的电信号。橡胶缓冲器的作用是减小噪声。

② 单方向性传感器有滚筒光电式，被抓物体的滑移使滚筒转动，导致光电二极管接收到透过码盘（装在滚筒的圆面上）的光信号，通过滚筒的转角信号而测出物体的滑动。

③ 全方向性传感器采用表面包有绝缘材料并构成经纬分布的导电与不导电区的金属球。当传感器接触物体并产生滑动时，球发生转动，使球面上的导电与不导电区交替接触电极，从而产生通断信号，通过对通断信号的计数和判断可测出滑移的大小和方向。这种传感器的制作工艺要求较高。

3.3.4　装配机器人的应用与发展

与一般工业机器人相比，装配工业机器人具有精度高、柔顺性好、工作范围小、能与其他系统配套使用等特点。在现代化的工业产品生产线上装配机器人的不断应用，对传统装配作业来说是巨大的革新，大幅提升了企业整体生产效率，并保障了装配精度需求，降低了工人的生产强度。

从工业机器人的发展角度来看，装配机器人的发展主要经历了起步阶段、推广应用阶段和普及阶段这三个阶段。由于各个国家的具体情况不同，经历三个阶段的时间先后和持续的时间长短也有所区别。

装配机器人技术涉及多个科学领域，依赖于很多相关技术的进步。首先是智能化技术，因为智能机器人是未来机器人发展的必然趋势。在智能技术的帮助下，机器人面对非结构性的复杂环境和任务将拥有逻辑思考的能力以及主动学习经验并自主寻找解决方法处理问题的能力。其次是多机协调技术，因为制造业产业领域更多地体现出多机协调作业的特征，这是现代生产规模不断扩大决定的。而多台设备共同生产时，相互之间的协调控制就变得异常重要了。最后是统一的标准化技术，可以实现各个制造商生产的机器人相互之间可以互换零部件。这不仅有利于机器人的保养和维修，而且对于完善机器人功能，让使用者能够根据自己的需要对机器人进行"重组"都有着重要的意义。

在新的时代中，机器人技术是自动化发展的必要条件，装配机器人的微型化是一个重要的发展趋势，相信在不久的将来，装配机器人的技术会越来越先进，装配机器人的应用成为工业发展过程中的里程碑。

鉴于装配机器人展现出的巨大应用优势，各国对此都加强了研发布局，并加大力度支持本国企业引入使用。近几年来，我国在汽车、电子等行业相继引进了不少配有装配机器人的先进生产线。我国的装配机器人应用也十分广泛，在政策与市场激励下，我国装配机器人技术创新力度有望进一步加强，国产企业的市场份额有望持续扩大，而装配机器人在性能和价格方面也或将更加适应现在的市场需求。

总的来说，装配机器人的应用是工业发展过程中的重要里程碑，对于工业制造业的行业变革具有重大意义。在工业制造业数字化、智能化转型的过程中，装配机器人所起到的作用也将越发凸显。此外，随着人工智能、5G 等技术与机器人产品相结合，未来的装配机器人或将在质量、性能、智能水平等方面获得新的跨越。

3.3.5 实际举例

以某品牌的发电机磁石安装工作站为例，进行简单介绍，如图 3-3-4 所示。

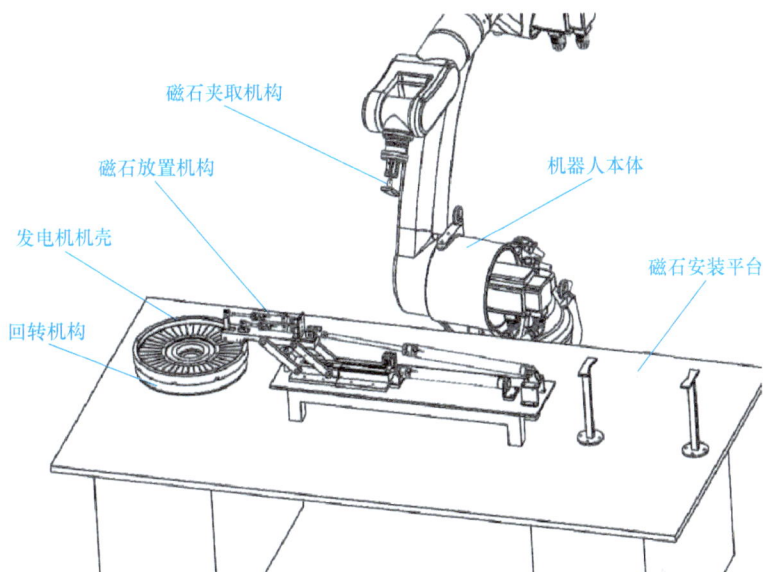

图 3-3-4 发电机磁石安装工作站

发电机磁石安装工作站由机器人本体、磁石夹取机构、磁石放置机构、发电机机壳、回转机构和磁石安装平台等几部分组成。

机器人本体：采用 8kg 的六自由度工业机器人，末端安装有定制的末端执行器，利用真空原理，轻松吸附单个磁石，之后按照示教完成的轨迹，到达机壳指定位置，安装磁石。完成后继续下一块磁石的吸附、安装，直至整个机壳所有磁石安装完成，再安装下一个机壳的磁石。

磁石夹取机构：采用真空原理吸附磁石。

磁石放置机构：采用四连杆机构将磁石放置在发电机机壳上，用气缸进行夹持获得较大的夹持力。

发电机机壳：用于放置磁石。

回转机构：采用伺服电动机作为驱动，精度较高。

磁石安装平台：根据专用磁石尺寸，为六自由度工业机器人工作提供准确定位。

具体的工作流程如下：

1）机器人本体带动磁石夹取机构吸附磁石。

2）由机器人调整好磁石位置，并将其放置在磁石放置机构的滑道内。

3）尾部推力气缸将磁石推到前端铁壳部分后回缩。

4）四连杆机构在气缸的作用下带回到初始位置，连杆机构上部的两个推力气缸将磁石夹取后放置在发电机机壳上。

5）回转机构将工件旋转到下一个磁石安装位，重复以上操作。

由工业机器人工作站完成发电机磁石的安装，具有以下优势：

1）由磁石放置机构将磁石放置在发电机机壳上，可以提供较大的夹持力。

2）不用机器人直接带动磁石与发电机接触是为了防止两者之间的吸引力对机器人造成伤害，还可以选用负载较小的机器人，降低成本。

3）运用伺服电动机带动回转机构是为了获得更好的精度，提高发电机的效率。

知 识 拓 展

工业机器人与智能制造技术

一、智能制造技术简介

1. 什么是智能制造技术

智能制造技术利用计算机模拟制造业领域专家的分析、判断、推理、构思和决策等智能活动，并将这些智能活动和智能机器融合起来，贯穿应用于整个制造企业的子系统（经营决策、采购、产品设计、生产计划、制造装配、质量保证和市场销售等），以实现整个制造企业经营运作的高度柔性化和高度集成化，从而取代或延伸制造环境领域专家的部分脑力劳动，并对制造业领域专家的智能信息进行收集、存储、完善、共享、继承和发展，是一种极大提高生产效率的先进制造技术。

2. 智能制造技术的难点

1）保证信息系统（虚拟世界）对于现场生产运营系统（现实世界）信息获取的实时性、准确性、全面性。目前，对生产现场的数据采集主要有两种方式，自动化数据采集以及人工数据采集。自动化数据采集往往依托于通信条件比较好的生产设备以及各种传感器的应用。人工数据采集大多是作为自动化数据采集的补充方式或替代方式，适用于自动化采集实现难度较大或经济成本较高的现场。而目前，生产现场的情况大多比较复杂，人工采集的方式应用较为广泛，这就造成了信息获取实时性、准确性的降低。此外，出于成本考虑，对现场数据的采集也难以做到十分全面。

2）处理来自生产现场的海量数据。面对从生产现场采集来的海量数据，无论是信息系统提供商或是工厂的生产运维人员都难以对其价值进行充分的挖掘，无法真正实现从数据到信息，从信息到可执行的优化策略的飞跃。

二、工业机器人助力智能制造技术

随着计算机控制技术的不断进步，工业机器人逐渐能够"理解"人类的语言，同时工业机器人可以完成产品的生产，这样就可以让工人免除复杂的操作。工业生产中焊接机器人系统不仅能实现空间焊缝的自动实时跟踪，而且还能实现焊接参数的在线调整和焊缝质量的实时控制，可以满足技术产品复杂的焊接工艺及其焊接质量、效率的迫切要求。另外随着人类探索空间的扩展，在极端环境如太空、深水以及核环境下，工业机器人也能利用其智能化将任务顺利完成。

《中国制造2025》提出：加快机械、航空、船舶、汽车、轻工、纺织、食品、电子等行业生产设备的智能化改造，提高精准制造、敏捷制造能力；统筹布局和推动智能交通工具、智能工程机械、服务机器人、智能家电、智能照明电器、可穿戴设备等产品研发和产业化；发展基于互联网的个性化定制、众包设计、云制造等新型制造模式，推动形成基于消费需求动态感知的研发、制造和产业组织方式等。中国制造2025的核心是以智能制造为主攻方向，智能制造的实现需要多个层次上技术产品支持，主要包括工业机器人、3D打印、工业物联网、云计算、工业大数据、知识工作自动化、工业网络安全、虚拟现实和人工智能等。

制造业的重点发展方向是信息化与工业化深度融合的重要体现，发展智能装备产业对于加快制造业转型升级，提升生产效率、技术水平和产品质量，降低能源资源消耗，实现制造过程的智能化和绿色化发展具有重要意义。

1. 工业机器人替代人工是实现智能制造的基础

工业机器人大规模替代人工进行生产是未来制造业的标志，工业机器人是智能制造最具代表性的装备，也是实现智能制造的必要条件。智能装备是高端装备的核心，是制造装备的前沿和制造业的基础，已成为当今工业先进国家的竞争目标。作为高端装备，智能制造装备主要包括新型传感器、智能控制系统、工业机器人、自动化成套生产线等。

工业机器人在智能制造中具有重要地位，一是机器人在持续工作之下也能够保证生产精度，提高产品生产质量；二是机器人能够针对不同的生产要求作出快速反应，满足多元化生产；三是机器人需要的休息时间很短，能有效降低人工成本。可见，在智能制造中，工业机器人的应用可提高产品质量，降低生产成本，帮助企业获得更高的经济利益。

2. 工业机器人在智能制造业中的应用

工业机器人在智能制造业中的应用十分广泛，能够满足大部分传统行业转型智能制造的要求。例如，在钢铁企业生产中，工业机器人就可以发挥出自己的优势。机器人能够主动感知到物料的位置，并将对物料进行一定程度的操作；机器人还可以自动搬运物料，将其送到合适的位置进行下一步生产。当然，最常见的还是无人化行车，通过计算机编程，可按照最短路线行驶，自动完成钢卷吊装、信息识别与存储等操作，实现准确定位、轻装轻卸。

而在汽车制造业中，工业机器人更是普及率极高。如通过加装焊接工具，传感器识别车体后，机器人可以自动完成车体焊接操作，不仅减少了人工焊接高风险的情况，而且和人工操作相比，焊接机器人更为准确。

思考与练习

1. 什么是工业机器人搬运？
2. 什么是工业机器人焊接？
3. 什么是工业机器人装配？
4. 机器人焊接与人工焊接相比有什么优点？
5. 焊接机器人可分为哪几种类型？
6. 装配机器人可分为哪几种类型？

参 考 文 献

[1] 刘小波. 工业机器人技术基础 [M]. 2版. 北京：机械工业出版社，2019.

[2] 李俊文，钟奇. 工业机器人基础 [M]. 广州：华南理工大学出版社，2016.

[3] 刘杰，王涛. 工业机器人应用技术基础 [M]. 武汉：华中科技大学出版社，2019.

[4] 郭洪红. 工业机器人技术 [M]. 3版. 西安：西安电子科技大学出版社，2016.

[5] 杨润贤，曾小波. 工业机器人技术基础 [M]. 北京：化学工业出版社，2018.

[6] 尹洪良. 工业机器人应用基础 [M]. 北京：机械工业出版社，2018.

[7] 许明. 液压与气压传动 [M]. 西安：西安电子科技大学出版社，2018.

[8] 叶晖. 工业机器人实操与应用技巧 [M]. 2版. 北京：机械工业出版社，2017.

[9] 李瑞峰. 工业机器人设计与应用 [M]. 哈尔滨：哈尔滨工业大学出版社，2017.

[10] 郭彤颖，张辉. 机器人传感器及其信息融合技术 [M]. 北京：化学工业出版社，2017.

[11] 蔡红健. 工业机器人机械基础与维护 [M]. 西安：西安电子科技大学出版社，2019.

[12] 宋云艳，周佩秋. 工业机器人离线编程与仿真 [M]. 北京：机械工业出版社，2017.

[13] 蔡泽凡. 工业机器人系统集成 [M]. 北京：电子工业出版社，2018.

[14] 余仁冲. 工业机器人应用案例入门 [M]. 北京：电子工业出版社，2015.